ゼロからわかる

ESG・サステナビリティ法務Q&A

弁護士法人大江橋法律事務所
ESG・サステナビリティ プラクティスグループ［編］

一般社団法人 金融財政事情研究会

は し が き

　ESG要素を含むサステナビリティが重要な経営課題であるという認識は、単なるトレンドを超えて、もはや一般常識ととらえられており、サステナビリティ課題への取組みの強化は、企業にとって喫緊の課題となっています。そして、企業を取り巻くサステナビリティ課題は広範かつ多岐にわたることから、企業活動のあらゆる場面において、サステナビリティに配慮した取組みが求められています。これに伴い、企業としては、事業横断的・全社的な対応が必要となり、企業の法務、コンプライアンス、広報・IR、総務などの管理部門においても、ESG・サステナビリティについての基本的な理解が不可欠となっています。

　他方、ESGやサステナビリティは、その外延や内容が必ずしも明確ではないことに加え、依拠すべき特定の法令等が存在するわけでもないことから、管理部門としてどのような範囲をどこまでフォローすべきか、参考となる指針やガイドラインは何か、そもそもどのような法規制が存在するのか、といった疑問の声も多く寄せられています。

　ESG・サステナビリティと企業法務が交錯する主要な分野における、「これまで」と「これから」を概観するために、どなたでも参照してもらえる一冊にしたい、その願いを込めて、本書は、弁護士法人大江橋法律事務所のESG・サステナビリティ　プラクティスグループに所属する弁護士が分担して執筆しました。取り上げたトピックについては、業種を問わず重要となるものを選定しています。そして、各トピックについて、全体のアウトラインを示してから、Q&Aにつなげるという方式を採用し、基本的な知識や考え方を、なるべく平易にわかりやすく解説するように心がけました。各トピックはそれぞれ独立しており、必要に応じて他のトピックの関連箇所も示すようにしていますので、どこからお読みいただいても支障がないように工夫しています。このような方法をとることで、企業の法務部門に限らず、ESG・

サステナビリティに関する業務に携わる管理部門の皆様に幅広く参照していただくことを目指しています。もとより、本書は、ESG・サステナビリティに関する広範な課題の一部について弁護士の視点から解説を加えたものにすぎず、実務上のあらゆる疑問を解決する一冊となるものではありません。しかしながら、本書が、何をどこまでフォローすべきかといった上記のような疑問の声に応え、ESGやサステナビリティに関する業務に携わる皆様にとって、年々複雑さを増すこの分野における「見取り図」としてお役立ていただければ、執筆者一同にとって望外の喜びです。

　最後に、本書の出版にあたっては、一般社団法人金融財政事情研究会の西田侑加氏に多大なご尽力をいただきました。この場を借りて心よりお礼を申し上げます。

　2023年11月

執筆者を代表して
弁護士法人大江橋法律事務所

澤井　俊之
平井　義則

【著者略歴】

澤井　俊之（さわい・としゆき）　第1章・第2章

弁護士法人大江橋法律事務所（東京事務所）弁護士
2006年　京都大学法学部卒業
2008年　京都大学法科大学院修了
2009年　弁護士登録
2017年　University of Michigan Law School卒業（LL.M.）
2017年8月～2018年7月　Pillsbury Winthrop Shaw Pittman LLP（New York）
　　　　　　　　　　　　勤務
2018年　ニューヨーク州弁護士登録
2018年9月～2020年7月　金融庁企画市場局市場課勤務
[主な著書・論文]
The Legal 500 Country Comparative Guides Japan Environmental, Social and
Governance（共著、The Legal 500、2023年）、「「役員選解任」を巡る株主の公
開キャンペーンの新展開」（MARR Online、2023年）、「金融機関における人権
デュー・ディリジェンスの実装（上）（下）―政府ガイドラインと国際的な潮流
を踏まえて―」（共著、金融法務事情2197号・2198号、2022年）、「ESGの新潮流
とM&A／サステナビリティ情報開示のポイントと求められる実務対応」（MARR
Online、2022年）、「個人投資家に対するESG投資の推奨と顧客本位の業務運営」
（金融法務事情2173号、2021年）

平井　義則（ひらい・よしのり）　第3章

弁護士法人大江橋法律事務所（大阪事務所）弁護士
2008年　京都大学法学部卒業
2010年　京都大学法科大学院修了
2011年　弁護士登録
2018年　Northwestern University School of Law卒業（LL.M.）
2018～2019年　Alston & Bird LLP（Atlanta）勤務
2019年　ニューヨーク州弁護士登録
[主な著書・論文]
「ESGの新潮流とM&A／「ESGアクティビズム」の台頭と企業に求められる株主
対応～増加するESG関連の株主提案」（MARR Online、2022年）、『新型コロナウ
イルスと企業法務―with corona／after coronaの法律問題』（共著、商事法務、
2021年）、『特殊状況下における取締役会・株主総会の実務―アクティビスト登

場、M&A、取締役間の紛争発生、不祥事発覚時の対応』（共著、商事法務、2020年）、「Akorn, Inc. v. Fresenius Kabi AG判決—デラウェア州衡平裁判所がMAE条項に基づく合併契約の解除を初めて肯定した事例—」（国際ビジネス法エグゼクティヴ・サマリーNo21、2019年）

佐藤　恵二（さとう・けいじ）　第6章

弁護士法人大江橋法律事務所（東京事務所）弁護士
2003年　早稲田大学第一文学部卒業
2003～2008年　毎日新聞社勤務（記者職）
2011年　早稲田大学大学院法務研究科修了
2012年　弁護士登録
2019年　Duke University School of Law 卒業（LL.M.）
2019～2020年　Wilson Sonsini Goodrich & Rosati（Washington, D.C., San Francisco）勤務
［主な著書・論文］
『類型別スポーツ仲裁判例100—仲裁判断のポイントと紛争解決の指針—』（共著、民事法研究会、2023年）、「ESGの新潮流とM&A／カーボンニュートラルと企業価値～脱炭素化への取組が企業価値向上となる時代に」（MARR Online、2022年）

十河　遼介（そごう・りょうすけ）　第7章

弁護士法人大江橋法律事務所（東京事務所）弁護士
2010年　東京大学法学部卒業
2012年　東京大学法科大学院修了
2013年　弁護士登録
2013～2016年　西村あさひ法律事務所勤務
2020年　The University of Texas at Austin School of Law 卒業（LL.M.）
2020～2021年　DLA Piper UK LLP（London）勤務
［主な著書・論文］
『金融機関の法務対策6000講 第Ⅵ巻 保証・取引先支援・事業再生編』（共著、金融財政事情研究会、2022年）、『注釈金融商品取引法【改訂版】〔第1巻〕定義・情報開示規制』（共著、金融財政事情研究会、2021年）

橋本　小智（はしもと・こち）第4章

弁護士法人大江橋法律事務所（東京事務所）弁護士
2009年　同志社大学法学部卒業
2012年　早稲田大学大学院法務研究科修了
2014年　弁護士登録
2014〜2016年　赤坂一丁目法律事務所勤務
2021年　University of California, Los Angeles, School of Law 卒業（LL.M.）
2022年4月〜2022年12月　Gleiss Lutz（Stuttgart Office）勤務
［主な著書・論文］
The Legal 500 Country Comparative Guides Japan Environmental, Social and Governance（共著、The Legal 500、2023年）、「ドイツのサプライチェーン・デューディリジェンス法が日本企業に与える影響」（共著、BUSINESS LAWYERS、2023年）、Getting the Deal Through—Market Intelligence M&A : Japan Chapter、『スタートアップ投資契約—モデル契約と解説』（共著、商事法務、2020年）

石田　明子（いしだ・あきこ）第4章

弁護士法人大江橋法律事務所（大阪事務所）弁護士
2012年　同志社大学法学部卒業
2013年　京都大学法科大学院（司法試験合格により）中退
2014年　弁護士登録
2021年　Duke University School of Law 卒業（LL.M.）
2022年　ニューヨーク州司法試験合格
2022年3〜8月　Jenner & Block（LA Office）勤務
2022年9月〜2023年1月　Zuber Lawler（LA Office）勤務
［主な著書・論文］
「The Legal 500 Country Comparative Guides Japan Environmental, Social and Governance」（共著、The Legal 500、2023年）、「2023年4月実務参照資料公開「責任あるサプライチェーン等における人権尊重のためのガイドライン」の解説と企業実務への影響」（BUSINESS LAWYERS、2023年）、「金融機関における人権デュー・ディリジェンスの実装（上）（下）—政府ガイドラインと国際的な潮流を踏まえて—」（共著、金融法務事情2197号・2198号、2022年）

土岐　俊太（どき・しゅんた）　第8章

弁護士法人大江橋法律事務所（大阪事務所）弁護士
2012年　京都大学法学部卒業
2014年　京都大学法科大学院修了
2015年　弁護士登録
2016〜2018年　森・濱田松本法律事務所勤務
2022年　Georgetown University Law Center卒業（LL.M., Certificate in Securities & Financial Law）
2022〜2023年　Morgan, Lewis & Bockius LLP（New York）勤務
［主な著書・論文］
「海外進出する企業のための法務〔第9回〕気候変動と企業の訴訟リスク」（ジュリスト1592号、2024年）、The Legal 500 Country Comparative Guides Japan Environmental, Social and Governance（共著、The Legal 500、2023年）、「グリーンウォッシュや「反ESGの動き」の中で日本企業に求められる対応〜M＆A時の法務DDや子会社管理で重要なESG要素の検証」（MARR Online、2023年）、「洋上風力発電事業と漁業関係者の権利の調整」（環境管理2022年12月号）、「ESGの新潮流とM&A／環境と訴訟〜世界中で急増する気候変動関連訴訟を中心に」（MARR Online、2022年）

山本　大輔（やまもと・だいすけ）　第5章

弁護士法人大江橋法律事務所（東京事務所）弁護士
2012年　東京大学法学部卒業
2014年　早稲田大学大学院法務研究科修了
2015年　弁護士登録
2021年　University of California, Los Angeles School of Law卒業（LL.M. with a Specialization in Law and Sexuality）
2022〜2023年　Pillsbury Winthrop Shaw Pittman LLP（New York）勤務
［主な著書・論文］
「経産省トランスジェンダー事件の射程」（大江橋ニュースレター2023年10月号）、「Diversity & Inclusion: LGBTQ+ Status in Japan」（OH-EBASHI English Newsletter 2023 Summer Issue）、「婚姻の平等が日本社会にもたらす経済インパクト〜すべてのひとが輝く社会へ〜」（一般社団法人Marriage For All Japan 結婚の自由をすべての人に、2020年）

国本　麻依子（くにもと・まいこ）　第5章

弁護士法人大江橋法律事務所（大阪事務所）弁護士
2013年　関西学院大学法学部卒業
2016年　関西学院大学法科大学院修了
2018年　弁護士登録
2018〜2021年　北浜法律事務所・外国法共同事業勤務
［主な著書・論文］
「ESGの新潮流とM&A／経営戦略として欠かせない、ダイバーシティの潮流〜労働環境、D&I、LGBTQの重要論点」（MARR Online、2023年）、『個人賠償責任保険の解説』（共著、保険毎日新聞社、2023年）

【事務所紹介】

弁護士法人大江橋法律事務所

　1981年に設立され、2023年11月現在、外国法弁護士を含め、弁護士約170名が所属する企業法務に特化したフルサービスの法律事務所である。東京、大阪、名古屋を国内の主要拠点とし、日本の法律事務所で最初に上海に事務所を開設するなど積極的に渉外業務に取り組み、現在も各国の有力な法律事務所と独自のネットワークを構築している。コーポレート・M&A、人事・労務、ファイナンス、環境法、訴訟・紛争解決、ESG・サステナビリティ、ビジネスと人権、危機管理対応など幅広い分野において、専門的な法的アドバイスを提供している。

（東京事務所）
〒100－0005　東京都千代田区丸の内2－2－1　岸本ビル2階
電話番号：03－5224－5566　FAX番号：03－5224－5565
（大阪事務所）
〒530－0005　大阪市北区中之島2－3－18　中之島フェスティバルタワー27階
電話番号：06－6208－1500　FAX番号：06－6226－3055
（名古屋事務所）
〒450－0002　名古屋市中村区名駅4－4－10　名古屋クロスコートタワー16階
電話番号：052－563－7800　FAX番号：052－561－2100
（上海事務所）
〒200120　上海市浦東新区陸家嘴環路1000号
恒生銀行大厦（Hang Seng Bank Tower）13階
電話番号：86－21－6841－1699

法令等の略称

改正再エネ特措法	再生可能エネルギー電気の利用の促進に関する特別措置法
建築物省エネ法	建築物のエネルギー消費性能の向上に関する法律
再エネ海域利用法	海洋再生可能エネルギー発電設備の整備に係る海域の利用の促進に関する法律
金商法	金融商品取引法
企業内容等開示府令	企業内容等の開示に関する内閣府令
企業内容等開示ガイドライン	企業内容等の開示に関する留意事項について（企業内容等開示ガイドライン）
女性活躍推進法	女性の職業生活における活躍の推進に関する法律
女性活躍推進法に基づく一般事業主行動計画等に関する省令	女性の職業生活における活躍の推進に関する法律に基づく一般事業主行動計画等に関する省令
育児介護休業法	育児休業、介護休業等育児又は家族介護を行う労働者の福祉に関する法律
育児介護休業法施行規則	育児休業、介護休業等育児又は家族介護を行う労働者の福祉に関する法律施行規則
独占禁止法	私的独占の禁止及び公正取引の確保に関する法律
下請法	下請代金支払遅延等防止法
GX推進法	脱炭素成長型経済構造への円滑な移行の推進に関する法律
GX脱炭素電源法	脱炭素社会の実現に向けた電気供給体制の確立を図るための電気事業法等の一部を改正する法律
温対法	地球温暖化対策の推進に関する法律
省エネ法	エネルギーの使用の合理化及び非化石エネルギーへの転換等に関する法律
LGBT理解増進法	性的指向及びジェンダーアイデンティティの多

	様性に関する国民の理解の増進に関する法律
性別変更特例法	性同一性障害者の性別の取扱いの特例に関する法律
男女雇用機会均等法	雇用の分野における男女の均等な機会及び待遇の確保等に関する法律
労働施策総合推進法	労働施策の総合的な推進並びに労働者の雇用の安定及び職業生活の充実等に関する法律

判例集・雑誌等の略称

判時	判例時報
労判	労働判例
判タ	判例タイムズ
ジュリ	ジュリスト
商事	旬刊商事法務
法時	法律時報

その他の略称

コーポレートガバナンス・コード	株式会社東京証券取引所『コーポレートガバナンス・コード〜会社の持続的な成長と中長期的な企業価値の向上のために〜』（2021年6月最終改訂）
スチュワードシップ・コード	スチュワードシップ・コードに関する有識者検討会（令和元年度）『「責任ある機関投資家」の諸原則《日本版スチュワードシップ・コード》〜投資と対話を通じて企業の持続的成長を促すために〜』（2020年3月最終改訂）
記述情報開示原則	金融庁『記述情報の開示に関する原則』（2019年3月）
記述情報開示原則（別添）	金融庁『記述情報の開示に関する原則（別添）―サステナビリティ情報の開示について―』（2023年1月）
2023年1月金融庁パブコメ	金融庁「企業内容等の開示に関する内閣府令の一部を改正する内閣府令（案）」に対するパブリックコメントの概要及びコメントに対する金融庁の考え方（2023年1月31日）

目　次

第 1 章　ESG・サステナビリティと企業法務

第 2 章　ESG・サステナビリティ情報開示

第3章　サステナビリティと会社法・コーポレート

第4章　ビジネスと人権

第 5 章　雇用における ダイバーシティ＆インクルージョン

第6章　カーボンニュートラル

第7章　サステナブル・ファイナンス

第8章　ESG投資が進むなかで広がった新たな環境訴訟等

第 1 章

ESG・サステナビリティと
企業法務

ESG・サステナビリティの概念

(1) ESGの意義

　ESGとは、環境・社会・ガバナンスの英語（Environment・Social・Governance）の頭文字をとった用語であり、いまや社会に広く浸透している。もともとは金融業界の用語であり、2006年に国連事務総長（当時）のコフィー・アナンが金融業界に向けて提唱した責任投資原則（PRI）において初めて用いられたといわれている。これは、短期的利益を重視した、行き過ぎた経済活動の結果、環境・社会・ガバナンスに関する諸問題が生じているという危機感を背景として、機関投資家の行動を促し、お金の流れを変えることによりこれらの課題を解決することを企図するコンセプトであった。そして、機関投資家が投資活動の際に、投資先企業の財務情報に加えて、これらの要素に配慮した取組みを評価指標にするという、いわゆるESG投資が浸透すると、投資先企業においても、企業価値を向上させるためにESGに配慮した企業経営をすることが求められることになる。

　こうして、いまやESGは、投資活動のみならず企業経営にも用いられる概念になっている。言い換えると、ESGとは、投資先企業や自社にとって、企業の財務諸表だけでは評価できない、企業価値に重要な影響を与える非財務的な情報をとらえた用語と位置づけることが適切と考えられる。

(2) SDGs、CSR、サステナビリティとの関係性

　ESGと同時に語られる用語として、SDGsというものがある。SDGsは、「持続可能な開発目標（Sustainable Development Goals）」の略語であり、2001年に策定されたミレニアム開発目標（MDGs）の後継として、2015年9月の国連サミットで加盟国の全会一致で採択された「持続可能な開発のための2030アジェンダ」に記載された、2030年までに持続可能でよりよい世界を目

指すというコンセプトである。地球上に「誰一人取り残さない（leave no one behind）」ことを目指して、世界的に達成を目指すべき17個の目標と169個のターゲットを掲げている。このようにESGとは出自がまったく異なるものであるうえ、関係性としても、SDGsが目標であるのに対し、ESGは、どちらかというと、企業が自社の中長期的な成長と持続可能な社会の実現とを両立するための視点ないし手段という位置づけになると整理できると考えられる。一方で、実務的には、SDGsは、企業がESG経営を実践する際にESGに関するリスクや機会を見出すための参考というとらえ方をすることも可能である。

　次に、企業経営の側面では、CSRという考え方もある。CSRとは、「企業の社会的責任（Corporate Social Responsibility）」の略語であり、企業が社会や環境と共存し、持続可能な成長を図るため、その活動の影響について責任をとる企業行動であり、企業を取り巻くさまざまなステークホルダーからの信頼を得るための企業のあり方を指すとされる。ESGとは類似した概念ではあるが、ニュアンスとしては、ESGが、持続可能な社会の実現のための行動を企業の本業に組み込むことにより、中長期的な成長や企業価値の向上を図るという色彩があるのに対し、CSRは、企業が社会や環境に関する問題を解決するために、利益を目指すことなく本業に付随して行う社会貢献という意味合いが強いと考えられる。

　最後に、サステナビリティとは、持続可能性を意味する言葉であるが、もともとは持続可能な開発という文脈で語られていた用語である。国連の「環境と開発に関する世界委員会」が1987年に公表した報告書「Our Common Future」では、「将来の世代の欲求を満たしつつ、現在の世代の欲求も満足させるような開発」のことをいうとされており、経済発展と社会・環境に関する持続可能性は共存しうるものとしてとらえられている。サステナビリティをこのような意味でとらえるのであれば、ESGとはサステナビリティに包含される概念と位置づけることも可能である。近時、企業法務の世界では、ESGとサステナビリティが並列して用いられることも増えていることか

ら、本書でも、この両者の用語については、（別段の記載がある場合を除いて）特に違いを意識せずに用いることとする。

2 ESG・サステナビリティ経営の重要性

近時の報道をみても感じるように、ESG・サステナビリティを無視した企業は、その存立を脅かされる時代が到来しているといえる。言い換えると、企業自らが持続可能な経営をするためには、企業活動のあらゆる場面において、ESG・サステナビリティに配慮することが欠かせなくなったともいえる。

上場企業であれば自己の株価に直結するため当然に意識せざるをえないが、この問題は非上場企業の経営においても無視することはできない。すなわち、上場しているか否かを問わず、あらゆる企業はなんらかのサプライチェーンに組み込まれている。そうすると、ESG・サステナビリティに関する取組みが不十分な企業は取引先から不利な取扱いを受ける可能性がある。また、仮にNGOや報道機関等から取組みの不十分さを指摘され、キャンペーンを展開されることになれば、自社の社会的なイメージに悪影響を及ぼし、消費者への売上げが低下するなど、ビジネスに支障をきたすことも予想される。

3 ESG・サステナビリティと
企業法務のかかわり

ESG・サステナビリティに関する問題は、従来の規制法令対応やコンプライアンスの枠組みではとらえきれないものである一方、（具体的な環境法規等に反するものでなければ）法令に違反するかどうかとは関係なく対処すべきものというとらえ方もでき、かつては、法務やコンプライアンスを扱ってい

る部署とは直接の関係はないとみる向きもあったように思われる。しかしながら、上記のとおり、いまや企業活動のさまざまな場面でESG・サステナビリティに関する取組みが進められており、これに伴い、新たな法規制やガイドラインの公表を含め、企業法務上も日々新たな論点が生じている。

　そのため、法務・コンプライアンス部門においては、企業活動上のどのような分野でESG・サステナビリティに関する法的論点がありうるかを把握しておく必要があるし、サステナビリティ・CSRを所管する部門においても、ESG・サステナビリティに関する法制度や政策動向を理解しておくことは必須となりつつある。

　そこで、本書では、次章以下において、あらゆる業種において妥当する、ESG・サステナビリティと企業法務が深く関係する各分野を取り上げ、基本的な考え方から実務的な対処方法まで解説することにしている。それぞれの概要は次のとおりであり、関心のあるトピックから読み進めていただくことを想定している。

(1)　ESG・サステナビリティ情報開示（第2章）

　ESGとは、企業の財務諸表だけでは評価できない、企業価値に重要な影響を与える非財務情報を意味し、このような情報は外からはみえにくいものである。すなわち、企業は、せっかくESG・サステナビリティに関する取組みを行っていたとしても、これを積極的に開示・説明していなければ、何の取組みも行っていないと受け取られかねない。そのため、各企業においては、常に出口である「開示」を意識しつつ、ESG・サステナビリティに関する取組みを進めることが重要である。そして、どのような開示が求められるかを把握するためには、急速に進んでいる国内外のサステナビリティ情報の開示基準の策定の動向に注視することが必要である。

　非上場企業においても、取引先やNGO等との関係でサステナビリティ情報の開示は重要であるが、特に上場企業においては、投資家保護の観点から有価証券報告書による法定開示が求められるようになっている。金商法の規

制のもとで、企業に重要な財務的影響を与えるサステナビリティ情報をまとめて記載することが求められており、ルールを正確に理解したうえで、投資家に自社の取組みと企業価値への貢献をわかりやすく伝えるという姿勢が問われることになる。

⑵　サステナビリティと会社法・コーポレート（第3章）

　企業におけるサステナビリティに関する取組みを効果的かつ確実に推進するためには、取締役会が主導的立場となって、サステナビリティ経営を支えるための企業統治の仕組み（サステナビリティ・ガバナンス）を構築することが必要不可欠である。そのための手段として、企業としてサステナビリティに関する取組みを戦略的に検討・推進するためのサステナビリティ委員会を設ける例や、役員報酬のなかにESG要素を組み込むことにより、役員・経営陣に対して、ESG課題への取組みを動機づけようとする動きも広まっている。

　コーポレートの文脈では、ほかにも、ESGが企業価値に関係する問題であると認識が進むにつれて、NGOのみならずファンドや機関投資家までもが企業に対してサステナビリティ課題への対応を迫る、いわゆるESGアクティビズムが活発化しており、機関投資家の議決権行使基準にESG要素を取り込む例も出始めている。また、M&Aにおいても、案件の選定、デュー・ディリジェンス、買収契約における表明保証条項等の各局面において、ESGの観点からも検討を加えるという実務が進みつつある。

⑶　ビジネスと人権（第4章）

　企業がサステナビリティを語るうえで、「ビジネスと人権」への対応は欠かせなくなっている。2011年に国連人権理事会においていわゆる国連指導原則が全会一致で承認されたことを皮切りに、国際的にさまざまなガイドライン等が公表され、また各国で立法が行われてきたが、わが国でも、2022年9月に、企業が人権尊重責任を果たすための具体的な方策を盛り込んだ初めて

の政府指針・資料として、「責任あるサプライチェーン等における人権尊重のためのガイドライン」が策定・公表された。

このような環境整備が図られているなかで、企業が「ビジネスと人権」に取り組まなかった場合のリスクも明確になりつつある。あらゆる企業が人権尊重責任を負い、その責任を果たすために人権方針の策定や人権デュー・ディリジェンスを実施しなければならないということは、すでに企業法務の常識であるといえる。これらの取組みの内容は、自社の業種、規模、事業地域、ビジネスモデル等によって大きく変わりうるものであり、社会の要請に応えつつ、自社に見合った仕組みづくりを進める必要がある。

⑷　雇用におけるダイバーシティ＆インクルージョン（第5章）

雇用実務において、「ダイバーシティ＆インクルージョン」の視点はますます重要になっている。「誰一人取り残さない（leave no one behind）」という観点はもちろん、企業が活力を向上させ、イノベーションを促進し、持続的な成長につなげていくという観点からも、多様な人材を採用することに加え、それぞれの能力を生かして活躍できるような環境を整備することは、いまや重要な経営課題の1つといえよう。

「ダイバーシティ＆インクルージョン」にはさまざまな要素が含まれ、その外縁は不明確であり、つかみどころのない印象がある。もっとも、女性の活躍推進、障害者の雇用促進・差別解消、ハラスメント防止措置、LGBTQ＋に関して急速に法整備が進んでおり、ハラスメントやLGBTQ＋に関する裁判例が相次ぐなど、次第に対応すべき行動が明確になりつつある。これらの対応は多くの従業員の利害にもかかわるため、世間の関心を集めやすいという事情もある。このように、法務の観点からも、従業員の多様性をめぐる実情や法制度・裁判例等を理解し、適切な対応をすることは急務になっている。

⑸　カーボンニュートラル（第6章）

　現代の企業経営において、「カーボンニュートラル」や「脱炭素」は無視できないキーワードになりつつある。2015年に採択されたパリ協定を背景として、世界各国が温室効果ガス削減に向けた数値目標を発表しており、日本政府も、2021年に、2030年度までに温室効果ガスを2013年度比で46％減らすという目標を設定した。現在、この目標を達成するために多額の資金を投入して官民一丸となって脱炭素化に向けた取組みが進められている。

　企業においてカーボンニュートラルの実現に向けた取組みを進めるためには、カーボンニュートラルをめぐる国内外の動向や日本政府の政策の概要を理解したうえで、各企業において、再生可能エネルギーにより発電された電気の利用や事業内容に応じた新技術の開発など、さまざまな対策を講じていく必要がある。「カーボンニュートラル」「脱炭素」を経営上のリスクととらえるだけではなく、成長につなげていく姿勢が求められているといえる。

⑹　サステナブル・ファイナンス（第7章）

　カーボンニュートラルをはじめとして、持続可能な社会を実現するにあたってはさまざまな社会的課題への対応が急務となっている。このような社会的課題を解決するためには、多額の資金が不可欠であり、これを提供する金融として、サステナブル・ファイナンスの重要性が高まっている。国内外において各種ガイドラインが発行されたことに伴い、グリーンボンドやサステナビリティ・リンク・ボンドなどの新たな金融商品が提供されており、資金需要者においても、有利な資金調達条件を獲得するために自己のサステナビリティに関する取組みを推進するインセンティブになるなど、経済成長と社会・環境に関する持続可能性の両立を図る好循環を生み出している。

　また、投融資の対象という観点からは、洋上風力発電事業等の再生可能エネルギー発電事業やグリーンビルディングなど、社会的な意義のある新しい事業への資金提供が実現しつつあり、サステナブル・ファイナンスの役割は

今後ますます拡大していくことが見込まれる。

⑺　ESG投資が進むなかで広がった新たな環境訴訟等（第8章）

　ESGに関する訴訟が世界中で増え続けている。近年特に増えているのは、気候変動関連訴訟であり、典型的には、NGOを中心に、欧米の政府や企業を被告として、気候変動対応への取組みが不十分であるとして、その責任を問う訴訟が増加の一途をたどっており、なかにはその責任を認める判決が出始めている。今後は日本でも同様の訴訟が増える可能性もあり、被告となる企業としては、ただ勝訴すればよいわけではなく、その訴訟がもつ社会的意義やメッセージ効果にも配慮しながら慎重な訴訟対応をすることを迫られる。

　また、外国では、企業のESGに関する取組みが見せかけのものであること（いわゆるグリーンウォッシュ）を理由とした訴訟等も提起されているほか、グリーンウォッシュを防止するための表示に関する規制強化の流れもみてとれる。これは、われわれ投資家や消費者の身近に潜む問題であることもあり、「環境によい」と商品等に表示したり投資家向け書面にて開示したりする場合には、各国の法令に違反しないようにする必要があるだけでなく、後々紛争が生じないようにリスク管理を含めて十分に留意する必要がある。

第 2 章

ESG・
サステナビリティ情報開示

① 総　論

(1)　ESG・サステナビリティ情報開示の意義と特徴

　今日の経済社会において、①機関投資家のESG投資の隆盛、②サプライチェーンの維持・拡大、③ステークホルダーとの関係性構築を主な理由として、企業は自社のESG・サステナビリティに関する情報（以下、本章において「サステナビリティ情報」という）を積極的に開示することが求められている（Q2−1）。このサステナビリティ情報の開示には、①マテリアリティという評価軸、②中長期的な視野と不確実な未来への対応、③全社横断的・戦略的な対応の必要性、④開示媒体・開示基準の柔軟性等といった、財務情報の開示にはないさまざまな特徴がある（Q2−2）。企業情報の開示一般にいえることではあるが、特にサステナビリティ情報開示の文脈では、開示のない取組みについては不作為（何の取組みも行われていない）と受け取られかねない。そのため、これらの特徴をふまえた積極的な開示が求められる。

(2)　開示対象となるサステナビリティ情報

　開示するべきサステナビリティ情報については、自社の中長期的な持続可能性（サステナビリティ）に関する事項を幅広くとらえたうえで、業態や経営環境等をふまえ、自社の経営方針・経営戦略等との整合性の観点から重要と考えられる課題（マテリアリティ）を特定していくという姿勢が求められる（Q2−3）。この重要性（マテリアリティ）の概念は非常に重要である。その意味は多義的ではあるが、少なくとも①サステナビリティに関する課題（以下、本章において「サステナビリティ課題」という）が企業価値に与える影響の重要性か、②企業活動がサステナビリティ課題に与える影響の重要性かという分類は重要である。有価証券報告書や国際サステナビリティ基準審議会（International Sustainability Standards Board、以下、本章において「ISSB」

という）の開示基準等の投資家に対する開示の文脈では、基本的に①の基準で判断されることになる（Q2－4）。このように、サステナビリティを企業価値（あるいは財務状況）に重要な影響を与えるか否かを基準としてとらえる場合、サステナビリティ課題は、当該企業にとってのリスクと収益機会の双方に着目して整理し、それが重要といえるか否かを評価するというプロセスを経ることが一般的である（Q2－5）。

⑶　サステナビリティ情報の開示媒体：有価証券報告書における法定開示

　サステナビリティ情報の開示媒体を検討するにあたって重要なことは、マテリアリティのとらえ方の違いをふまえたうえで、誰に（報告対象者）、何を（報告内容）、どのように（媒体）開示するのかを明確にし、効果的かつ効率的な開示を行うことである（Q2－6）。もっとも、上場会社をはじめ有価証券報告書提出会社においては、企業に重要な財務的影響を与えるサステナビリティ情報を有価証券報告書の専用の記載欄等を使って記載することが求められている。具体的には、①投資家に対して投資判断に必要となる重要なサステナビリティ情報を（他社との比較を可能とするよう）まとめて提供する観点から、「サステナビリティに関する考え方及び取組」という記載欄を用いて、「ガバナンス」「戦略」「リスク管理」「指標及び目標」の４つの構成要素による開示を行うことが求められている。また、②人的資本・多様性の確保等を開示する観点から、(i)当該記載欄のうち「戦略」の項目において、「人材育成方針」や「社内環境整備方針」を、また、「指標及び目標」の項目において、これらの方針に関する指標の内容や当該指標による目標・実績を、それぞれ開示することが求められているほか、(ii)「従業員の状況等」欄の開示項目として、最近事業年度の有価証券報告書提出会社およびその連結子会社それぞれにおける「女性管理職比率」「男性の育児休業取得率」「男女間の賃金の差異」の３つを開示する必要がある（Q2－7）。

　かかるルールをふまえ、有価証券報告書におけるサステナビリティ情報開

示を実施するにあたっては、自社のこれまでのサステナビリティに関する取組状況や任意開示書類における開示内容を、「ガバナンス」「戦略」「リスク管理」「指標及び目標」の4つの構成要素に基づいて整理し、記載内容を検討していくという方法が効率的である（Q2-8）。そして、サステナビリティ情報を効果的に開示するためには将来情報（特に目標値等）を記載することが必要となるが、有価証券報告書に将来情報を記載する場合は、将来情報の記載と実際の結果が異なったときに虚偽記載等の責任を問われないよう、①社内での合理的な根拠に基づく適切な検討、②前提となる事実、仮定および推論過程の検討、および③これらの概要の説明を行うことが重要となる（Q2-9）。また、「サステナビリティに関する考え方及び取組」を記載するにあたっては、これらの記載事項を補完する詳細な情報について、有価証券報告書提出会社が公表した他の書類を参照する旨の記載を行うことが許容されている。ただ、参照できるのは、あくまで有価証券報告書の記載事項を補完する詳細な情報にとどまり、有価証券報告書には「投資家の投資判断にとって重要な情報を記載する」ことが求められる。そのため、投資家の関心事項である企業価値・財務指標との関連性が高いサステナビリティ課題を中心になるべく定量的な情報を記載し、シナリオ分析やデータを含む詳細な情報は統合報告書やサステナビリティレポート等の任意の開示媒体に譲るといった考え方が基本になると思われる（Q2-10）。なお、開示すべきサステナビリティ情報の基準時に関し、有価証券報告書に開示すべきサステナビリティ情報については、前事業年度末における情報を記載することが基本的には求められる一方、有価証券報告書の記載内容を補完する詳細な情報については、一定の留意事項を記載したうえで、前年度の情報が記載された書類や将来公表予定の任意開示書類を参照することも許容される（Q2-11）。

⑷　国内外のサステナビリティ情報の開示基準をめぐる動向

　サステナビリティ情報に関する開示基準については、従来よりさまざまな基準が存在していた。もっとも、国際的な開示基準の統一に向けた要請を受

け、国際会計基準（IFRS）の設置主体であるIFRS財団が設立したISSBが、2023年6月、サステナビリティ関連財務情報の開示に関する全般的な要求事項（S1基準）と（テーマ別基準の第1号である）気候関連開示（S2基準）に関する2つの開示基準を公表している。この開示基準は、今後、国際的な統一基準として一般的に採用されることが見込まれている（Q2-12）。

　一方、現時点においてわが国における開示基準は定められていない。もっとも、わが国のサステナビリティ基準委員会（Sustainability Standards Board of Japan、以下、本章において「SSBJ」という）において、ISSBにおける基準開発の方向性を見据えながらサステナビリティ情報に関するわが国の「サステナビリティ開示基準」を開発し、これを法定開示である有価証券報告書に取り込んでいくことが想定されている。SSBJによると、2023年8月3日時点で、日本版S1基準と日本版S2基準の開発に関するプロジェクトが進められており、公開草案の目標公表時期を2024年3月31日まで、確定基準の目標公表時期を2025年3月31日までとし、目標どおりに確定基準を公表した場合、確定基準公表後に開始する事業年度から早期適用が可能となる予定であるとされている（Q2-13）。

　このように、ISSBの開示基準は、今後、国際的な統一基準となる可能性が高いが、国内における「サステナビリティ開示基準」が確定し、強制適用される時期はまだ先になりそうである。もっとも、グローバルなESG投資の潮流において投資家からの評価や信頼を獲得し、収益機会をねらうためには、それを待って対応する猶予はなく、いち早く取組みを加速させる必要がある。基本的には、ISSBの開示基準が依拠しているように、各企業の取組状況を「ガバナンス」「戦略」「リスク管理」「指標及び目標」の4つの構成要素に沿って整理し、記載の充実を図っていくことが考えられる（Q2-14）。

⑸　気候変動対応と人的資本・多様性に関する開示

　サステナビリティ課題のなかでも気候変動対応は世界における喫緊の課題

である。この問題が企業（投資家の投資判断）にとって重要である場合、有価証券報告書の「サステナビリティに関する考え方及び取組」欄において、温室効果ガス（GHG）排出量の Scope 1 および Scope 2 とともに、「ガバナンス」「戦略」「リスク管理」「指標及び目標」の 4 つの枠で開示することが求められている。開示基準については、将来的には SSBJ が開発する日本版 S 2 基準に依拠することが考えられるが、それまでは TCFD（Task Force on Climate-related Financial Disclosures）提言に依拠することが現実的である。TCFD 提言への対応を積極的に進めていくことが、より詳細な開示を求めている ISSB（そして SSBJ）の開示基準への移行に備えることにもつながると考えられる（Q 2 – 15）。

　また、人的資本・多様性に関しては、前述のとおり有価証券報告書において一定の開示が義務づけられている。特に人的資本経営は「実践」と「開示」の両輪により実現されるものであるが、それぞれについて参考となる指針・報告書が公表されている。具体的には、主に「開示」を担う「人的資本可視化指針」[1]を参考に、「実践」を担う「人材版伊藤レポート2.0」[2]を併用しつつ、自社の経営戦略と人的資本への投資・人材戦略の関係性をベースに、「ガバナンス」「戦略」「リスク管理」「指標及び目標」の 4 つの要素に沿って開示することが効果的である（Q 2 – 16）。

⑹　サステナビリティ情報の開示に向けた取組み

　最後に、一般的にサステナビリティ情報開示を進めていくにあたり、平時から履践するべき取組みをまとめると、①ガバナンス体制の整備、②重要なサステナビリティ課題の特定、③重要なサステナビリティ課題の経営戦略・計画やリスク管理への組込み、④サステナビリティ課題に係るリスクへの対応や収益機会の実現に向けた業務執行、⑤指標・目標を用いた執行状況のモ

1　非財務情報可視化研究会「人的資本可視化指針」（2022年 8 月）
2　経済産業省「人的資本経営の実現に向けた検討会報告書〜人材版伊藤レポート2.0〜」（2022年 5 月）

ニタリング、⑥取引状況の開示、といったプロセスを経ることが効率的である（Q 2 -17）。

2 Q & A

Q 2－1 企業にとってESG・サステナビリティに関する情報開示はなぜ重要なのか

　企業が、自社のサステナビリティ情報を積極的に開示することが重要とされる理由としては、主に①機関投資家のESG投資の隆盛、②サプライチェーンの維持・拡大、③ステークホルダーとの関係性構築があげられる。

　まず、①機関投資家のESG投資の隆盛の背景として、幅広い資産に長期分散投資を行う年金基金などのいわゆるユニバーサルオーナーにおいて、ESGの各要素（典型的には気候変動）が、世界規模の中長期的なリスクであるとともに収益機会でもあり、投資先企業の財務状況にも影響しうる経営課題であると認識されるに至り、この認識が機関投資家全体に波及することとなった[3]。そうすると、機関投資家が中長期的な観点から投資先企業の企業価値を正確に把握するためには、従来の財務情報だけでは十分ではなく、将来の企業価値に影響しうるサステナビリティ情報についても分析することが必要となる。すなわち、サステナビリティ情報は、機関投資家による中長期的な投資の基盤となる役割を果たすものであり、資本市場の機能の十全な発揮による金融商品等の公正な価格形成等（金商法 1 条参照）に不可欠な情報となりつつある。これを投資先の企業の側からみれば、企業は、資本市場の要請

3　一例として、Black Rock CEOであるLarry Finkが2020年に上場企業のCEOに対して送付したレター（https://www.blackrock.com/americas-offshore/en/larry-fink-ceo-letter）（最終閲覧：2023年11月 5 日）

に応じて、サステナビリティ課題を、従来のような社会貢献という側面ではなく、経営戦略・経営課題の１つととらえ直すように迫られており、その取組みを（資本市場の評価を通じた）企業価値の向上につなげるためには、積極的な情報開示を行う必要があるということである。この観点からの情報開示は、特に資本市場から資金調達を行う上場企業にとってはきわめて重要である。

　一方で、上場企業でなくとも、次のような観点から、サステナビリティ情報の開示の重要性は高まっている。まず、②サプライチェーンの維持・拡大の視点として、サステナビリティに対する取組みは、自社の市場競争力、ひいては事業収益にも影響しうる時代になりつつある。特に、大半の日本企業がグローバルなサプライチェーンに組み込まれているといえる今日において、直接には関係のない遠い欧米における規制や企業プラクティスが、取引関係を通じてわが国の取引実務にも波及しているという現状がある。取引先から期待される取組みを怠った企業は、レピュテーションを毀損するだけでなく、サプライチェーンから外されるリスクもある。たとえば、サプライチェーンにおいて環境や人権等のサステナビリティ課題が顕在化した場合、自社がその問題に直接関与していなくても、取引関係を通じて自社の事業や製品等と直接結びついている関係にあったという事実から、レピュテーションが毀損され、不買運動を招くおそれがある。そこで、このような問題に備えるため、各企業において、環境・人権ポリシーやこれに基づく取引行動規範などが策定され、これによってサプライヤーの選定が行われることとなる。具体的には、企業がサプライチェーン全体の脱炭素化を目指す場合は、取引先のサプライヤーにも脱炭素化を図る取組みやその目標の達成状況の開示を求めるであろうし、人権侵害の撲滅を目指す場合は、同じく取引先のサプライヤーにも人権尊重を図るための取組み（人権デュー・ディリジェンス等）の状況の開示を求めるであろう。このように、サプライチェーンにおける自社のポジションを維持・拡大するという観点からも、サステナビリティ情報開示の重要性は無視できなくなってきている。

また、③ステークホルダーとの関係性構築という視点も看過できない。すなわち、コーポレートガバナンス・コード基本原則２にもうたわれているように、企業にとって、持続的な成長と中長期的な企業価値の創出は、株主のみならず、従業員、顧客、取引先、債権者、地域社会をはじめとするさまざまなステークホルダーによるリソースの提供や貢献の結果である。言い換えれば、企業活動は、ステークホルダーの貢献や外部環境への負荷なくしては成り立たないものである。実際に、企業が、たとえば、地域社会の生活環境や地球レベルの気候変動、消費者の健康や安全、取引先を含めた従業員の人権等に対して負の影響を与えているのだとすれば、影響を受けるステークホルダーに対して、このような負の外部性を軽減・緩和するための取組みを実践するとともに説明する責任を果たすべきであり、さもなければ企業活動に支障を及ぼすことになるであろう。このように、サステナビリティ情報開示は、企業がステークホルダーとの関係性を維持・構築し、企業価値の基盤を維持・強化することにつなげるという観点からも重要といえる。

Ｑ 2 ― 2　サステナビリティ情報開示にはどのような特徴があるか

　サステナビリティ情報開示には、財務情報の開示にはないさまざまな特徴があるが、主なものとして、①マテリアリティという評価軸、②中長期的な視野と不確実な未来への対応、③全社横断的・戦略的な対応の必要性、④開示媒体・開示基準の柔軟性があげられる。

　まず、①に関して、サステナビリティ情報は、基本的に非財務情報（財務情報以外の情報）のなかに位置づけられる。非財務情報は、財務情報では十分に把握できない無形資産や経営戦略などを示し、将来の経営成績等の予想の確度を高めることにより、財務情報を補完し、投資家による適切な投資判断を可能にする役割を担っている。通常、非財務情報の開示については、各企業において、重要性（マテリアリティ）という評価軸をもつことが求められ、たとえば有価証券報告書における非財務情報の開示の重要性は、投資家

の投資判断にとって重要か否かにより判断すべきであるとされている[4]。サステナビリティ情報についても、企業が開示すべき情報を特定または判断するに際してマテリアリティが基準となり、同様にサステナビリティ課題が投資家の投資判断にとって重要か否か、言い換えれば、企業に重要な財務的影響を与えるか否かを基準にする考え方が基本である（有価証券報告書における開示や、TCFD提言およびISSBが策定した基準も基本的には同様の考え方である）。一方で、サステナビリティ情報については、これに加え、企業活動が環境・社会に与える重要な影響を反映する課題であるか否かという側面からもマテリアリティをとらえるという考え方がある。開示者と情報利用者双方で混乱が生じないよう、この2つは常に区別して考えることが適切である（詳細はＱ2－4）。

　次に、②に関して、サステナビリティ課題については、経営計画等の他の経営課題への対応と異なり、リスクが顕在化する時期と収益が実現する時期には大きなタイムラグがあることが通常であり、企業活動に影響を及ぼす時期を見通すことは困難である。たとえば、気候変動による負の影響は現に現れつつあるが、脱炭素の取組みの効果が顕在化するのは時間がかかるだろう。そのため、サステナビリティ情報を整理するにあたっては、十年単位の中長期の視点で事業活動の見通しを立てることが必要である。また、このように中長期の見通しを立てるにあたっては、環境変化に対する科学的な解明、各国の規制、産業界の取組み、技術革新などさまざまな不確実性が存在する。このような不確実な未来を予想しながら対策を講じるために、気候変動に関しては、TCFD提言において、シナリオ分析（直線的なシナリオを想定するのではなく、社会変化に関する複数のシナリオを参考にし、それぞれのシナリオにおけるリスク・機会が短中長期に戦略・財務に与える影響を評価し、これに対応するための戦略や方針を決定、公表する一連の取組みをいう）によって組織のレジリエンスを高めることが推奨されている。シナリオ分析は、中長期

4　記述情報開示原則2－2

的なリスクと機会をなるべく定量化し、財務的影響を把握することを試みるものであり、機関投資家にとっても重要な情報となる。

　また、③に関して、サステナビリティ情報開示を行うにあたっては、各企業における平時からのサステナビリティに関する取組状況の全体像を、経営の観点から自社の経営方針・経営戦略等と結びつけたストーリーとして開示する必要がある。そのため、財務情報の開示のように財務経理部門、IR部門だけでなく、経営企画部門、各種事業部門、環境・CSR部門、人事・HR部門、法務部門、調達・購買部門、国際部門などさまざまな部署が横断的に連携して対応することが求められる。このような連携を円滑に実施しつつ、サステナビリティに関する各取組みを経営方針・経営戦略等と一貫したかたちで行うためには、経営陣が戦略的なリーダーシップをとることが不可欠である（Q2-17）。

　最後に、④に関して、サステナビリティ情報開示については、後述のとおり有価証券報告書において専用の記載欄が設けられることになった点を除けば、開示媒体に関するルールは存在しない（Q2-6）。また、開示基準についても、将来的には、ISSBが策定した開示基準が依拠すべき基準の1つとして法定化されることが見込まれるものの、2023年の時点では特定の開示基準に依拠することが求められているわけではない（Q2-13）。そのため、どのような開示媒体を使って、どのような基準で開示をするかについては、開示の目的や報告先をふまえ、ある程度各企業の裁量に委ねられている（Q2-14）。

Q 2-3　開示するべきサステナビリティ情報とはどのようなものがあるか

　開示するべきサステナビリティ情報については、法令に明確な定義は存在しないが、政府の指針等に手がかりとなる具体例や考え方が記載されており、これらを参考にしつつ、自社の経営戦略等との整合性の観点から重要課

題を特定することが求められる。

　まず、コーポレートガバナンス・コードやスチュワードシップ・コードでは、サステナビリティとは「ESG要素を含む中長期的な持続可能性」と記載され、コーポレートガバナンス・コード補充原則２－３①では、「サステナビリティを巡る課題」の例示として、「気候変動などの地球環境問題への配慮、人権の尊重、従業員の健康・労働環境への配慮や公正・適切な処遇、取引先との公正・適正な取引、自然災害等への危機管理など」があげられている。また、金融庁が2023年１月に公表した記述情報開示原則（別添）の（注１）では、「サステナビリティ情報には、国際的な議論を踏まえると、例えば、環境、社会、従業員、人権の尊重、腐敗防止、贈収賄防止、ガバナンス、サイバーセキュリティ、データセキュリティなどに関する事項が含まれ得ると考えられる」と記載されている。

　そして、記述情報開示原則（別添）では、「業態や経営環境等を踏まえ、重要であると判断した具体的なサステナビリティ情報」を開示すべきとされ、（有価証券報告書の記載事項である）「サステナビリティに関する考え方及び取組は、企業の中長期的な持続可能性に関する事項について、経営方針・経営戦略等との整合性を意識して説明するものである」とされている。実際に、サステナビリティに関する取組みが、経営戦略等と統合されることなく表面的に行われているようでは、中長期的な企業価値の向上には結びつかず、単なる一時的なキャンペーンにすぎないととらえられることになりかねないであろう。そのため、各企業は、上記の具体例を参考にしつつ、自社の中長期的な持続可能性（サステナビリティ）に関する事項を幅広くとらえたうえで、業態や経営環境等をふまえ、自社の経営方針・経営戦略等との整合性の観点から重要と考えられる課題（マテリアリティ）を特定していくという姿勢が求められる（Ｑ２－４）。なお、有価証券報告書提出会社については、企業内容等開示府令 第二号様式記載上の注意（30－２）ｃにおいて、「人的資本（人材の多様性を含む。）に関する戦略並びに指標及び目標」の開示が求められており、人的資本・多様性については、重要なサステナビリ

ティ情報であると整理されていると考えられる。

　また、サステナビリティ情報の収集方法に関しては、経済産業省より、サステナビリティ関連データや情報を経営戦略に活用するという観点から、2023年7月、「サステナビリティ関連データの効率的な収集及び戦略的活用に関する報告書（中間整理）」が公表されており、各企業におけるサステナビリティ関連データの効率的な収集体制の構築に有用であると考えられる。

Q 2−4 サステナビリティに関するマテリアリティとはどのように
とらえるべきか

　サステナビリティ情報のうち何を開示するべきかを判断するにあたって、重要性（マテリアリティ）の概念は非常に重要であるが、その概念は多義的であり、共通の理解があるわけではない。少なくとも①サステナビリティ課題が企業価値に与える影響の重要性か、②企業活動がサステナビリティ課題に与える影響の重要性かという分類は重要であり、この2つは常に区別して考えることが適切である。有価証券報告書等の投資家に対する開示の文脈では、①の基準で判断されることになる。

　まず、気候変動等のサステナビリティ課題が企業価値（あるいは財務状況）に与える影響が重要か否かを基準とする考え方をシングル・マテリアリティといい、この基準に加えて、企業活動が気候変動等のサステナビリティ課題に与える影響が重要か否かをも基準とする考え方をダブル・マテリアリティという。シングル・マテリアリティの採用例として、TCFD提言があげられ、ダブル・マテリアリティの採用例として、EUのCSRD[5]があげられる。また、ISSBの開示基準は、投資家を対象とする企業価値に焦点を当てたベースラインを設定しつつ、その上に、各国が政策の優先順位に基づきより広範な開示事項を追加することを可能とするビルディングブロック・アプローチを採

5　Corporate Sustainability Reporting Directive

用しているが、ベースライン自体はシングル・マテリアリティとされている（Q2−12）。

　次に、まったく別の観点からのとらえ方として、ダイナミック・マテリアリティという考え方も示されている[6]。これは、最初は社会・環境へのインパクトであっても、これが大きいほど長期的にみて経済に内部化され、企業価値に影響を与え、財務諸表にも取り込まれるとして、マテリアリティを動的にとらえるものといえる。たとえば、二酸化炭素の排出は、歴史的にみて、最初は課題として見過ごされてきたが、徐々に地球環境や社会にとって重要な問題であると認識され、それがさらに現代においては企業価値にも影響を与えるに至っているという具合である。

　わが国の有価証券報告書における法定開示については、記述情報開示原則（別添）において、「サステナビリティ情報については、現在、国内外において、開示の基準策定やその活用の動きが急速に進んでいる状況であることから、サステナビリティ情報の開示における<u>「重要性（マテリアリティ）」の考え方を含めて、今後、国内外の動向も踏まえつつ、本原則の改訂を行うことが考えられる</u>」（下線筆者）と記載されており、2023年時点では、マテリアリティの考え方は具体的には示されていない。もっとも、金融庁が2019年3月に公表した記述情報開示原則2−2では、「記述情報の開示の重要性は、投資家の投資判断にとって重要か否かにより判断すべきと考えられる」「投資家の投資判断に重要か否かの判断に当たっては、経営者の視点による経営上の重要性も考慮した多角的な検討を行うことが重要と考えられる」「投資家の投資判断における重要性は、企業の業態や企業が置かれた時々の経営環境等によって様々であると考えられる」とされ、その重要性は「その事柄が企業価値や業績等に与える影響度を考慮して判断することが望ましい」（傍点筆者）とされていることが参考になると考えられる[7]。これらの記載から

6　CDP/CDSB/GRI/IIRC/SASB「Reporting on enterprise value - Illustrated with a prototype climate-related financial disclosure standard」（December 2020）6〜9頁
7　2023年1月金融庁パブコメNo.88〜96

すれば、明示的に記載されていないものの、有価証券報告書における法定開示におけるマテリアリティのとらえ方は、シングル・マテリアリティ／ダイナミック・マテリアリティの概念に親和的であると評価することができると考えられる。

　後述するISSBのサステナビリティ関連財務情報の開示に関する全般的要求事項（S1）では、短期、中期および長期にわたる企業の見通しに影響を与えることが合理的に見込まれる、サステナビリティ関連のリスクおよび機会に関連する重要性がある情報を開示することが要求され、その情報を省略、誤表示または不明瞭にしたときに、一般目的財務報告（有価証券報告書等）の主要な利用者の意思決定に影響を与えると合理的に予想される場合には、その情報には重要性があると判断される。

Q 2−5　サステナビリティに関するリスクと収益機会とは具体的にどのようなものがあるか

　サステナビリティを企業価値（あるいは財務状況）に重要な影響を与えるか否かを基準としてとらえる場合、サステナビリティ課題は、当該企業にとってのリスクと収益機会の双方に着目して整理し、それが重要といえるか否かを評価することが一般的である。

　このことは、コーポレートガバナンス・コード補充原則2−3①において「取締役会は……サステナビリティを巡る課題への対応は、リスクの減少のみならず収益機会にもつながる重要な経営課題であると認識し、中長期的な企業価値の向上の観点から、これらの課題に積極的・能動的に取り組むよう検討を深めるべきである」と記載されていることにも表れている。サステナビリティ課題とは、企業にとって、外部の経営環境の長期的かつ大規模な変化ととらえることもできるのであり、そのような変化こそ、企業にとっての新たなリスクであるとともに収益機会にもなりうる事象であるからである。

　あらゆるサステナビリティ課題について具体例をあげることは困難である

が、たとえば気候変動の文脈では、リスクは移行リスク（低炭素経済への移行に関するリスク）と物理的リスク（気候変動による物理的変化に関するリスク）に分類される。前者の例として、環境規制の強化、炭素排出量の少ない事業活動や代替素材の利用への要請等、後者の例として、異常気象による原材料・部品の供給停止や価格高騰、工場操業停止、サプライチェーンの寸断による商品・サービスの提供の中止等があげられる。一方で、収益機会の例としては、低炭素商品・サービスの開発・販売による収益の増加や、事業活動の多様化・消費者選好の変化への対応による新規市場へのアクセスや競争力の強化等があげられる[8]。また、人権尊重の文脈では、取組不足によるネガティブな影響（リスク）として、商品等の差別的要素等による販売停止・事業撤退、不買運動の発生、訴訟提起・損害賠償の発生、ブランド価値の低下等があげられ、取組強化によるポジティブな影響（収益機会）として、新規顧客の開拓・既存顧客との関係強化、採用力・人材定着率の向上、ブランド価値の向上等があげられる[9]。

> **Q 2−6** サステナビリティ情報はどのような媒体により開示されるべきか

　サステナビリティ情報開示については、Ｑ２−７に記載するとおり有価証券報告書において専用の記載欄が設けられており、有価証券報告書提出会社はこれによる開示が求められる。もっとも、有価証券報告書を除けば、開示媒体に関するルールは存在しない。重要なことは、Ｑ２−４で述べたマテリアリティのとらえ方の違いをふまえたうえで、誰に（報告対象者）、何を（報

8　TCFD「Final Report Recommendations of the Task Force on Climate-related Financial Disclosures」（June 2017）10〜11頁（Table 1「Examples of Climate-Related Risks and Potential Financial Impacts」）
9　法務省人権擁護局＝公益財団法人人権教育啓発推進センター「今企業に求められる「ビジネスと人権」への対応「ビジネスと人権に関する調査研究」報告書（詳細版）」（2021年3月）39頁

図表 2 - 1　主な開示媒体

媒体	報告内容	報告対象者
サステナビリティレポート・環境レポート・データブック・ウェブサイト等	企業が社会・環境・経済活動に与えるインパクトに関する非財務情報	マルチステークホルダー（消費者、社会、労働者、投資家等）
統合報告書	企業の価値創造ストーリーに関する情報	長期投資家
有価証券報告書	企業に財務的影響を与える情報	投資家一般

出所：筆者作成

告内容）、どのように（媒体）開示するのかを明確にし、効果的かつ効率的な開示を行うことである。わが国では、開示媒体は図表 2 - 1 のように使い分けられることが多い。

　このような分類からすれば、企業活動が社会・環境・経済活動に与える広範な影響について開示を求める社会的な要請に応えるためには、サステナビリティレポート等に盛り込むことが適切であろう。一方で、サステナビリティ課題への取組みを通じて企業の価値創造を図るというストーリーの一環としてサステナビリティ情報を位置づける場合は統合報告書が適切であろうし、投資家の投資判断にとっての重要性という観点からは、企業に重要な財務的影響を与えるサステナビリティ情報については有価証券報告書において開示することが適切であると基本的にはいうことができる。もっとも、有価証券報告書は法定書類であり、開示内容の比較可能性や信頼性が特に重視されることから、有価証券報告書にどこまで記載し、統合報告書等の別の任意開示媒体への参照にどこまで譲るかは悩ましい問題である（Q 2 - 10）。

　2023年3月期の有価証券報告書から、①投資家に対して投資判断に必要となる重要なサステナビリティ情報を（他社との比較を可能とするよう）まとめて提供する観点から、「サステナビリティに関する考え方及び取組」という記載欄が新設され、「ガバナンス」「戦略」「リスク管理」「指標及び目標」の4つの構成要素による開示が求められている。また、②人的資本・多様性の確保等を開示する観点から、(i)当該記載欄のうち「戦略」の項目において、「人材育成方針」や「社内環境整備方針」を、また、「指標及び目標」の項目において、これらの方針に関する指標の内容や当該指標による目標・実績を、それぞれ開示することが求められているほか、(ii)「従業員の状況等」欄の開示項目として、最近事業年度の有価証券報告書提出会社およびその連結子会社それぞれにおける「女性管理職比率」「男性の育児休業取得率」「男女間の賃金の差異」の3つを開示する必要がある。サステナビリティ情報開示の概観は、図表2−2のとおりである。

　まず、有価証券報告書の「サステナビリティに関する考え方及び取組」の記載欄において、事業年度末における連結会社のサステナビリティに関する考え方および取組みの状況について、より具体的には、「企業が、業態や経営環境等を踏まえ、重要であると判断した具体的なサステナビリティ情報」（Q2−3）について、「ガバナンス」「戦略」「リスク管理」「指標及び目標」の4つの構成要素に基づき開示することが求められている[10]。

　この4つの記載項目（コア・コンテンツ）は、TCFD提言やISSBの開示基準でも採用されている枠組みであり、国際的な潮流に沿ったものである。この4つは単なる別々の開示項目として理解するべきではなく、サステナビリ

10　企業内容等開示府令 第三号様式記載上の注意（10−2）、第二号様式記載上の注意（30−2）、記述情報開示原則（別添）

図表 2 - 2　サステナビリティに関する考え方及び取組［新設］

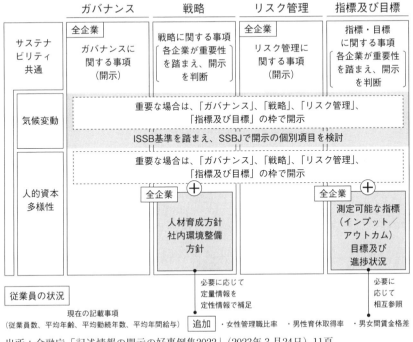

出所：金融庁「記述情報の開示の好事例集2022」（2023年 3 月24日）11頁

ティに関する取組みを効果的に実践するための一連一体のプロセスとしてとらえるべきである。各項目のプロセスとしてのとらえ方を、企業内容等開示府令におけるそれぞれの定義とともにまとめると、図表 2 - 3 のとおりである。

　このうち、「ガバナンス」と「リスク管理」は、企業において、自社の業態や経営環境、企業価値への影響等をふまえ、サステナビリティ情報を認識し、その重要性を判断する枠組みが必要となる観点から、すべての企業が開示することが求められる。一方、「戦略」と「指標及び目標」は、開示が望ましいものの、各企業が「ガバナンス」と「リスク管理」の枠組みを通じて重要性を判断して開示することが求められ、各企業が重要性を判断したうえ

図表2-3　各項目の定義とプロセスとしてのとらえ方

開示項目	定義[11]	プロセスとしてのとらえ方
ガバナンス 【全企業】	サステナビリティ関連のリスクおよび機会を監視し、および管理するためのガバナンスの過程、統制および手続	（サステナビリティ課題が企業に及ぼす財務的影響を予測・開示するために、）取締役会と経営陣が関与するガバナンス体制のもとで、
戦略 【重要なもの】	短期、中期および長期にわたり連結会社の経営方針・経営戦略等に影響を与える可能性があるサステナビリティ関連のリスクおよび機会に対処するための取組み	サステナビリティ課題によるリスクと収益機会を特定し、（定量的なシナリオ分析をふまえ、）経営方針・経営戦略等への影響を評価し、経営戦略やリスク管理に反映させ、
リスク管理 【全企業】	サステナビリティ関連のリスクおよび機会を識別し、評価し、および管理するための過程	
指標及び目標 【重要なもの】	サステナビリティ関連のリスクおよび機会に関する連結会社の実績を長期的に評価し、管理し、および監視するために用いられる情報	指標及び目標を用いて管理・評価する。

出所：筆者作成

で記載しないこととした場合でも、当該判断やその根拠の開示を行うことが期待される（気候変動対応についても、同様の枠組みで開示の要否が決まる。Q 2-15）。そして、サステナビリティに関する考え方及び取組は、企業の中長期的な持続可能性に関する事項について、経営方針・経営戦略等との整合性を意識して説明するものである、とされている[12]。また、これらの記載事項を補完する詳細な情報について、有価証券報告書提出会社が公表した他の書類を参照する旨の記載を行うことができるものとされており[13]、補完とい

11　企業内容等開示府令 第二号様式記載上の注意（30-2）a.b
12　以上の記載につき、記述情報開示原則（別添）

う位置づけであれば、任意の開示媒体（Q2－6）における記載内容を参照することが許容されている（詳細については、Q2－10）。

　なお、2023年の時点では、法令上、特定の開示基準に依拠することが求められているわけではない（Q2－13）。このように、国内における具体的開示内容の設定が行われていないサステナビリティ情報の記載にあたっては、（国際的に確立された開示の枠組みである）TCFDまたはそれと同等の枠組み[14]に基づく開示をした場合には、適用した開示の枠組みの名称を記載することが考えられるとされている[15]。

　次に、サステナビリティ情報のうち人的資本・多様性の確保等に関する取組みについては、それが重要なものであるかの判断を経ることなく、すべての有価証券報告書提出会社が、「戦略」の項目において、人材の多様性の確保を含む人材の育成に関する方針および社内環境整備に関する方針（たとえば、人材の採用および維持ならびに従業員の安全および健康に関する方針等）を、また、「指標及び目標」の項目において、これらの方針に関する指標の内容や当該指標による目標・実績を、それぞれ開示することが求められている[16]。また、「従業員の状況等」の欄において、従業員数、平均年齢、平均勤続年数、平均年間給与という指標に加え、最近事業年度の有価証券報告書提出会社およびその連結子会社それぞれにおける「女性管理職比率」「男性の育児休業取得率」「男女間の賃金の差異」の3つの指標を開示することが求められている（ただし、有価証券報告書提出会社およびその連結子会社が、最近事業年度におけるこれらの指標について、女性活躍推進法または育児介護休業法による公表をしない場合は、記載を省略することができるとされている）[17]（Q2－16）。

13　企業内容等開示ガイドライン5－16－4
14　ISSBの開示基準が考えられる。
15　記述情報開示原則（別添）
16　企業内容等開示府令 第二号様式記載上の注意（30－2）c
17　企業内容等開示府令 第三号様式記載上の注意(9)、第二号様式記載上の注意（29）d～f

　法定開示のルール（Q2－7）をふまえると、有価証券報告書におけるサステナビリティ情報開示を実施するにあたっては、自社のこれまでのサステナビリティに関する取組状況や任意開示書類における開示内容を、「ガバナンス」「戦略」「リスク管理」「指標及び目標」の4つの構成要素に基づいて整理し、記載内容を検討していくという方法が効率的であると考えられる。

　まず、上場会社（特に東京証券取引所のスタンダード市場・プライム市場の上場会社）においては、コーポレートガバナンス・コードに基づき、中長期的な企業価値の向上の観点から、サステナビリティをめぐる課題に積極的・能動的に取り組むよう検討を深めるべきとされ（補充原則2－3①）、自社のサステナビリティをめぐる取組みについて基本的な方針を策定し（補充原則4－2②）、経営戦略の開示にあたっては、自社のサステナビリティについての取組みを適切に開示する（プライム市場上場会社については、さらに、気候変動対応について、TCFDまたはそれと同等の枠組みに基づく開示の質と量の充実を進める）ことが求められている（補充原則3－1③）。また、人的資本への投資等について、実効的な監督や経営戦略・経営課題との整合性を意識した情報開示が求められ（補充原則4－2②、3－1③）、多様性の確保についても、中核人材の登用等に関してその考え方や目標およびその達成状況を開示するとともに、人材育成方針や社内環境整備方針をその実施状況とあわせて開示するべきであるとされている（補充原則2－4①）。このように、わが国の上場会社においては、サステナビリティに関する取組みについて、すでに一定の実績があり、統合報告書等の任意開示媒体による開示が進められていると考えられる。そこで、これらの取組状況や開示内容を、「ガバナンス」「戦略」「リスク管理」「指標及び目標」の4つの構成要素に基づいて整理することが有用と考えられる。

また、このような取組みが行われていない有価証券報告書提出会社においては、開示における出口となる4つの構成要素を念頭に置きつつ、すみやかにサステナビリティ情報開示に向けた平時からの取組みに着手するべきであると考えられる（サステナビリティ情報開示に向けた平時からの取組みの概要についてはQ2-17）。

　具体的な記載方法については、上記のように4つの構成要素に基づいて整理した内容（「戦略」と「指標及び目標」については、重要であると判断したもの）を、各企業の取組状況に応じて記載すれば足りるとされており、その後、投資家との対話をふまえ、自社のサステナビリティに関する取組みの進展とともに、有価証券報告書の開示を充実させていくことが考えられる[18]。また、「サステナビリティに関する考え方及び取組」の記載欄においては、現時点では、4つの構成要素それぞれの項目立てをせずに、一体として記載することも可能である（ただし、投資家が理解しやすいよう、4つの構成要素のどれについての記載なのかがわかるようにすることも有用である）とされているため、各企業の取組状況に応じた相当程度柔軟な記載が可能であると考えられる[19]。なお、「従業員の状況等」の欄において開示が求められる「女性管理職比率」等の多様性に関する指標については、女性活躍推進法等に基づき公表が義務づけられる場合に有価証券報告書においても開示が求められるものであり、有価証券報告書のために新たに数値等の集計が必要となるものではない。

　記載内容を検討するにあたっては、「サステナビリティに関する考え方及び取組は、企業の中長期的な持続可能性に関する事項について、経営方針・経営戦略等との整合性を意識して説明するものである」とされていることをふまえ[20]、各企業において、自社の経営方針・経営戦略等との整合性の観点から重要と考えられる課題（マテリアリティ）を特定し、当該課題に関する

18　2023年1月金融庁パブコメNo.67〜72
19　2023年1月金融庁パブコメNo.83〜87
20　記述情報開示原則（別添）

取組方針とともに、具体的に進めている取組内容や目標の達成状況を、4つの構成要素に沿ってわかりやすく説明することが重要であると考えられる。その説明においては、「経営方針、経営環境及び対処すべき課題等」欄における記載内容を参照することも有益と考えられる。

> ## Q 2－9 有価証券報告書に将来情報を記載する際に留意すべき事項は何か

　有価証券報告書に将来情報を記載する場合は、将来情報の記載と実際の結果が異なったときに虚偽記載等の責任を問われないよう、①社内での合理的な根拠に基づく適切な検討、②前提となる事実、仮定および推論過程の検討、および③これらの概要の説明を行うことが重要となる。

　サステナビリティ情報を含む非財務情報は、将来の経営成績等の予想の確度を高めることにより財務情報を補完するという意義を有するため、将来情報（特に目標値等）を記載する場合が多い。そして、実際の結果が異なった場合に、金商法上の虚偽記載等の責任[21]を問われるか否かが不明確では、開示を委縮することが懸念される。そこで、企業内容等開示ガイドライン5－16－2では、「企業情報」のうち「第2　事業の状況」の「1　経営方針、経営環境及び対処すべき課題等」から「4　経営者による財政状態、経営成績及びキャッシュ・フローの状況の分析」までに記載される将来情報について、「一般的に合理的と考えられる範囲で具体的な説明が記載されている場合には、……実際に生じた結果が異なる場合であっても、直ちに虚偽記載等の責任を負うものではない」とし、「一般的に合理的と考えられる範囲で具体的な説明」を「記載するに当たっては、例えば、当該将来情報について社内で合理的な根拠に基づく適切な検討を経たものである場合には、その旨を、検討された内容（例えば、当該将来情報を記載するに当たり前提とされた事

21　金商法21条の2、24条の4等

実、仮定及び推論過程）の概要とともに記載することが考えられる」とされた（一方で、「経営者が、……記載すべき重要な事項であるにもかかわらず、投資者の投資判断に影響を与える重要な将来情報を、提出日現在において認識しながら敢えて記載しなかった場合や、重要であることを合理的な根拠なく認識せず記載しなかった場合には、虚偽記載等の責任を負う可能性がある」ともされている）。

虚偽記載等の責任を回避するためには、①社内での合理的な根拠に基づく適切な検討（たとえば、取締役会等の社内の会議体等での適切な検討プロセスを経るなど）を行い、②前提とされた事実、仮定（たとえば、○頃までに●●のような事象が起こるなど）およびこれらをもとに将来情報を導いた論理的な過程（推論過程）について検討し、③これらの概要についてわかりやすく記載することが考えられる[22]。

Q 2−10 有価証券報告書において、他の任意開示書類を参照する際に留意すべき事項は何か

他の任意開示書類を参照することができるのは、あくまで有価証券報告書の記載事項を補完する詳細な情報にとどまり、有価証券報告書には「投資家の投資判断にとって重要な情報を記載する」[23]ことが求められるため、有価証券報告書には、投資家の関心事項である企業価値・財務指標との関連性が高いサステナビリティ課題を中心になるべく定量的な情報を記載すべきである。

有価証券報告書の「サステナビリティに関する考え方及び取組」または「コーポレート・ガバナンスの概要」を記載するにあたっては、これらの記載事項を補完する詳細な情報について、有価証券報告書提出会社が公表した他の書類を参照する旨の記載を行うことができるものとされており[24]、補完

22　2023年1月金融庁パブコメNo.214〜217
23　金融審議会「金融審議会ディスクロージャーワーキング・グループ報告─中長期的な企業価値向上につながる資本市場の構築に向けて─」（2022年6月13日）10頁
24　企業内容等開示ガイドライン5−16−4

という位置づけであれば、任意の開示媒体（Q2-6）における記載内容を参照することが許容されている。有価証券報告書との具体的な棲み分けを画することは困難であるが、一般的には、比較可能性の確保やその信頼性の高さ等からグローバル投資家は有価証券報告書を非常に重視しているという声があること[25]等をふまえ、有価証券報告書には、投資家の関心事項である企業価値・財務指標との関連性が高いサステナビリティ課題を中心に、なるべく定量的な情報を開示し、シナリオ分析やデータを含む詳細な情報は統合報告書やサステナビリティレポート等の任意の開示媒体に譲るといった考え方が基本になると思われる。なお、ウェブサイトを参照する場合は、①有価証券報告書に更新可能性がある旨および予定時期を記載し、更新した場合はウェブサイト上で更新箇所および更新日を明記する、②有価証券報告書の公衆縦覧期間中は継続して閲覧可能とするなど、投資者に誤解を生じさせないような措置を講じることが求められる[26]。また、①参照先の情報が修正され、これに伴い有価証券報告書の必要的記載事項に変更がある場合には、訂正報告書を提出する必要があり、②参照先のURLが次年度の有価証券報告書の提出までに変更された場合は、訂正報告書の提出が望ましいとされている[27]。

　参照先の書類に虚偽または誤解を生ずるような表示がある場合については、「当該書類に明らかに重要な虚偽の表示又は誤解を生ずるような表示があることを知りながら参照していた場合等当該書類を参照する旨を記載したこと自体が有価証券届出書の虚偽記載等になり得る場合を除き、直ちに有価証券届出書に係る虚偽記載等の責任を負うものではない」とされ[28]、参照先の書類に「明らかに重要な虚偽」があるかどうかは、あくまで投資家の投資

25　金融庁「サステナブルファイナンス有識者会議（第2回）議事録」［井口メンバー発言］
26　2023年1月金融庁パブコメNo.257〜261
27　2023年1月金融庁パブコメNo.263〜266
28　企業内容等開示ガイドライン5-16-4

判断の観点から判断されるべきとされている[29]。この場合、参照先の書類内の情報は、基本的には有価証券報告書の一部を構成しないものとされているが、投資家が参照先の情報を容易に確認できるように、参照先の書類の名称、参照先のページなどを明記することにより特定することが望ましいとされている[30]。また、このように特定した参照先以外の部分について不正確な情報があることを知っている場合には、その旨を注記しておくなど、投資家に誤解を生じさせないよう留意する必要があるとされている[31]。

Q 2−11 有価証券報告書において、どの時点のサステナビリティ情報を開示するべきか

有価証券報告書には、事業年度末における「サステナビリティに関する考え方及び取組」を記載することが求められるが[32]、有価証券報告書の記載内容を補完する詳細な情報については、現在、統合報告書等の公表時期が有価証券報告書の開示から約3カ月後の会社が多いこともふまえ、前年度の情報が記載された書類や将来公表予定の任意開示書類を参照することも許容されている。もっとも、前年度の情報が記載された書類が参照される際は、有価証券報告書の事業年度が一致していない旨を注記するなど、投資者に誤解を生じさせないよう工夫することが求められ、将来公表予定の書類を参照する際は、投資者に理解しやすいよう公表予定時期や公表方法、記載予定の内容等もあわせて記載することが望ましいとされている[33]。

一方、投資者の投資判断上、重要であると判断した事項は、有価証券報告書に記載する必要があり、その場合は前事業年度末における情報を記載することとなるが、その記載にあたって、情報の集約・開示が間に合わない箇所

---

29 2023年1月金融庁パブコメNo.270〜271
30 2023年1月金融庁パブコメNo.281〜283
31 2023年1月金融庁パブコメNo.272
32 2023年1月金融庁パブコメNo.82
33 2023年1月金融庁パブコメNo.238〜241、279〜280

がある場合等には、概算値や前年度の情報を記載することも許容されている。この場合には、概算値であることや前年度のデータであることを記載して、投資者に誤解を生じさせないようにする必要がある。また、概算値を記載した場合であって、後日、実際の集計結果が概算値から大きく異なるなど、投資家の投資判断に重要な影響を及ぼす場合には、有価証券報告書の訂正を行うことが必要となる[34]。

なお、ISSBの開示基準では、サステナビリティ情報について、財務情報との結合性や、財務諸表と同じ報告期間を対象として同時に開示することが求められている（ただし、経過措置として、初年度においては、一定の条件のもと、財務諸表よりも後にサステナビリティ情報の開示をすることが認められる）こともふまえ、将来的にはサステナビリティ情報の公表時期をそろえていくことが重要とされている[35]。実務的には、情報収集等の一連のスケジュールを前倒しするため、作成プロセスの見直しを進めておく必要がある。

Q 2−12 国際的なサステナビリティ開示基準はどのように統一化が図られてきたか

サステナビリティに関する開示基準（開示フレームワーク）については、従来よりさまざまな基準が存在していた。もっとも、国際的な開示基準の統一に向けた要請を受け、国際会計基準（IFRS）の設置主体であるIFRS財団が設立した国際サステナビリティ基準審議会（ISSB）が、2023年6月、サステナビリティ関連財務情報開示の全般的要求事項（S1）と気候関連開示（S2）に関する2つの開示基準を公表している。ISSBの開示基準は、今後、国際的な統一基準として一般的に採用されることが見込まれる。

従来から存在したサステナビリティに関する国際的な開示基準は、それ

34　2023年1月金融庁パブコメNo.238〜241
35　金融審議会「金融審議会ディスクロージャーワーキング・グループ報告—中長期的な企業価値向上につながる資本市場の構築に向けて—」（2022年6月13日）10頁

ぞれ、作成主体（SASB[36]、GRI[37]、IIRC[38]、TCFD[39]、CDSB[40]等）、報告先（投資家かマルチステークホルダーを含むか）、基準の粒度（原則主義か細則主義か）、報告内容（気候変動に特化するか、経営戦略から人的資本を含めて幅広い分野を含むか）等に違いがあり、特に開示を求められる企業側からコンバージェンスの要請が高まっていた。そこで、2021年11月、IFRS財団により、投資家の情報ニーズを満たす高品質なサステナビリティ開示基準の包括的なグローバル・ベースラインを開発するためにISSBが設立され、その後、2022年1月にCDSB、同年7月にVRF（Value Reporting Foundationの略称であり、2021年6月にSASBとIIRCの合併により誕生）がそれぞれISSBに統合された。また、2022年3月には、ISSBは、GRIとの間でMoUを締結し、相互に用語やガイダンスを可能な限り統一することとなり、気候変動開示に関する提言を公表しているTCFDもISSBの作業を支援することとなった。

　そして、ISSBは、2022年3月、サステナビリティ関連財務情報の開示に関する全般的要求事項（S1）と（テーマ別基準の第1号である）気候関連開示（S2）に関する2つの公開草案を公表し、意見募集手続を経た後、2023年6月に最終版が公表された。これらは2024年1月1日以降開始する事業年度から発効する。ISSBの開示基準は、2023年7月、証券監督者国際機構（IOSCO）により、グローバルな資本市場における枠組みとして適当であるとしてエンドースされており、今後、国際的な統一基準としてグローバルスタンダード化される見込みである（国内の対応については、Q2-13）。概要は図表2-4のとおりである。

　サステナビリティ関連財務情報の開示に関する全般的要求事項（S1）は、一般目的財務報告（有価証券報告書等）の主要な利用者が企業への資源提供

36　米国の民間非営利組織であり、Sustainability Accounting Standards Boardの略称。
37　オランダのNGO団体であり、Global Reporting Initiativeの略称。
38　英国の民間非営利組織であり、International Integrated Reporting Councilの略称。
39　金融安定理事会が立ち上げた民間主導のタスクフォースであり、Task Force on Climate-related Financial Disclosuresの略称。
40　英国の民間非営利コンソーシアムであり、Climate Disclosure Standards Boardの略称。事務局はCDP（Carbon Disclosure Project）。

図表2-4 ISSB基準の構造

全般的な要求事項（表示基準） （全般的なサステナビリティ開示要求事項）	ガバナンス	戦略	リスク管理	指標及び目標
テーマ別基準 （最初は気候基準）　　　業種別基準 （業種固有の開示） 次の候補：生物多様性・生態系、人的資本、人権など				

出所：金融審議会ディスクロージャーワーキング・グループ（令和3年度）第7回「事務局説明資料」（2022年3月24日）6頁をもとに筆者作成

に関連する意思決定を行う際に有用な、サステナビリティ関連のリスクおよび機会に関する開示を要求することを目的としている。企業がISSBの基準に準拠してサステナビリティ情報の開示を行う場合は、この全般的要求事項に従う必要がある。各サステナビリティ項目は、有価証券報告書やTCFD提言と同様、「ガバナンス」「戦略」「リスク管理」「指標及び目標」の4つの側面から開示することが求められている。主な特徴として、連結財務諸表を提出している企業は連結子会社も含めてサステナビリティ情報を開示すること、①サステナビリティ関連のリスクと機会の間、②上記4つの側面に関する開示の間、③サステナビリティ情報と財務情報の間などの関連性が理解できるような方法で情報を開示すること、開示されたすべての金額について前期に係る比較情報を開示すること（ただし、経過措置として初年度は免除）が、それぞれ求められている。また、産業別のSASBスタンダードにおける開示トピックを参照し、その適用可能性を考慮することが要求されるほか、その他の基準を参照し、検討することができるとされている。

　気候関連開示（S2）は、気候関連のリスクと機会に特有の開示要件を設定するものであり、上記の全般的要求事項に上乗せするかたちで企業に対して準拠を求めるものである。S1とともにTCFD提言に準拠しており、基本的にはTCFD提言の枠組みに沿った情報開示が求められているが、TCFD提

言よりも具体的かつ詳細な開示事項が定められており、たとえば、GHG排出量については、Scope 3[41]の開示が求められる（ただし、経過措置として初年度は不要）ほか、付録BとしてGHG排出量の算定手法等が明確化されている。また、業種横断的指標に加え、産業別指標についても開示することが求められており、産業別指標を決定する際は、11セクター68業種に分類した業種別指標を参照し、その適用可能性を検討することが求められている。

Q 2−13 国内のサステナビリティ開示基準の策定状況はどうなっているか

　現時点においてわが国における開示基準は定められていない。もっとも、ISSBにおける基準開発の方向性を見据えながらサステナビリティ情報に関するわが国の開示基準を開発し、これを法定開示である有価証券報告書に取り込んでいくことが想定されている。

　そのために、わが国の会計基準設定主体（企業会計基準委員会（ASBJ））や企業会計基準と同様に[42]、サステナビリティ情報に係る開示基準の設定主体や開示基準を金商法令上で位置づけることが想定されている。具体的には、2022年7月、公益財団法人財務会計基準機構（FASF）において、SSBJが設立されており、SSBJが開発する開示基準について、金商法令に基づく個別の告示指定によりわが国の「サステナビリティ開示基準」として設定することが見込まれている[43]。

　SSBJによると、ISSBのS1基準とS2基準（Q2−12）にそれぞれ相当する基準（日本版S1基準および日本版S2基準）の開発に関するプロジェクト

41　Scope 1：事業者自らによるGHGの直接排出、Scope 2：他社から供給された電気、熱・蒸気の使用に伴う間接排出、Scope 3：Scope 1・Scope 2以外の間接排出（事業者の活動に関連する他社の排出）
42　金商法193条、財務諸表等の用語、様式及び作成方法に関する規則1条3項
43　金融審議会「金融審議会ディスクロージャーワーキング・グループ報告」（2022年12月27日）14頁

が進められており、2023年8月3日時点では、公開草案の目標公表時期を2023年度中（遅くとも2024年3月31日まで）、確定基準の目標公表時期を2024年度中（遅くとも2025年3月31日まで）とし、目標どおりに確定基準を公表した場合、確定基準公表後に開始する事業年度（遅くとも2025年4月1日以後に開始する事業年度）から早期適用が可能となる予定である（すなわち、3月決算企業を想定した場合、2026年3月期に係る有価証券報告書から当該サステナビリティ開示基準を適用した開示が可能となる予定である）とされている[44]。

　なお、サステナビリティ情報に対する第三者による保証については、国際監査・保証基準審議会（IAASB）において、基準開発に向けた審議が開始されており、わが国でも、有価証券報告書における財務諸表監査と同様に、将来的にサステナビリティ情報に対する保証のルールが開発されることが見込まれる[45]。

Q 2−14 開示内容を作成するにあたってどのような開示基準に準拠するべきか

　ISSBの開示基準は、今後、国際的な統一基準となる可能性が高いが、国内における「サステナビリティ開示基準」が確定し、強制適用される時期はまだ先になりそうである（Q2−13）。もっとも、グローバルなESG投資の潮流において投資家からの評価や信頼を獲得し、収益機会をねらうためには、それを待って対応する猶予はなく、いち早く取組みを加速させる必要がある。有価証券報告書に記載するに際しては、「ガバナンス」「戦略」「リスク管理」「指標及び目標」の4つの構成要素に従った開示をすることが求められているが、現時点においてはわが国における開示基準は定められていな

44　サステナビリティ基準委員会「現在開発中のサステナビリティ開示基準に関する今後の計画」（2023年8月3日）4〜5頁。なお、本開発計画は、状況の変化に応じて適宜更新することを予定しているとされている。

45　金融審議会「金融審議会ディスクロージャーワーキング・グループ報告」（2022年12月27日）15〜16頁

いことから、各企業の取組状況に応じて記載していくことが考えられる[46]。

　まず、わが国においては、すでに既存の開示基準に従ってサステナビリティ情報の開示を進めている企業が多数存在する[47]。これらの企業においては、将来的にはISSBの開示基準に発展的に統合していくことを見据えつつ、その取組みを高度化させていくことが重要である（高度化の視点については、Q2-17）。

　これからサステナビリティ情報の開示に向けた取組みを始める企業においては、開示に向けた平時からの取組み（Q2-17）を進めていき、重要と判断するサステナビリティ課題については、既存の開示基準または他社事例を参考にしつつ有価証券報告書の開示項目に沿った開示を行うことが考えられる。なかでも気候変動対応を重要な課題と判断する場合は、TCFD提言に沿った取組みを進めることが望ましい。気候変動対応は世界における喫緊の課題であり、TCFD提言は気候変動関連の開示においてグローバルスタンダードの地位を占めているからである。これに加え、TCFD提言は、気候変動による財務への影響の開示という非財務的なリスクを定量化することを推奨しており、企業価値に影響を与えるリスクの管理のためにも有用なツールであるといえる。また、有価証券報告書やISSBの開示基準でも採用されたとおり、「ガバナンス」「戦略」「リスク管理」「指標及び目標」の開示構造は、サステナビリティ情報の開示の枠組みとして一般化しつつある。ISSBの気候関連開示基準（S2）は、TCFD提言以上に詳細な開示を求めているが、基本的にはTCFD提言をすべて取り込んでいることから、TCFD提言への対応を積極的に進めていくことが、ISSB（そしてSSBJ）の基準への移行に備えることにもつながると考えられる。

---

[46]　2023年1月金融庁パブコメNo.80
[47]　参考例として、金融庁「記述情報の開示の好事例集2022」（執筆時点では2023年3月24日最終更新）

Q 2−15 気候変動対応についてどのような開示が求められるのか

気候変動対応については、それが重要である場合、有価証券報告書の「サステナビリティに関する考え方及び取組」欄において、GHG排出量のScope1およびScope2とともに、「ガバナンス」「戦略」「リスク管理」「指標及び目標」の4つの枠で開示することが求められている。開示基準については、将来的にはSSBJが開発する日本版S2基準に依拠することが考えられるが、それまではTCFD提言に依拠することが現実的である。TCFD提言への対応を積極的に進めていくことが、より詳細な開示を求めているISSB（そしてSSBJ）の基準への移行に備えることにもつながると考えられる。

有価証券報告書においては、「気候変動対応が重要であると判断する場合には、「ガバナンス」「戦略」「リスク管理」「指標及び目標」の枠で開示することとすべきであるとされ、GHG排出量に関しては、投資家と企業の建設的な対話に資する有効な指標となっている状況に鑑み、各企業の業態や経営環境等を踏まえた重要性の判断を前提としつつ、特に、Scope1（事業者自らによる直接排出）・Scope2（他社から供給された電気、熱・蒸気の使用に伴う間接排出）のGHG排出量について、企業において積極的に開示することが期待される」とされている[48]。すなわち、気候変動対応については、各企業が「ガバナンス」と「リスク管理」の枠組みを通じて重要であると判断した場合に開示をすることが求められ、重要性を判断したうえで記載しないこととした場合でも、当該判断やその根拠の開示を行うことが期待される。また、GHG排出量のScope1およびScope2については、必ず開示しなければいけない事項ではなく、投資家との建設的な対話に資する情報として開示が望まれる事項と位置づけられており、開示する場合には、各企業の取組状況に応じて柔軟に記載することができるとされている[49]。現状、有価証券報告書に

48　記述情報開示原則（別添）
49　2023年1月金融庁パブコメNo.148

おける開示に関しては、Scope 3 の開示について言及されておらず、重要か否かという基準で開示の要否が判断されることになると考えられる。

　気候変動対応については、コーポレートガバナンス・コード補充原則3－1③において、プライム市場上場会社を対象として、「国際的に確立された開示の枠組みであるTCFDまたはそれと同等の枠組みに基づく開示の質と量の充実を進めるべきである」とされており、「同等の枠組み」とはISSBの開示基準（S2）が想定されていることから、現時点ではTCFD提言に依拠することが望ましいといえる（Q2－14）。TCFD提言は、金融安定理事会が立ち上げた民間主導のタスクフォースが2017年に公表した気候変動開示に特化した開示基準であり、グローバルスタンダードの地位を占めている。TCFD提言は、最終報告書（提言）、実践手引書（セクター別補助ガイダンスを含む）、シナリオ分析に関する補足文書、「指標、目標、移行計画に関するガイダンス」等から構成されており、気候変動が企業に及ぼす財務的影響を予測・開示するため（すなわち、シングル・マテリアリティである）、概要、図表2－5に記載する4提言に沿った11項目の情報開示を推奨している。

　わが国では、TCFDへの賛同企業や金融機関等で構成されるTCFDコン

図表2－5　推奨される11項目の情報開示

提言	ガバナンス	戦略	リスク管理	指標及び目標
開示推奨内容	a）リスクと機会に対する取締役会による監視体制	a）短・中・長期のリスクと機会	a）識別・評価プロセス	a）戦略・リスク管理に即して用いる指標
	b）リスクと機会を評価・管理する経営陣の役割	b）事業・戦略・財務計画への影響	b）管理プロセス	b）GHG排出量と関連リスク
		c）シナリオ分析を考慮した組織の戦略の強靭性（レジリエンス）	c）全社的リスク管理との統合	c）目標と達成度

出所：Recommendations of the Task Force on Climate-related Financial Disclosures14頁の表をもとに筆者作成

ソーシアム（経済産業省・金融庁・環境省がオブザーバー）が立ち上げられ、積極的な活動がされていることもあり、TCFDに対して、世界1位の1,415の企業・機関が賛同の意思表明を行っている（2023年10月25日時点）[50]。

図表2－6　（参考）開示例とガイドライン類

【開示例】

発行元	タイトル	発行時期
年金積立金管理運用独立行政法人（GPIF）	GPIFの国内株式運用機関が選ぶ「優れたTCFD開示」・キリンホールディングス、三菱UFJフィナンシャル・グループ、リコー、伊藤忠商事を選定	2023年3月
TCFDコンソーシアム	「気候関連財務情報開示に関するガイダンス3.0」事例集	2022年12月
金融庁	「記述情報の開示の好事例集2022」「環境（気候変動関連等）」の開示例	2023年3月

【ガイドライン等】

発行元	タイトル	発行時期
TCFDコンソーシアム	「気候関連財務情報開示に関するガイダンス3.0」＋業種別ガイダンス	2022年10月
環境省	「TCFDを活用した経営戦略立案のススメ～気候関連リスク・機会を織り込むシナリオ分析実践ガイド2021年度版」	2022年3月
国土交通省	不動産分野における「気候関連財務情報開示タスクフォースの提言」対応のためのガイダンス（不動産分野TCFD対応ガイダンス）	2021年3月
農林水産省	「食料・農林水産業の気候関連リスク・機会に関する情報開示（実践編）」	2022年6月
金融庁	金融機関における気候変動への対応についての基本的な考え方	2022年7月

50　https://tcfd-consortium.jp/about

TCFDコンソーシアムは、2022年10月に「気候関連財務情報開示に関するガイダンス3.0（TCFDガイダンス3.0）」を公表しており、業種別ガイダンスに加え、事例集（2023年1月更新）も用意されるなど、これからTCFD提言への準拠を検討する企業にとって参考になる内容となっている。

気候変動対応にとって参考になる開示例とガイドライン類としては、図表2－6があげられる。

Q 2－16　人的資本・多様性についてどのような開示が求められるのか

人的資本・多様性に関しては、コーポレートガバナンス・コード補充原則3－1③において、「人的資本や…への投資等についても、自社の経営戦略・経営課題との整合性を意識しつつ分かりやすく具体的に情報を開示・提供すべき」、また、補充原則2－4①において、「多様性の確保に向けた人材育成方針と社内環境整備方針をその実施状況と併せて開示すべき」とされていることを受け、有価証券報告書においても一定の開示が義務づけられている。

すなわち、まず、すべての有価証券報告書提出会社が、「サステナビリティに関する考え方及び取組」欄において、「戦略」の項目につき、人材の多様性の確保を含む人材の育成に関する方針および社内環境整備に関する方針を、また、「指標及び目標」の項目につき、これらの方針に関する指標の内容や当該指標による目標・実績を、それぞれ開示することを求められている[51]。

人的資本に関する国内の動きとしては、2020年9月にいわゆる「人材版伊藤レポート」[52]が公表され、2021年6月にはコーポレートガバナンス・コー

---

[51]　企業内容等開示府令 第二号様式記載上の注意（30－2）c
[52]　経済産業省「持続的な企業価値の向上と人的資本に関する研究会 報告書 ～人材版伊藤レポート～」（2020年9月）

ドの改定により、人的資本に関する情報の開示が盛り込まれた。2022年以降は、政府による賃上げ促進税制や助成金等の予算措置とともに、5月に「人材版伊藤レポート2.0」[53]が公表され、8月には民間主体の人的資本経営コンソーシアム（経済産業省・金融庁がオブザーバー）が設立されるとともに、内閣官房から「人的資本可視化指針」[54]が公表されている。

また、2023年6月には、内閣官房・新しい資本主義実現本部より「新しい資本主義のグランドデザイン及び実行計画2023改訂版」が公表されており、そこでは、人的資本への投資に関して、「人的資本に関する開示ルールの整備やサステナビリティ情報の開示の充実を推進する」と記載されているほか、「三位一体の労働市場改革の指針」をふまえて「人的資本開示指針」についても2023年内に改定することが予定されている。人的資本経営は「実践」と「開示」の両輪により実現されるものであり、主に「実践」部分、すなわち経営戦略と連動した人材戦略の実践については「人材版伊藤レポート2.0」が、人的資本に関する資本市場への情報の「開示」については「人的資本可視化指針」がそれぞれ参考になる（また、実践と開示の双方に跨がるものとして「価値協創ガイダンス2.0」[55]も参考になる）。「人的資本可視化指針」は、人的資本の開示項目を示しており、「人材育成」「エンゲージメント」「流動性」「ダイバーシティ」「健康・安全」「労働慣行」「コンプライアンス」の7分野、19項目が掲げられている。そして、「人材版伊藤レポート2.0」と併用すると相乗効果が期待できるものとされ、自社の経営戦略と人的資本への投資・人材戦略の関係性（統合的なストーリー）をベースに、「ガバナンス」「戦略」「リスク管理」「指標及び目標」の4つの要素に沿って開示することが効果的かつ効率的であるとされている。人的資本対応にとって参考になる開示例としては、次の資料があげられる。

---

53 経済産業省「人的資本経営の実現に向けた検討会 報告書〜人材版伊藤レポート2.0〜」（2022年5月）
54 非財務情報可視化研究会「人的資本可視化指針」（2022年8月）
55 経済産業省「価値協創のための統合的開示・対話ガイダンス2.0（価値協創ガイダンス2.0）」（2022年8月）

発行元	タイトル	発行時期
内閣官房・非財務情報可視化研究会	「人的資本可視化指針」付録②人的資本・開示事例集	2022年8月
金融庁	「記述情報の開示の好事例集 2022」「社会（人的資本、多様性　等)」の開示例	2023年3月
人的資本経営コンソーシアム	「人的資本経営コンソーシアム　好事例集」	2023年10月

　また、有価証券報告書の「従業員の状況」欄においては、有価証券報告書提出会社およびその連結子会社のそれぞれの会社について、女性活躍推進法[56]または育児介護休業法[57]による公表が義務づけられている場合は、会社ごとに最近事業年度の「女性管理職比率」「男性の育児休業等取得率」「男女間の賃金の差異」の３つの指標を開示することが求められている[58]。すべての連結子会社において開示が求められ、「関係会社の状況」欄に社名の記載があるか否かは関係がないとされている[59]。これらの多様性に関する各指標については、投資判断に有用な「連結ベース」（集約した数値）での開示に努めるべきであるとされるが[60]、連結ベースでの開示義務があるわけではないため、適切なグループの範囲を明記したうえで、開示対象とすることも考えられる[61]。また、投資家の理解が容易となるように、数値だけでは伝えきれない指標の意味・要因等や実情を説明するため、任意の追加的な情報（女性活躍推進法による公表において任意で行う追加的な情報公表の内容を含む）の追記は可能であり[62]、かつ投資家が指標の意味を適切に理解できるようにすることが重要であるとされている[63]。

56　女性活躍推進法に基づく一般事業主行動計画等に関する省令19条１項１号ホおよびリならびに同号ハのうち男性に係るもの
57　育児介護休業法施行規則71条の４
58　企業内容等開示府令 第三号様式記載上の注意(9)、第二号様式記載上の注意(29) d～f
59　2023年１月金融庁パブコメNo.31
60　記述情報開示原則（別添）
61　2023年１月金融庁パブコメNo.43～50
62　企業内容等開示ガイドライン５－16－３

サステナビリティ情報開示に向けて平時からどのように取組みを進めるべきか

　一般的にサステナビリティ情報開示を進めていくにあたり、平時から履践するべき取組みとしては、①ガバナンス体制の整備、②重要なサステナビリティ課題の特定、③重要なサステナビリティ課題の経営戦略・計画やリスク管理への組込み、④サステナビリティ課題に係るリスクへの対応や収益機会の実現に向けた業務執行、⑤指標・目標を用いた執行状況のモニタリング、⑥取組状況の開示、といったプロセスを経ることが効率的である。有価証券報告書において全企業への開示を求めているとおり、まず「ガバナンス」と「リスク管理」の体制整備を図るうえでも、かかるプロセスは有用であると考えられる。

① ガバナンス体制の整備を行う

　サステナビリティ課題は多岐にわたり、さまざまな部署が横断的に連携して対応することが求められ、対応には長時間を要する。また、サステナビリティに関する各取組みは経営方針・経営戦略等と一貫したかたちで行う必要がある。そこで、コーポレートガバナンス・コード補充原則 2 − 3 ①にもあるとおり、サステナビリティ課題は、取締役会が積極的・能動的に取り組むよう検討を深めるべきである。そのため、経営陣が強いリーダーシップを発揮し、取締役会を中心としたガバナンス体制を整えるべきである。その機能を効果的に発揮する観点から、サステナビリティ委員会等の専門の委員会や専属チームを設置するなど、全社横断的な組織づくりを行い、必要に応じて社外の多様なステークホルダーの意見を取り入れることが重要である。その他、経営陣のコミットメントへの信頼性をより高める観点から、サステナビリティに関するKPIをインセンティブ報酬の評価基準と連動させることも考

63　2023年1月金融庁パブコメNo.6

えられる。その際には、役員の恣意性を排除するためなるべく客観性のある指標を採用し、あるいは、第三者の確認を得る仕組みとすることが望ましい。

② サステナビリティ課題を特定して、その重要度を評価する

次に、サステナビリティという切り口で、自社目線で、自社の経営戦略やビジネスモデルと関連づけて、何がリスクと収益機会になるかの洗い出しを行う。そして、リスク・収益機会の具体的な事業インパクトの大きさを評価し、優先的に取り組むべき重要な課題（マテリアリティ）を特定することになる。この際には、自社および自社の属する業界における現状の取組状況を正しく認識することが重要である。他の部署がすでに有効な取組みを行っていたが、うまくパッケージングができていないだけということも考えられるからである。自社が所属する業界における典型的なサステナビリティ課題については、TCFDに関する国内の指針や競合他社のCDP（Carbon Disclosure Project）への回答等（ウェブで公開されている）を活用しつつ、動向を把握することも有用であろう。

マテリアリティの評価にあたっては、(i)サステナビリティ課題が企業価値に与える影響の重要性か、(ii)企業活動がサステナビリティ課題に与える影響の重要性かという区分を明確に意識しつつ（Q2-4）、まずは(i)のアプローチによる評価を行うべきである。

③ 重要なサステナビリティ課題を経営戦略・計画やリスク管理に組み込む

コーポレートガバナンス・コード補充原則4-2②にもあるとおり、まず、取締役会において、中長期的な企業価値の向上の観点から、重要なサステナビリティ課題への対応を自社のサステナビリティに関する取組方針として策定することが必要である。この方針は、サステナビリティに関する自社の取組みに関して常に参照され、社内外へのコミットメントとして公表されるべき全社的な基準と位置づけることが望ましい。

そのうえで、これを土台として、重要なサステナビリティ課題への対応を、具体的な経営戦略・計画とリスク管理プロセスに反映させていくことに

なる。その際には、時間軸を検討し、具体的なロードマップも策定すること
が望ましい。

　また、TCFD提言に対応する場合は、シナリオ分析を組み込むことも必要
である。ただ、シナリオ分析については、最初は、地域や事業範囲などの対
象のうち、売上げやCO_2排出量等の高いところから行う、あるいは、各シナ
リオにおけるリスク・収益機会が戦略や財務計画に与える影響の大きさや内
容を（数値ではなく、「大中小」などの）相対的・定性的な表現で説明するな
ど、スモールスタートでかまわないと考えられる。スタートさせた後は、
データの緻密化、定量モデルの採用、分析の精緻化などを行って取組みを洗
練化させつつ、継続的に情報を更新し、気候変動に関するリスク・収益機会
の事業や財務への影響を検証したうえで、対応策の軌道修正を図っていくこ
とが考えられる。

④　サステナビリティ課題に係るリスクへの対応や収益機会の実現に向けて
　執行する

　③で策定した経営戦略・計画やリスク管理計画に沿って、業務執行部門
が、サステナビリティ課題に係るリスクへの対応や収益機会の実現に向けた
取組みを進めていくことになる。

⑤　執行の状況をモニタリング（監督）する

　執行状況のモニタリングにあたっては、③の取組方針に基づいた客観的な
指標・目標（KPI）・達成期限を設定し、取締役会等において定期的にその進
捗状況や達成状況を確認する方法が効果的である。この際、中長期的な取組
みとなることから、KPIが達成できず、計画の変更が余儀なくされることは
多々あると考えられる。この際、その原因は何で、どのように計画を見直し
ていくのかといった軌道修正の過程を開示していくことも重要であると考え
られる。指標の設定や目標等の数値の算定にあたっては、虚偽記載の疑いを
払拭するため、前提条件や算定方法等を開示できるようにしておくことが肝
要である。

　また、信頼性を高めるために、目標の達成状況については、外部の第三者

機関からの評価や認証を得るといった取組みも有用であると考えられる。

⑥ これらのプロセスや取組状況を開示する

　最後にこれらのプロセスを、情報の内容や報告先に応じた各開示媒体を用いて開示していくことになる。この際、ストーリー性をもって、サステナビリティ課題への取組状況が、どのようなかたちで自社の財務情報や企業価値に影響を与えているのかという観点で開示をすることが重要である。開示後は、投資家との対話や社外のステークホルダーの意見をふまえて、リスク・収益機会の事業や財務への影響を具体化・細分化させ、組織体制・対応策・計画を具体化させるなどして、取組みを高度化させることが望ましい。

　また、機関投資家によるESG投資を呼び込むという観点からは、ESG評価機関のESGスコアも念頭に置きつつ、英語による利用されやすい形式にも留意して、質・量ともに積極的な情報開示を進めることが望ましい。

第 **3** 章

サステナビリティと会社法・コーポレート

⑴　サステナビリティ・ガバナンス

　サステナビリティ・ガバナンスとは、サステナビリティ経営を推進するための企業統治の仕組み（コーポレートガバナンス）という意味で用いられる用語である。サステナビリティ・ガバナンスを実現するための具体的な取組みについて、一義的な方法論や指針はないが、2021年6月改訂のコーポレートガバナンス・コードは、サステナビリティに関する原則を大幅に拡充しており、コーポレートガバナンス・コードの要請をふまえて自社の仕組みを検討することが考えられる。また、経済産業省が、2022年5月、伊藤レポート3.0（SX版伊藤レポート）とともに公表した「価値協創ガイダンス2.0」等も参考になる（Q3-1）。

　企業のサステナビリティ経営を支える考え方の1つとして、「ステークホルダー資本主義」の考え方が提唱され、普及している。これは、企業は株主の利益のみを目的とするのではなく、顧客、従業員、取引先、地域社会といった多様なステークホルダーの利益に配慮すべきという考え方であり、行き過ぎた短期的な株主利益の追求という風潮への反省から生まれた考え方といえる。経済産業省が2022年5月に取りまとめた伊藤レポート3.0（SX版伊藤レポート）では、ステークホルダーの抱える課題を解決することで収益を得、持続的に企業価値を向上させていくべきという考え方が示されている（Q3-2）。

　サステナビリティ・ガバナンスの実践にあたっては、コーポレートガバナンス・コードにおけるサステナビリティに関する原則を理解しておくことが重要である。コーポレートガバナンス・コードには、従業員、顧客、取引先、債権者、地域社会をはじめとするさまざまなステークホルダーへの配慮（基本原則2）、サステナビリティ課題について中長期的な企業価値向上の観

点から検討を深める必要性（補充原則2−3①）、サステナビリティ課題についての基本方針の策定（補充原則4−2②）、取締役会の多様性（原則4−11）、女性の活躍促進を含む社内の多様性の確保（原則2−4、補充原則2−4①）、人的資本・知的財産への経営資源の配分（補充原則4−2②）、内部通報制度の整備と監督（原則2−5）等、サステナビリティ・ガバナンスを構成する多数の要素に関する原則が規定されている（Q3−3）。重要なことは、取締役会が、サステナビリティをめぐる課題への対応はリスクの減少のみならず収益機会にもつながる重要な経営課題であると認識し、中長期的な企業価値向上の観点から、サステナビリティ課題に積極的・能動的に取り組むよう検討を深めることである。取締役会は、サステナビリティ課題に対してリーダーシップを発揮してその取組みを推進していくことが求められている（Q3−4）。他方、企業を取り巻くサステナビリティ課題は広範かつ多岐にわたるため、全社横断的な対応が必要となり、また、その対応には長期間を要する場合も少なくない。取締役会がかかるサステナビリティ課題のすべてについて議論し方向性を決定することは容易ではなく、また適切でもない。そこで、企業としてサステナビリティに関する取組みを戦略的に検討・推進するための仕組みとしてサステナビリティ委員会を設ける例が増えてきている（Q3−5）。

　役員報酬について経営陣に対する適切なインセンティブ付与の手段という性格が重視される潮流のなか、役員報酬のなかにESG要素を組み込むことにより、役員・経営陣に対して、ESG課題への取組みを動機づけようとする動きも広まっている。役員報酬のなかにESG要素を組み込むにあたっては、まず、企業戦略においてサステナビリティに関する目標が明確に定められていることを前提に、役員のインセンティブ報酬と連動させる具体的なESGに関する指標を決定する必要がある。指標の選定を含め、報酬の設計プロセスは、客観性・透明性ある手続に従い、対外的なアカウンタビリティを備えたものである必要がある（Q3−6）。

⑵　サステナビリティと株主対応

　環境や社会問題等ESGに関する対話や株主提案を行い、企業に対してサステナビリティ課題への対応を迫る株主の行動（ESGアクティビズム）が活発化している。2020年以降、上場企業の株主総会において、環境NGOによる気候変動関連の株主提案が毎年実施されているにとどまらず、ファンドや機関投資家が株主提案を行う例も登場してきている（Q3‐7）。株主提案の内容としても、環境問題だけでなく、社会（S）に分類される企業内不祥事・コンプライアンス関連の提案をファンドが行う例もあり注目される（Q3‐8）。

　サステナビリティへの関心の高まりやESG関連の株主提案の増加のなかで、機関投資家がサステナビリティ要素を議決権行使基準に取り込む例が年々増加している。サステナビリティ要素を基準に取り込む方法としては、大きくは、取締役選任議案のなかでサステナビリティを考慮する基準を設ける場合と、株主提案を含む議案の賛否の基準にサステナビリティ要素を盛り込む場合がある。また、取締役会のジェンダー・ダイバーシティに関して、議決権行使助言会社や機関投資家が議決権行使基準を新設または厳格化する傾向にある点も重要である（Q3‐9）。

⑶　M&AとESG

　M&Aの場面においても、ESG要素を含むサステナビリティ重視の動向が実務のあり方に変化をもたらしている。たとえば、対象会社を自社グループに迎え入れるにあたって、対象会社のESG課題への取組方針やその状況が自社の方針に照らして適切か、サプライチェーンにおける人権侵害リスクを含めESGの観点で重大なリスクを抱えていないかという点をデュー・ディリジェンスで調査したり、買収契約においてESG関連の表明保証を求めるという実務が登場している（Q3‐10）。

2 Q & A

　サステナビリティ・ガバナンスとは、サステナビリティを推進する経営を実践していくための企業統治の仕組み（コーポレートガバナンス）という意味で用いられる用語である。欧州では、コーポレートガバナンスと経営システムにサステナビリティを統合し、気候変動、環境、人権に関する事業上の決定および当該会社の長期的な強靭性に係る事業上の決定をする際の枠組みのことをサステナビリティ・ガバナンスと定義する例もある[1]。

　サステナビリティ・ガバナンスの観点から重要と思われるコーポレート分野に関連する近時の主要な国内動向として、以下のものがあげられる。

(1)　2020年3月スチュワードシップ・コード改訂

　サステナビリティを「ESG要素を含む中長期的な持続可能性」と明記したうえ、スチュワードシップ責任の内容として、サステナビリティにも考慮した建設的な対話等を通じて、企業価値の向上・持続的成長を促し、中長期的な投資リターンの拡大を図る責任と定義する改訂が実施された。これにより、機関投資家と企業との間で企業価値向上という観点からのサステナビリティ課題についての対話が促進された。

(2)　2021年6月コーポレートガバナンス・コード改訂

　サステナビリティについてスチュワードシップ・コードと同一の定義を明記したうえ、サステナビリティに関する取組みが企業の中長期的な企業

1　Proposal for a Directive of the European Parliament and of the Council on Corporate Sustainability Due Diligence and amending Directive（EU）2019/1937, COM（2022）71 final, 2022/0051（COD）, p.1., 神作裕之「サステナビリティ・ガバナンスをめぐる動向」商事2296号（2022年）4頁

価値の向上・持続的成長に結びつくという考え方から、サステナビリティに関する諸原則が大幅に拡充され（サステナビリティに関するコーポレートガバナンス・コードの内容については、Q3−3）、企業のサステナビリティへの取組みが推進された。

⑶　有価証券報告書におけるサステナビリティ情報開示の開始

　2023年1月、企業内容等の開示に関する内閣府令等の改正により、2023年3月期以降、有価証券報告書においてサステナビリティ情報の開示が義務づけられた。

　ここで留意すべきは、スチュワードシップ・コードおよびコーポレートガバナンス・コードのいずれにおいても、サステナビリティの考慮が企業の中長期的な企業価値の向上に結びつくものと定義づけられている点である。従来のように、「企業の社会的責任」（CSR）という観点から経済や環境、社会の持続可能性への配慮が求められるという文脈とは異なり、サステナビリティへの考慮は、企業にとってのリスクを意味するにとどまらず、収益機会の拡大と企業の成長につながる要素と位置づけられている。このような「サステナビリティ」に関する共通の定義・理解をもとに、機関投資家と企業が建設的な対話を行うことが期待されている。また、このようなサステナビリティの意義をふまえると、投資家の投資判断にとっても企業のサステナビリティへの取組状況は重要な情報であることから、2023年3月期から有価証券報告書における法定開示事項とされた（Q2−7）。

　サステナビリティ・ガバナンスを実現するための具体的な取組みについて、一義的な方法論や指針はないが、上記のとおり、2021年6月改訂のコーポレートガバナンス・コードは、サステナビリティに関する原則を大幅に拡充しており、コーポレートガバナンス・コードの要請をふまえて、自社の仕組みを検討することが考えられる（コーポレートガバナンス・コードにおけるサステナビリティへの要請については、Q3−3）。また、経済産業省は、2022年5月、SX（サステナビリティ・トランスフォーメーション）、すなわち、気候変動や人権への対応等、社会の持続可能性の向上という「社会のサステナ

ビリティ」と、企業が長期的・持続的に成長原資を生み出す力（稼ぐ力）を向上させるという「企業のサステナビリティ」を「同期化」することを目標とする、伊藤レポート3.0（SX版伊藤レポート）を取りまとめるとともに、SXの実現に向けた経営の強化、情報開示や建設的な対話を行うフレームワークとして「価値協創ガイダンス2.0」を公表している。「価値協創ガイダンス2.0」は、SXを経営や対話に落とし込んでいくための“実践編”とされており[2]、これを参考に自社のガバナンスを見直すことも有用であろう。

Q 3-2 「株主資本主義」と「ステークホルダー資本主義」とはどのような考え方か

「株主資本主義」とは、会社は所有者たる株主の利益のために存在し、会社は株主の利益の最大化を目指して経営されるべきという考え方である。これに対し、近年、企業は株主の利益のみを目的とするのではなく、顧客、従業員、取引先、地域社会といった多様なステークホルダーの利益に配慮すべきという「ステークホルダー資本主義」の考え方が提唱され、普及している。持続可能な社会と中長期的な企業の成長を実現するためには、多様なステークホルダーの利益への配慮が必要であるため、ステークホルダー資本主義は企業のサステナビリティ経営を支える考え方の1つといえる。

　ステークホルダー資本主義の考え方が注目されるようになった大きなきっかけとして、米国の大手企業で構成される非営利団体であるビジネスラウンドテーブルが、2019年8月に、それまで主張していた株主資本主義の考え方を改め、企業は、株主だけでなく、顧客、従業員や取引先、地域社会を含むすべてのステークホルダーの利益に配慮し、長期的な企業価値向上に取り組むべきという声明を発表したことがあげられる。同声明では、ステークホルダーに対する約束として以下の点が掲げられており、株主価値以外の幅広い

2　経済産業省「価値協創のための統合的開示・対話ガイダンス2.0（価値協創ガイダンス2.0）」（2022年8月）3頁

利益へのコミットメントが宣言されている。

① 　顧客に価値を提供する

② 　従業員への投資

③ 　サプライヤーと公正かつ倫理的に取引する

④ 　コミュニティをサポートする。地域社会の人々を尊重し、事業全体で持続可能な慣行を採用することで環境を保護する

⑤ 　株主に長期的な価値を生み出す

　また、世界各国の経営者が集まる世界経済フォーラムも、2019年12月に「ダボスマニフェスト2020」を公表し、「企業の目的は、全てのステークホルダーを、共有された持続的な価値創造に関与させることであり、このような価値を創造するうえで、企業は、株主だけでなく、従業員、顧客、サプライヤー、地域社会、そして社会全体の全てのステークホルダーに価値を提供」すべきであるとする考え方がまとめられた。その後、世界経済フォーラムは、2020年9月に、「ステークホルダー資本主義の進捗の測定～持続可能な価値創造のための共通の指標と一貫した報告を目指して～」と題した報告書を公表し[3]、ガバナンスの原則、地球、人、繁栄の4つに分類され、21の中核指標と34の拡大指標から構成される「ステークホルダー資本主義指標」を提示した。

　他方、ステークホルダー資本主義の考え方に対する意見は、必ずしも賛同的なものばかりではない。機関投資家団体であるCouncil of Institutional Investorsは、ビジネスラウンドテーブルの声明文に対して、長期的な株主価値を実現するためには、ステークホルダーを尊重するだけでなく、会社のオーナーが明確な説明責任を果たすことが重要であるなど、株主に対する経営者の説明責任の概念を弱体化させるものであると批判した。日本においても、会社法的観点から、「『安易な株主第一主義批判』に反論する」との有力

3　https://www3.weforum.org/docs/WEF_IBC_Measuring_Stakeholder_Capitalism_Report_2020_Japanese.pdf（最終閲覧：2023年11月5日）

な見解がある[4]。また、株主価値を優先させてきた米国企業と、株主価値よりも顧客や従業員等のステークホルダー価値を優先させてきた日本企業とでは立ち位置が異なり、米国で議論されているステークホルダー資本主義は米国企業が日本企業の立つ方向に一歩進めようとしているものであると指摘する意見も存在し[5]、世界的に議論されているステークホルダー資本主義がそのまま日本においても妥当すべきとまではいえないという評価もありえよう。

経済産業省が2022年5月に取りまとめた伊藤レポート3.0（SX版伊藤レポート）では、このようなステークホルダー資本主義に関する議論の高まりに配慮しつつも、「収益や企業価値との関連性を見失い、ステークホルダーに対する利益一辺倒に陥る」ことは、企業の長期的な価値向上に向けた取組みがさらに遅れてしまいかねないことに十分注意する必要があるという指摘をしたうえ、「競争優位性のある事業活動によってステークホルダーの抱える課題を解決することで収益を得、それを利益分配と更なる課題解決に向けた再投資に振り向けながら長期的かつ持続的に企業価値を向上させていくという、循環的な捉え方」に基づき、「経営変革を通じ長期的な競争優位を確立した上で、ステークホルダーに価値を提供し、それを持続的な収益の創出と競争優位の更なる強化へとつなげていくことで、企業価値の向上を達成することが求められている」という見解を示している[6]。

Q 3 − 3 コーポレートガバナンス・コードはサステナビリティに関してどのような要求をしているか

コーポレートガバナンス・コードとは、会社の持続的な成長と中長期的な

---

4 田中亘「株主第一主義の合理性と限界(下)」法時92巻7号（2020年）79頁。なお、Q3−4(2)も参照。
5 サステナブルな企業価値創造のための長期経営・長期投資に資する対話研究会（SX研究会）第1回資料5「事務局説明資料」（2021年5月31日）88頁
6 伊藤レポート3.0（SX版伊藤レポート）（2022年8月30日）5、6頁

企業価値の向上を促すことを目的に、上場会社を対象として東京証券取引所が策定した企業統治に関する原則である。コーポレートガバナンス・コードは、5つの基本原則とその下位にある31の原則および47の補充原則という3つの構成で、合計83原則から構成されている。コーポレートガバナンス・コードは2015年6月1日に施行された後、2018年6月および2021年6月の2度にわたり改訂されており、2021年6月の改訂に際してサステナビリティに関する原則が大幅に拡充された。

　まず、基本原則2は、「会社の持続的な成長と中長期的な企業価値の創出は、従業員、顧客、取引先、債権者、地域社会をはじめとする様々なステークホルダーによるリソースの提供や貢献の結果であることを十分に認識し、これらのステークホルダーとの適切な協働に努めるべきである」と多様なステークホルダーへの配慮を求めている。そのうえで、基本原則2の「考え方」において、中長期的な企業価値の向上に向けて、「サステナビリティ課題への積極的・能動的な対応を一層進めていくことが重要である」とサステナビリティ課題への対応の重要性を明確に述べている。

　サステナビリティを構成するESG要素に関しては、従前は気候変動等環境（E）への関心が中心であったものの、現在では、ダイバーシティ、ハラスメント対応、内部告発制度、ビジネスと人権、サプライチェーンマネジメント等、社会（S）に属するトピックの重要性も高まっている。そこで、補充原則2-3①は、「気候変動などの地球環境問題への配慮、人権の尊重、従業員の健康・労働環境への配慮や公正・適切な処遇、取引先との公正・適正な取引、自然災害等への危機管理」と複数の要素を例示し、サステナビリティの実現には多様な配慮が必要となることを強調している。それと同時に、補充原則2-3①は、取締役会に対して、かかる多様な要素から構成されるサステナビリティ課題は収益機会にもつながる重要な経営課題と認識したうえで、中長期的な企業価値の向上の観点から、積極的・能動的に課題に取り組むよう検討を深めることを要求している。また、取締役会は、サステナビリティをめぐる基本的な方針を策定することが求められている（補充原

則4－2②、Q3－4)。

　人材の多様性は、サステナビリティ経営を支える重要な要素である。コーポレートガバナンス・コードにおいても、原則4－11が取締役会の多様性について、原則2－4および補充原則2－4①が女性の活躍促進を含む社内の多様性の確保の推進を要求している。

　また、人的資本・知的財産への投資は、企業の中長期的な成長にとって不可欠な要素であることから、補充原則4－2②では、人的資本・知的財産への経営資源の配分や、事業ポートフォリオに関する戦略の実行が企業の持続的な成長に資するよう実効的な監督を行うべきであるとされている。

　加えて、企業の持続的な成長を実現するためには、企業の違法行為のみならず、ビジネスと人権の観点も含め、ステークホルダーへの負の影響を生じさせる行為を早期に発見し、救済する制度が設置・運用されていることも重要である。この意味で、内部通報に係る制度の整備と監督について規定する原則2－5も、サステナビリティ・ガバナンスを支える重要な原則といえる。

　以上のようなサステナビリティの取組みを市場に対して開示してはじめて適切な評価を得られることから、基本原則3および補充原則3－1③において、サステナビリティに関する適切な開示が要求されている（Q2－1、Q2－3)。

 3－4　取締役会がサステナビリティに関して果たすべき役割は何か

(1)　取締役会の役割・機能

　コーポレートガバナンス・コード補充原則2－3①は、以下のとおり、取締役会に対して、サステナビリティ課題に積極的・能動的に取り組むよう検討を深めることを要求している。取締役会は、サステナビリティ課題につい

て、社会的責任として取り組むものではなく、中長期的な企業価値向上につながる重要な経営課題であるという認識のもと、リーダーシップを発揮してその取組みを推進していくことが求められている。

> 取締役会は、気候変動などの地球環境問題への配慮、人権の尊重、従業員の健康・労働環境への配慮や公正・適切な処遇、取引先との公正・適正な取引、自然災害等への危機管理など、サステナビリティを巡る課題への対応は、リスクの減少のみならず収益機会にもつながる重要な経営課題であると認識し、中長期的な企業価値の向上の観点から、これらの課題に積極的・能動的に取り組むよう検討を深めるべきである。

また、サステナビリティ課題は、その領域の広さゆえ事業横断的・全社的な対応が必要となり、対応には長期間を要するものも多い。このような性質を有するサステナビリティ課題への対応を戦略的・実効的に実現していくためには、サステナビリティに対する会社としての取組方針を定めておくことが重要となる。そこで、補充原則4-2②は、取締役会に対して、「自社のサステナビリティを巡る取組みについて基本的な方針を策定すべき」と要求している。典型的には、サステナビリティ基本方針を策定し、自社にとって重視する価値や優先的な課題、当該課題と事業活動との結びつき、課題への取組体制等を明文化し、社内外に公表することになる（補充原則3-1③）。加えて、中長期的には社会自体も変化することから、自社のサステナビリティに関する基本方針に修正を加える必要が生じる可能性も見込まれ、取締役会には不断の検討が求められる。

サステナビリティ課題への取組みは、多様なステークホルダーの意見を取り入れ、従前の経営課題にはなかった新しい問題へと対処していくことが必要となることから、取締役会が多様な価値観と能力を備えていることが肝要である。コーポレートガバナンス・コード原則4-11でも、取締役会は、「知識・経験・能力を全体としてバランス良く備え、ジェンダーや国際性、

職歴、年齢の面を含む多様性」を備えるべきとされており、これは、サステナビリティ・ガバナンスを支える重要な原則の1つといえる。また、補充原則4-11①はここから一歩要請を具体化し、取締役会は、経営戦略に照らして自らが備えるべきスキル等を特定したうえ、スキルマトリックス等の方法で取締役の有するスキル等を開示すべきと規定しており、実務上、スキルマトリックス上のスキルとしてESGやサステナビリティを明記している会社も増えている。

(2) 株主利益最大化原則

会社法の解釈としては、取締役は株主の利益を最大化するよう職務を行うべきという「株主利益最大化原則」が有力説とされている[7]。サステナビリティ経営の観点からは、多様なステークホルダーの利益への配慮が求められることから、株主利益最大化原則との関係で、株主以外の利益に配慮することがどのように正当化されるかが議論となる。この点については、株主利益最大化原則はいかなる場合にも貫徹されるものではなく、合理的な範囲の制限が認められるべきという有力な見解がある。この見解のもとでは、会社が相当な範囲で社会的に期待される行為をすることは、たとえ株主利益の最大化につながらないとしても許容されるべきであり、たとえば、相当な範囲で寄付等の慈善活動を行うことや、法令で要求される以上に社会・環境に配慮した経営を行うことは、それにより株主の利益が減少するとしても、取締役の義務に違反することはないという解釈が示されている[8]。他方、「相当」や「合理性」という基準では、取締役が株主以外の利益をどのように配慮することが正当化されるのか不明瞭であり行動指針として機能せず、取締役のアカウンタビリティの喪失につながるという指摘もあり、ステークホルダーへの利益の配慮を理論的観点からどのように説明するかは議論が分かれるとこ

7　江頭憲治郎『株式会社法〔第8版〕』(有斐閣、2021年) 22頁、田中亘『会社法〔第4版〕』(東京大学出版会、2023年) 280頁
8　田中亘『会社法〔第4版〕』(東京大学出版会、2023年) 280頁

ろである[9]。

　ESG要素を含むサステナビリティ課題は、リスクとしてのみならず収益機会としての意義をもち、各企業にとって中長期的な企業価値向上に向けた重要な経営課題となっている。他方、企業を取り巻くサステナビリティ課題は広範かつ多岐にわたるため、全社横断的な対応が必要となり、また、その対応には長期間を要する場合も少なくない。そのようななかで、企業としてサステナビリティに関する取組みを戦略的に検討・推進するための仕組みとして設けられるのがサステナビリティ委員会である。

　Ｑ3－4のとおり、サステナビリティに関する企業の目指すべき方向性や長期的な基本戦略は、取締役会が主体となり決定する必要がある。しかし、企業が取り組むべきサステナビリティ課題としては、カーボンニュートラル・気候変動等の環境問題、人権、ダイバーシティ＆インクルージョン、労働環境、公正な取引条件の実現、地域社会との連携等多岐にわたるうえ、各課題についてリスクと収益機会の双方から検討する必要がある。これらのすべてについて取締役会で議論し方向性を決定することは容易ではなく、また適切ともいえない。そこで、サステナビリティ委員会を設けることにより、事業横断的なトピックについても、各部門の担当者や、必要に応じて外部有識者を登用するなどし、実務レベルで全社横断的に多角的な視点から議論を行い、実効性の高い対応を実施することが可能となる。

　加えて、サステナビリティ委員会を設置することにより、サステナビリティへの取組姿勢を自社の内外に示すことができるというメリットも指摘できる。経営陣・幹部従業員のなかでは、サステナビリティへの取組みが喫緊の課題であるという認識は共有されている状況にあっても、従業員一人ひと

9　田中亘「株主第一主義の合理性と限界⒟」法時92巻７号（2020年）79頁

りには当該意識が浸透していない場面もありうると思われるが、サステナビリティ委員会を設置し、組織としてのコミットメントを示すことで社内での取組みに推進力を与えることできる。また、サステナビリティに対する社会的関心が高まるなか、サステナビリティ委員会を設置し、組織的・戦略的にサステナビリティ課題に取り組んでいる姿勢を示すことは、機関投資家やESG評価機関のみならず、一般投資家に対するアピールにもなる。

　以上のような意義を有するサステナビリティ委員会であるが、ガバナンス体制上の位置づけについては、大局的に分類すると、監督側の委員会と位置づける例と、執行側の委員会と位置づける例の2つがある。サステナビリティ委員会の設置が進んでいる欧米、とりわけ米国や英国では、モニタリング・モデル型の取締役会を前提に、監督、指名、報酬の3委員会に並列する第4の委員会としてサステナビリティ委員会を位置づけることが多い。監督側の委員会とする場合、サステナビリティ委員会は、経営陣が抽出したサステナビリティ課題やそれへの対応方針、推進状況をモニタリングすることが基本的な役割となる。他方、日本では、マネジメント・モデル型の取締役会や経営会議等の業務執行機関と連携する機関としてサステナビリティ委員会を設けることが多い。この場合、サステナビリティ委員会では、決定されたマテリアリティや戦略的方向性に基づき、事業全体に横串を刺してサステナビリティへの取組みを推進し、各課題のリスクと収益機会への対策や事業戦略への取組みについての討議を行うことが主たる役割となる。

　コーポレートガバナンス・コードとスチュワードシップ・コードの付属文書である投資家と企業の対話ガイドライン1－3は「取締役会の下または経営陣の側に、サステナビリティに関する委員会を設置するなど、サステナビリティに関する取組みを全社的に検討・推進するための枠組みを整備しているか」としており、サステナビリティ委員会を監督側の組織とするか、執行側の組織とするかはいずれもありうる選択肢であることが示されている。また、実務的には、ガバナンスの仕組みやサステナビリティへの取組体制は各社さまざまであり、監督側か執行側かという観点に拘泥することは有意義で

はない。サステナビリティ委員会に監督的な機能と執行的な機能の双方をもたせることもありえるし、監督側の機関としてのサステナビリティ委員会と、執行側の機関としてのサステナビリティ委員会の双方を設置する例[10]もある。サステナビリティ委員会を設置する目的や自社の実情を具体的に検討したうえ、効果的と考える役割をサステナビリティ委員会に与えることが重要といえる。

Q 3－6 役員報酬にESGは関係するのか

　役員報酬制度にESG指標を採用する例は増加傾向にある。TOPIX100構成企業を対象とした調査によると、2022年の役員報酬にESG指標を採用する企業は62％であり、2021年の30％から倍増している[11]。

　従来の役員報酬に関する考え方は、企業が獲得した資金を、研究開発や設備投資、株主、役員や従業員へ振り分ける短期的な分配政策の問題と理解される側面が強かった。しかし、近年は、役員報酬は、経営陣に対する適切なインセンティブ付与の手段という性格がより重視されるようになっている。コーポレートガバナンス・コードにおいても、経営陣の報酬について持続的な成長に向けた健全なインセンティブとして機能させることが求められている（原則４－２、補充原則４－２①）。このような役員報酬に関する考え方の潮流に加え、ESG要素を含むサステナビリティ課題への取組みが中長期的な企業価値向上の観点から喫緊の課題であるという認識が広まり、役員報酬にESG指標を組み込む例が増加しているものといえる。役員報酬のなかにESG要素を組み込むことにより、役員・経営陣に対して、ESG課題への取組みを動機づけようとする点に趣旨がある。

10　味の素株式会社2021年３月８日付「サステナビリティ推進体制の強化およびサステナビリティ諮問会議委員決定のお知らせ」
11　宮川正康「役員の報酬：ESG指標と報酬ガバナンス」企業会計74巻12号（2022年）60頁

役員報酬にESG要素を組み込むに際しては、まず、企業戦略においてサステナビリティに関する目標が明確に定められている必要がある。インセンティブ報酬はあくまでも企業目標を達成するための手段であるから、企業にとって何が重要課題であるかが特定されていない状態では、いかなるESG要素を報酬制度に組み込むかが確定できず、経営陣による恣意性も排除できないからである。

　そのうえで、役員のインセンティブ報酬と連動させる具体的なESGに関する指標を決定する必要がある。役員報酬における業績連動指標（KPI）は、企業が経営戦略において何を重視し、どのように企業価値を向上させることを目的としているかを表すものであるから、自社のサステナビリティに関する方針と特定された具体的なマテリアリティをふまえて、ESG指標に関するKPIを確定する作業が必要となる。具体的な指標については、企業の行動や取組み等プロセスにフォーカスしたもの（「インプット指標」と呼ばれる）と、企業活動の成果やそれに伴う効果にフォーカスしたもの（「アウトプット指標」と呼ばれる）があり、それぞれについて、定性的、定量的な指標がある。かかる観点から、実際の企業において設定されているKPIを例示すると、図表3－1のようになる[12]。

　報酬の設計プロセスは、客観性・透明性ある手続に従い、対外的なアカウンタビリティを備えたものである必要がある（コーポレートガバナンス・コード4－2①参照）。かかる観点からは、報酬（諮問）委員会における客観的な議論と、当該指標を採用する理由や企業価値との関係性についての透明性の高い開示が重要となる。外部のESG評価機関の評価を採用する場合には、指標の客観性や明確性は確保しやすいが、当該評価手法が自社の目標と必ずしも完全には整合しないことがデメリットとなる。機関投資家のなかには、ESGに関するKPIは自社の方針に沿って固有の目標を選定すべきという声もある点には留意が必要であろう[13]。

12　梶嘉春ほか「SX時代の役員報酬のあり方」商事2310号（2022年）25頁

図表3−1　役員報酬における業績連動指標（KPI）の例

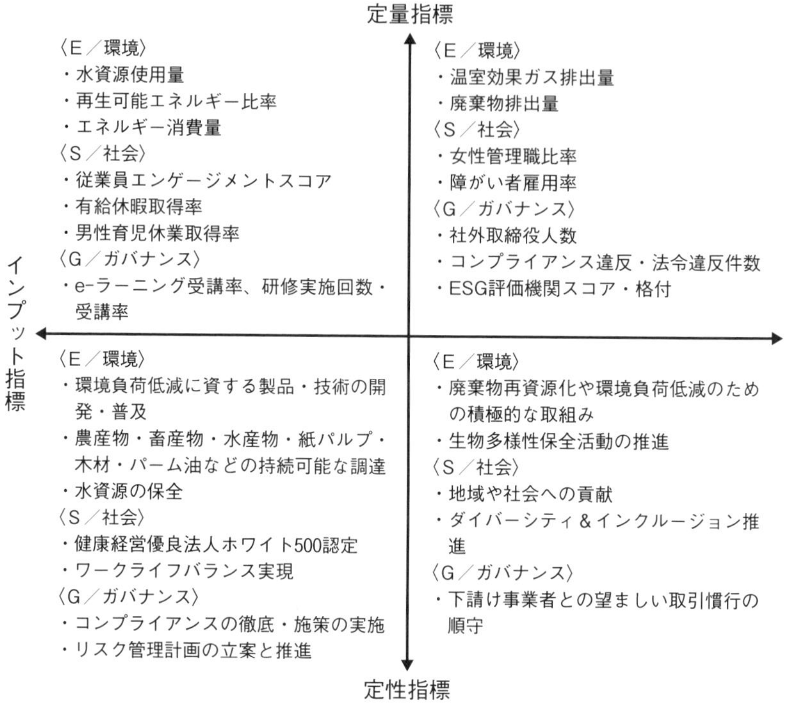

定量指標

〈E／環境〉
・水資源使用量
・再生可能エネルギー比率
・エネルギー消費量
〈S／社会〉
・従業員エンゲージメントスコア
・有給休暇取得率
・男性育児休業取得率
〈G／ガバナンス〉
・e-ラーニング受講率、研修実施回数・
　受講率

〈E／環境〉
・温室効果ガス排出量
・廃棄物排出量
〈S／社会〉
・女性管理職比率
・障がい者雇用率
〈G／ガバナンス〉
・社外取締役人数
・コンプライアンス違反・法令違反件数
・ESG評価機関スコア・格付

インプット指標

アウトプット指標

〈E／環境〉
・環境負荷低減に資する製品・技術の開
　発・普及
・農産物・畜産物・水産物・紙パルプ・
　木材・パーム油などの持続可能な調達
・水資源の保全
〈S／社会〉
・健康経営優良法人ホワイト500認定
・ワークライフバランス実現
〈G／ガバナンス〉
・コンプライアンスの徹底・施策の実施
・リスク管理計画の立案と推進

〈E／環境〉
・廃棄物再資源化や環境負荷低減のため
　の積極的な取組み
・生物多様性保全活動の推進
〈S／社会〉
・地域や社会への貢献
・ダイバーシティ＆インクルージョン推
　進
〈G／ガバナンス〉
・下請け事業者との望ましい取引慣行の
　順守

定性指標

出所：一般社団法人信託協会「ESGへの実効性ある取り組みの促進と課題解決に向けて〜
　　　マテリアリティの特定と役員報酬制度の在り方〜」（2022年3月）19〜22頁をもとに
　　　筆者作成

　ESG指標の組込先としては、短期インセンティブ、中長期インセンティブ
の選択肢がある。ESGは長期の取組みであるから長期インセンティブに反映
すべきという意見もあるが、たとえば、米国では、短期的な目標の到達によ
り中長期で企業価値が向上するという考え方のもと短期的な指標にESG要素
を組み込むことが多いとされている。TOPIX100を対象とした調査では、年
次賞与のKPIとしてESG指標を採用している例が37%、長期インセンティブ

13　ウイリス・タワーズワトソン経営者報酬プラクティス「機関投資家から見た役員報酬
　　の現状および今後の期待〜機関投資家インタビューに基づく調査方向〜」（2021年10月）

のKPIとしてESG指標を採用している例が37％、短期・長期の両方のKPIとして採用している例が26％となっている[14]。

Q 3－7　ESGアクティビズムとは何か

「ESGアクティビズム」とは、環境や社会問題等ESG課題に関する対話や株主提案を行い、企業に対してサステナビリティ課題への対応を迫る株主の行動ないし働きかけを総称する用語である。

そもそも、「アクティビスト」という用語について統一的な定義はないが、一般的に、株式を一定程度取得したうえで、その保有株式を裏付けとして、投資先企業の経営陣に対して積極的に提言を行い、企業価値または株式価値の向上を目指す投資家という意味で用いられ、「アクティビズム」とはこのような投資家の活動を指す用語と理解されている。より具体的には、アクティビストは、企業への働きかけを通じて自己の利益の最大化を目指す、いわゆる「物言う株主」であるファンドを指す用語として用いられることが多い。そして、このようなアクティビストファンドは、短期的な利益を追求する必要があることから、会社の資本政策や株主還元に関する提言を行うことが通常である。その他、ほかの株主の賛同を得やすい、政策保有株式の保有制限、任意の委員会の設置、役員報酬の個別開示等のガバナンスに関する事項についても提言を行うことも多い。これに対して、環境や社会問題に関する提言は、企業の利益に直結するものとはとらえられていなかったこともあり、これまでは一般的ではなかった。

一方、ESG投資は、日本においても注目を集めるようになり、ますます拡大を続けているうえ、脱炭素等環境意識の高まりを受け、機関投資家を含め株主のサステナビリティへの関心は年々強まっている。また、企業においても、中長期的な成長を実現していくためにはESG要素を含むサステナビリ

14　前掲脚注11参照。

ティへの配慮が不可欠という認識が強まり、リスクとしてのみならず収益機会をも意味するサステナビリティ課題への取組みの強化が喫緊の課題となっている。このような背景もあり、ESG課題について企業に対して対話を求め、要望を行い、時には株主提案を行うESGアクティビズムと呼ばれる株主の活動が活発化している。ESG課題に関する株主からの働きかけについては、ESG関連の株主の動きが活発な欧米においても、社会的インパクトを投資目的とするNGO団体等が中心的な役割を担ってきたものであり、ESGアクティビズムの主体は、これまで「アクティビスト」と呼称されてきたファンドとは異なるものと理解されてきた。しかし、昨今、日本においても、NGO団体のみならず、ファンドや機関投資家がESG関連の提言ないし株主提案を行う例が増加しつつある。

　NGO団体による活動としては、環境NGOである気候ネットワークが有名である。気候ネットワークは、2020年にみずほフィナンシャルグループに対して環境関連の株主提案を行い、「日本初の気候変動に関する株主提案」として注目を浴びて以降、2023年6月総会に至るまで、毎年、気候変動関連の株主提案を行っている。その後、気候変動関連の株主提案は、NGOだけでなく、ファンドや機関投資家が行う例も登場してきている（Q3-8）。また、機関投資家に関しては、2020年のスチュワードシップ・コードの改訂以降（Q3-1）、ESG課題についてエンゲージメントを行うことは一般的となっているうえ、ESG課題への取組みが不十分な場合には取締役選任議案に反対するなど、ESG関連の議決権行使基準を設ける例も多い（Q3-9）[15]。

　2022年6月総会においては、英国の投資ファンドが、セクシャルハラスメントやパワーハラスメント等のコンプライアンスに関する調査を実施するための特別調査委員会の設置を求める株主提案を行う事案も登場した（Q3-8）。

　他方、米国においては反ESG運動の広まりがある。フロリダ州では、2023

15　その他、MARR Online「【第3回】『ESGアクティビズム』の台頭と企業に求められる株主対応〜増加するESG関連の株主提案」（2022年8月22日）参照。

年5月に年金基金等の投資においてESG要素を考慮することを禁じる「反ESG」法案が成立したほか、社会的・環境的な取組みを放棄するよう企業に働きかける「反ESG」に関する株主提案も増えてきている[16]。このような米国の反ESGの動きが日本社会にどのような影響を及ぼすかは注視が必要であるが、米国の反ESG運動は、党派的・政治的な争いも背景にあること、米国においても反ESG運動に対する支持の動きは限られていること、気候変動問題等サステナビリティの重要性は否定しがたいことをふまえると、今後、日本においてESGやサステナビリティを重視する株主の動向が大きく変わる可能性は低いと思われる。

Q 3－8　ESGに関係する株主提案としてどのようなものがあるか

　近年、ESGに関係した株主提案は毎年行われている。環境（E）に関係する株主提案としては、2020年6月総会において、NGOの気候ネットワークがみずほフィナンシャルグループに提出した定款変更議案が「日本初の気候変動に関する株主提案」とされている。当該株主提案は、みずほフィナンシャルグループが「パリ協定及び気候関連財務情報開示タスクフォース（TCFD）に賛同していることに留意し、パリ協定の目標に沿った投資を行うための指標および目標を含む経営戦略を記載した計画を年次報告書にて開示する」という条項を定款に追記することを求めたものであった。当該株主提案は結論としては否決されたものの、複数の機関投資家も賛成票を投じた結果、賛成比率が34.7%にものぼり、その高い賛成率が注目を集めた。その後、2021年から2023年の6月総会にかけて、環境NGOによる気候変動関連の株主提案は毎年行われている。

　また、NGOだけでなく、アクティビストファンドや機関投資家からも気候変動関連の株主提案が行われている。2021年6月総会では、アクティビス

16　MARR Online「グリーンウォッシュや『反ESG』の中で日本企業に求められる対応～M&A時の法務DDや子会社管理で重要なESG要素の検証」（2023年5月9日）

トファンドであるオアシス・マネジメントが東洋製罐へ気候関連財務情報開示タスクフォース（TCFD）をふまえた経営戦略等を年次報告書において開示する旨の定款変更議案を、2022年6月総会では、フランスの運用大手アムンディ等欧州系機関投資家が共同して、電源開発に対して、2050年までにカーボンニュートラルを達成するために科学的根拠に基づく短期および中期の目標を明記した事業計画の策定・公表等を定款変更議案のかたちで要求した。これらは、NGOでなく、アクティビストファンドや機関投資家が気候変動対応を要求する株主提案を行った日本国内では初めての事例である。

　このような環境（E）に関する株主提案だけでなく、社会（S）に属するトピックを内容とする株主提案も発生している。2019年6月総会において、オアシス・マネジメントが、工事現場において重大事故が発生した安藤・間に対して、安全衛生管理の徹底に関する条文を定款に新設する株主提案を行い、約30.1％もの賛成を得た例、2022年6月総会において、英国の投資ファンドのアセット・バリュー・インベスターズが、日鉄ソリューションズに対して、セクシャルハラスメントやパワーハラスメント等のコンプライアンスに関する事項に関する調査を実施するために特別調査委員会の設置を求める定款変更議案を提出した例がある。

　以上のようなESGに関係する株主提案は、いずれも定款変更議案の方法で実施されているが、これは、株主提案権に関する会社法のルールに起因するものである。すなわち、株主提案は、株主総会の目的事項についてなされる必要があるところ（会社法303条、305条）、取締役会設置会社の株主総会の目的事項は、法令または定款に定められた事項に限定されている（同法295条2項）。そして、気候変動に関する対応や開示方針等の業務執行行為はかかる株主総会の決議事項には該当しないことから、株主提案の対象とはならないのである。そこで、これらの株主提案は定款変更というかたちで実施されることになるが、定款変更の方法による株主提案については、特別決議事項として原則として3分の2以上の賛成が必要であることに加え、業務執行に関する事項を定款に記載することは迅速・柔軟な経営判断を阻害することなど

を理由とする反対も生じ、可決される可能性は低い。そこで、定款変更議案ではなく、法的拘束力はないものの株主の意思を確認する勧告的提案の方法が採用されるべきであり、会社としても勧告的提案のかたちをとる株主提案を積極的に付議することを検討すべきという見解がある[17]。提案株主の立場からは、株主意思の確認と会社への働きかけを主たる目的としていることから、勧告的提案が目的に合致している場合が多いと思われるものの、会社の立場からは、法的拘束力のない株主提案を会社の裁量で取り上げることは総会運営上の安定性を損なうことから、勧告的提案を株主総会に付議するという判断はとりづらいと考えられる。

Q 3−9 サステナビリティに関して機関投資家はどのような議決権行使基準を定めているか

ESG要素を含むサステナビリティへの関心の高まりや、ESG関連の株主提案が増加する潮流のなかで、サステナビリティ要素を議決権行使基準に取り込む機関投資家は年々増加している。サステナビリティ要素を基準に取り込む方法としては、大きくは、取締役選任議案のなかでサステナビリティを考慮する基準を設ける場合と、株主提案を含む議案の賛否の基準にサステナビリティ要素を盛り込む場合がある。まず、取締役選任議案に関してサステナビリティ要素を取り入れている例をあげると、以下のようなものがある。

【三井住友トラスト・アセットマネジメントの取締役選任議案に関する基準】
気候変動への対応について、温室効果ガス排出量が相対的に上位の企業において、以下のいずれかに該当し、かつその理由について合理的な説明がなされない場合、原則として反対します。
① 気候関連財務情報開示タスクフォース（TCFD）または同等の枠組みに

---

17 蔵元左近「『ステークホルダー・ガバナンス』において求められる日本企業の取組み ─『ステークホルダーとの対話』のシステム化」商事2308号（2022年）40頁

基づく情報開示が不十分

② パリ協定に沿った中期・長期の目標設定やその実現に向けた具体的方策の開示がない

③ 温室効果ガス排出量の削減に進展がみられない

具体的な基準の設定方法に関しては、サステナビリティ課題の性質上、定量的な基準を設けることはむずかしく定性的な基準となる例が多いが、気候変動関連では、上記三井住友トラスト・アセットマネジメントのように、相当に具体的な判断基準を設定する機関投資家も増えている。また、野村アセットマネジメントやフィデリティ投信等複数の機関投資家において、エンゲージメントにおいて指摘したESG課題に関する取組みに改善が見込まれない場合には取締役の選任議案に反対するなど、エンゲージメントと関連づけた議決権行使基準を設けている例がみられる。

株主提案を含む議案の賛否の基準にサステナビリティ要素を盛り込む例としては、開示の充実に言及するものが多い。たとえば、三井住友DSアセットマネジメントは、「気候変動や人権等、サステナビリティの情報開示に関する株主提案については、求める開示内容、範囲、項目等が適切と判断できる場合は原則賛成する」という基準を設けている。ESGに関する株主提案は、2020年以降毎年実施される状況にあるところ（Q3-8）、気候変動問題は、一般に機関投資家等の賛同を得やすい株主提案のトピックと考えられているうえ、三井住友DSアセットマネジメントのように原則として賛成するという基準を設定している例があることには企業の立場からは十分に留意が必要である。

また、取締役会のジェンダー・ダイバーシティに関して、議決権行使助言会社や機関投資家が議決権行使基準を新設または厳格化する傾向にある点も重要である。まず、議決権行使助言会社大手のグラス・ルイス（Glass Lewis & Co., LLC）は、ジェンダー・ダイバーシティに関して、プライム市場の会社において多様な性別の取締役が10%以上いない場合、プライム市場以外の会社については、多様な性別の役員が最低1名以上選任されない場合、取締

役会議長について（指名委員会等設置会社においては指名委員会の議長について）、原則として反対推奨を行う方針としている[18]。一定の場合について当該基準を適用外とする余地を残しているが、プライム市場上場企業については、2024年2月1日以降、例外なく上記方針を適用するとされている。その結果、プライム市場上場企業で役員の合計人数が10名を超える場合は、2名以上の女性取締役が存在しない場合には反対推奨を受けることになる点に留意が必要となる。また、同じく議決権行使助言会社大手のISS（Institutional Shareholder Services Inc.）は、2023年2月以降に開催される株主総会においては、女性取締役が1人もいない会社の経営トップである取締役について反対推奨するという方針を適用している。機関投資家に関しては、たとえば、ブラックロック・ジャパンは、2023年1月より、TOPIX100構成銘柄においては女性取締役または監査役が2名以上選任されていない場合、その理由に関して合理的な説明がなされなければ、取締役会構成に責任のある取締役の再任に反対するという高い基準の適用を開始している。2023年6月に政府が決定した「女性版骨太の方針2023」では、プライム市場上場企業を対象に、女性役員比率を30％以上とすることを目指すとされており、これを受け、東京証券取引所は、同年10月10日付で有価証券上場規程の一部改正を実施し、プライム市場上場企業について、2025年を目途に女性役員を1名以上選任するよう努めること、2030年までに女性役員[19]の比率を30％以上とすることを目指すことを規定した（445条の7、別添2）。

18　Glass Lewis「2022 Proxy Paper Guidelines」（日本語版）
19　女性役員には、取締役、監査役、執行役に加えて、執行役員またはそれに準じる役職者を含むことができるとされている。

⑴　M&AにおけるESGへの考慮

　近年、サステナビリティに関する自社方針の実現の手段としてM&Aを実施する例が増えてきている。たとえば、石油元売の最大手であるENEOSホールディングスは、子会社を通じて、再生可能エネルギー事業を運営するジャパン・リニューアブル・エナジーを買収した。その際、ENEOSホールディングスは、自社排出分のCO_2についてカーボンニュートラルを達成することを目標としていること、その実現に向け再生可能エネルギー事業の総発電量を100万kW超に拡大・積上げを目指していること、買収後は運転中・建設中の再生可能エネルギーの総発電量が約122万kWになることを公表している[20]。

　他方、ESG要素を含むサステナビリティ課題への取組みの重要性の高まりに伴い、このような自社のサステナビリティ方針の実現を直接の目的としないM&Aにおいても、案件を進めるにあたってESG要素への配慮を行うケースは増えている。たとえば、対象会社を自社グループに迎え入れるにあたって対象会社のESG課題への取組方針やその状況が自社の方針に照らして適切か、サプライチェーンを含むESG観点で重大なリスクを抱えていないかという点をデュー・ディリジェンスで調査したり、買収契約においてESG関連の表明保証を求めるという実務が登場してきている。

⑵　**法務デュー・ディリジェンスにおけるESG関連の調査**

　M&Aを実行する際には、対象会社のリスクを調査するデュー・ディリ

20　2021年10月11日付ENEOSホールディングス株式会社「当社子会社によるジャパン・リニューアブル・エナジー株式会社の株式取得（連結子会社の異動を伴う孫会社化）に関するお知らせ」

ジェンスを行うことが通例である。従来から実施されている法務デュー・ディリジェンスにおいても、ESG要素は調査事項に含まれており、たとえば、法令遵守状況に関する調査の一環として贈収賄規制や環境関連法規（土壌汚染対策法、水質汚濁汚濁防止法、廃棄物処理法等）の違反の有無を確認すること、人事労務の調査として未払賃金や過重労働の有無を確認することは一般的であるが、これらは環境（E）や社会（S）に関する調査の1つといえる。ただし、これまでの法務デュー・ディリジェンスでは、基本的には、ハードローである法令違反の有無や、具体的に顕在化した法的リスクの有無を調査することが主な内容であった。これに対して、サステナビリティ課題の重要性の高まりに伴い、よりESG要素に着目した内容に調査項目を広げる案件も生じてきている。追加的な調査内容としては、たとえば、環境の項目では、温室効果ガスの排出量やその削減についての目標設定の有無とその達成状況や、ISO14001等の環境マネジメントシステムの遵守状況を確認するといったことが考えられる。人事労務の観点でも調査範囲を広げ、ダイバーシティ＆インクルージョンの取組状況（外国人労働者の雇用状況およびその処遇の適否、外国人技能実習生に関する法令遵守状況、女性管理職割合、育休取得率、男女の平均賃金の差異等）を確認し、買収後の統合作業（PMI）における是正の要否・程度の分析を行うこともある。また、対象会社における人権デュー・ディリジェンスの実施状況やサプライチェーンにおける人権侵害リスク（新疆ウイグル自治区の生産品や紛争鉱物の使用有無、サプライヤーを含めた生産過程での児童労働や強制労働の可能性等）の分析状況も調査対象とすることがある。サプライチェーン上の人権侵害は、対象会社のサプライヤーにおいて発生している事象であるから、対象会社に対する調査を行うM&Aの場面で、買主が自ら直接的な調査をすることは困難であるが、対象会社に対する調査により対象会社がどの程度サプライチェーン上の人権侵害リスクへ配慮しているかを調査・把握すること自体にも意味がある（人権デュー・ディリジェンスそのものを行うわけではないため、人権デュー・ディリジェンスにおけるサプライヤー上の人権侵害を特定するプロセス（Q4−7ないしQ4−12参

照）と調査方法が異なること自体が問題となるわけではない）。また、対象会社が、顧客から、サプライチェーンマネジメントの観点での調達アンケートを受けていることも多いため、アンケートの内容と対象会社の回答の開示を受け、対象会社が受けている顧客の要求水準やそれに対する対象会社の対応状況を確認することによって有益な情報を得られることもある。

もとより、時間的、方法的に制限のあるM&Aのデュー・ディリジェンスの場面で懸念事項のすべてを調査できない場合はありうるため、リスクの程度や自社の方針に照らして、いかなる点を調査対象項目とするかを検討する必要があることは、一般的な法務デュー・ディリジェンスのプロセスと同様である。

(3) ESG関連の表明保証

デュー・ディリジェンスの対象を拡大することと同様に、買収契約における表明保証の対象もESG要素をカバーすべく拡大することが検討されることになる。たとえば、対象会社のサプライチェーンにおいて強制労働や児童労働が発生していないこと、人権尊重ガイドライン等のソフトローに関する表明保証を追加すること、環境NGO等の外部団体からESGリスクの指摘や要望を受けていないこと等が追加的な表明保証項目として考えられる。もっとも、一義的な行動準則を定めないソフトローについての表明保証やサプライヤー上の人権侵害リスク等の表明保証は、その範囲があいまいかつ広範であるとして、売主からは表明保証の受入れに抵抗が示されることも予想される。その場合でも、表明保証条項の交渉を通じて、売主からの情報開示の促進につながることも考えられることから、買主の立場からは、リスクの程度や買主のサステナビリティに関する方針に照らしてESG要素に関する表明保証を積極的に提案することは検討に値する。

第 **4** 章

ビジネスと人権

1 総　論

⑴ 「ビジネスと人権」の枠組みの始まりと世界の共通基盤の構築

　Case 4 - 1 からCase 4 - 4 は、現在、日本企業で実際に起こっている事象である。

Case 4 - 1

　A社は、工業製品を製造販売しているメーカーであり、国内の商社B社から部品を購入している。B社は、海外のサプライヤーC社から当該部品を仕入れている。今般、A社は、C社において強制労働が行われている疑いがあるとの情報に接した。

Case 4 - 2

　A社は、ITシステムを設計開発している企業であり、顧客B社用に顔認証システムを設計し納品した。今般、A社は、NGOから、A社の設計した顔認証システムが、外国当局による違法な捜査・監視に利用されている可能性があるとの指摘を受けた。

Case 4 - 3

　A社は、海外所在の自社農園で収穫した食材の輸入・加工・販売を行っている企業であり、B銀行に追加融資を打診したところ、A社の農園で強制労働・児童労働が疑われるため、追加融資の可否を検討するために協議の場を設けたいとの申入れを受けた。

Case 4 - 4

　A社は、機械部品を製造している中小企業であり、得意先の大企業B社に自社製品の大半を納品しているが、今般、B社より、A社の人権尊重状況を問い合わせる旨の質問状を受け取ったほか、両者の取引基本契

約にサステナビリティ条項を盛り込みたいとの申入れを受けた。

　このように、企業が、その活動に伴い生じる人権への負の影響（人権侵害リスク）[1]について、どのように向き合い、どのように対処していくべきかという議論は、「ビジネスと人権」の枠組みにおいて整理される。人権とは、われわれが人間として存在するがゆえに有する権利であり、国家によって与えられるものではない、と定義される[2]。

　人権擁護の役割や責務は、企業ではなく、国家が負うというのが伝統的な理解であるが、「ビジネスと人権」の考え方が普及した現在においても、この理解自体は変わらない。他方で、1990年代以降、ビジネスのグローバル化が進むにつれて、国家の責務だけでは人権擁護を達成できない場面が指摘されるようになり、人権を保護する国家の義務と並んで、人権を尊重すべき企業の責任（企業の人権尊重責任）が認知されるようになった。

　「ビジネスと人権」の分野において、最も基本的かつ最重要の国際基準として認知されているのが、2011年に国連人権理事会において全会一致で承認された「ビジネスと人権に関する指導原則：国際連合「保護、尊重及び救済」枠組実施のために」[3]（以下、本章において「国連指導原則」という）である。国連指導原則は、「ビジネスと人権」に関するあらゆるルールメイキングの基礎となっている。たとえば、1976年に採択されたOECD多国籍企業行動指針[4]は、参加国の多国籍企業に対し、幅広い分野における責任ある企業行動に関する原則と基準を定めたものであるが、2011年の改訂において、国連指導原則に沿った人権の章が盛り込まれた。そして、OECD（経済協力開発機

1　本章で言及する人権尊重ガイドライン等の各種資料では、「人権への負の影響」という言葉と「人権侵害リスク」という言葉は特に明確に区別して用いられていない。本書でもこれに倣い、両者は同一の意味をもつ語として表記している。

2　OHCHR "What are human rights?"（https://www.ohchr.org/en/what-are-human-rights）（最終閲覧：2023年11月5日）参照。

3　Guiding Principles on Business and Human Rights – Implementing the United Nations "Protect Respect and Remedy" Framework

4　OECD多国籍企業行動指針は、2023年6月に12年ぶりに改訂されている。

構）は、2018年、同指針が勧告する人権デュー・ディリジェンスを具体的な手順に落とし込んで解説した「責任ある企業行動のためのOECDデュー・ディリジェンス・ガイダンス」（以下、本章において「OECDガイダンス」という）を公表した。OECDガイダンスは、同じくOECDが公表しているセクター別ガイダンスとともに、現在の世界における人権デュー・ディリジェンス実務の拠り所となっている。

(2)　世界の潮流と日本における近時の流れ

　以上のような「ビジネスと人権」に関する世界の共通基盤の確立を受けて、欧州を中心とした世界各国では、「ビジネスと人権」に関する立法（ハードロー化）が相次ぎ、これに関連した訴訟も増加している（Ｑ４−２）。

　日本でも、2020年10月、「「ビジネスと人権」に関する行動計画（2020−2025）」（いわゆるNAP）が策定された後、2022年９月、企業が人権尊重責任を果たすための具体的な方策を盛り込んだはじめての政府指針・資料として、「責任あるサプライチェーン等における人権尊重のためのガイドライン」（以下、本章において「人権尊重ガイドライン」という）が策定・公表された。2023年４月には、経済産業省より、人権尊重ガイドラインを補完する資料として、「責任あるサプライチェーン等における人権尊重のための実務参照資料」（以下、本章において「実務参照資料」という）が公表された。実務参照資料は、人権方針の策定・公表（Ｑ４−５、Ｑ４−６）および人権デュー・ディリジェンスのステップ１である人権への負の影響の特定・評価（Ｑ４−８）に焦点を当てており、人権尊重ガイドラインと並んで、今後、日本の実務のスタンダードになることが予想される。他方、現時点において、日本では企業の人権尊重責任に関するハードローは存在しない。

　日本企業の取組状況をみると、経済産業省と外務省が2021年に実施した、東京証券取引所一部および同二部（当時）の上場企業等を対象としたアンケート調査によれば、回答企業（760社）のうち、69％（523社）が人権方針を策定し、52％（392社）が人権デュー・ディリジェンスを実施していると

回答している[5]。当該アンケート調査が人権尊重ガイドラインの策定前に実施されたものであることをふまえれば、現在はより多くの企業が取組みを開始しているものと考えられる。

⑶ 「ビジネスと人権」の取組みのむずかしさ

実際に「ビジネスと人権」の取組みについて検討を始めた企業からは、取り組まなかった場合にどのようなリスクがあるのかよくわからない、具体的にどのような国際人権を尊重すればよいのかわからない、取組範囲が膨大で何から始めてよいのかわからない、といった声がよく上がる。たしかに、従来の日本企業の実務では、国際人権法が経営課題の指標として認識されることはまれであったうえ、児童労働や強制労働といった国際人権法違反は、日本から遠く離れた異国の地で起こるものであるとして、自社に関係ある問題としてとらえられてこなかった経緯があるため、取っ掛かりをつかめないと感じている日本企業は多い。

他方で、多くの日本企業は、これまでCSR、SDGsまたはコンプライアンスといった枠組みのなかで形成されてきたリスクマネジメントシステムやガバナンスを有しており、このような既存の枠組みを活用することで効率的に取組みを進めることができることも多い。たとえば、不動産開発事業者は、CSRまたはコンプライアンスの取組みとして、地域住民との交渉、説明および補償等に関する手順や基準を記した指針をすでに有している場合が多い。同事業者が「ビジネスと人権」の取組みを始め、自社の重点人権課題として、地域住民の権利（具体的には、生計を確保する土地・森林・水域について、開発等により不法に立ち退かされたり収奪されたりしない権利[6]等）を特定した場合、同事業者は、既存の指針に、国際人権の基準にのっとった説明や補償がなされているかといった検討項目を加えることで、人権の観点をオペレー

5　経済産業省・外務省「「日本企業のサプライチェーンにおける人権に関する取組状況のアンケート調査」集計結果」（2021年11月）
6　経済的、社会的及び文化的権利に関する国際規約（社会権規約）11条

ションに落とし込んでいくことができる。また、人権尊重を達成するうえで最も重要な要素は、ステークホルダーとの対話（エンゲージメント）である（Q4-4）が、不動産開発事業者は、地域住民への説明会開催等の経験を通じて、地域住民との協議・対話のフレームワークやノウハウをすでに有していることが多く、これを人権尊重のためのステークホルダーエンゲージメントに活用することが考えられる。ただし、従来のコンプライアンスの枠組みにおける評価基準は、自社の経営にとってリスクがあるか否かであったのに対し、「ビジネスと人権」の世界における評価基準は、ライツホルダー（人権の主体）にとってリスクがあるか否かであり、評価の目線が大きく異なる点には留意が必要である（Q4-8）。

⑷　日本企業に対する取組みへの期待

　上記のような企業の人権尊重責任の要請に加え、企業が「ビジネスと人権」に取り組まなかった場合のさまざまなリスク（Q4-1）をふまえれば、今後も日本企業に対する取組みの期待や必要性が増すことはあれども、減退する可能性は低い。この点は、中小企業についても同様であり、資金的・人的リソースの制約があるなかでも、まずはできるところから取組みを開始することが求められている（Q4-14）。

2　Q & A

> **Q　4-1**　企業が「ビジネスと人権」に取り組まない場合のリスクはどのようなものか

　現在の日本では、企業に人権尊重責任の取組みを義務づける法律は存在せず、国連指導原則や人権尊重ガイドラインに基づくソフトローのみが存在す

る。したがって、現在の日本において、「ビジネスと人権」の取組みは法的義務ではない（ただし、外国法の域外適用により、日本企業が取組みの法的義務を負う場合があることについては、Q4-2）。

　それにもかかわらず、日本企業にとって、いまや人権尊重の取組みは重要な経営課題であると認知され、単なる理念を超えて、企業が組織的に体現するべき責任へと昇華されている。このような状況において、企業が適切に人権尊重に取り組まない場合のリスクとして、一般的に、次の4つのリスクが指摘されている。

---

① 事業上のリスク

② レピュテーションリスク

③ 法務リスク

④ 財務リスク

　第一に、①事業上のリスクとしては、まず、日本政府の公共調達や公益的な国際イベント関係の取引に参加できないリスクがある。日本政府は、2023年4月、今後、政府が実施する調達において、入札企業における人権尊重の確保に努め、公共調達の入札説明書や契約書等において、「（人権尊重ガイドライン）を踏まえて人権尊重に取り組むよう努める」という記載を導入する旨の方針を取りまとめている[7]（2025年に開催予定のいわゆる大阪・関西万博の参加企業に求められる取組みについては、Q4-12およびQ4-13）。

　そして、仮に、このような公共的な側面を有する取引でないとしても、本章冒頭のCase4-1のように、自社の製品またはサービスのサプライチェーンにおいて強制労働や児童労働といった人権侵害が生じていることを理由として、取引先から取引停止を告げられるリスクが考えられる。とりわけ、欧州では、自社サプライチェーンに対する人権デュー・ディリジェンスの実施

7　ビジネスと人権に関する行動計画の実施に係る関係府省庁施策推進・連絡会議決定「公共調達における人権配慮について」（2023年4月3日）

が義務づけられている国が多く（Q4－2）、十分に人権尊重責任を果たしていない企業は、他企業の調達網から排除される可能性がある。このような傾向は、人権デュー・ディリジェンスに関するハードローが存在しない日本においてもみられるところであり、大企業だけでなく、中小企業にとっても重大なリスクであるといえる[8]。反対に、自社のサプライチェーンから他企業を排除することにより、調達が不安定に陥るリスクもある。たとえば、自社の調達先において人権侵害が顕在化した場合、当該調達先の対応が不十分であり改善が期待できないといったケースでは、当該調達先を自社調達網から排除することも考えられる（ただし、直ちに取引停止を選択するのではなく、まずは取引先に対する影響力を適切に行使すべきことについては、Q4－9）。この場合、当該調達先が提供していた物またはサービスによっては、安定供給が阻害されることとなり、自社製品またはサービスに大きな影響を及ぼしうる。

　次に、②レピュテーションリスクとしては、企業活動に関連した人権侵害が発覚し、これが広く報道されること等により、当該企業に対する不買運動に発展するリスクや、企業イメージが低下するといったリスクが指摘されている。この例として、2013年に発生したラナ・プラザ崩壊事故に端を発したアパレルブランドに対する不買運動があげられる。同事故では、バングラデシュの首都ダッカ近郊において、複数の縫製工場等が入っていたラナ・プラザビルが崩壊し、多数の死傷者が出た。当該事故をきっかけに、複数の欧米有名アパレルブランドが、同ビル内の縫製工場に商品の製造を委託していたこと、そして、縫製工場の労働者らが低賃金かつ劣悪な環境で労働に従事していたことが発覚し、過酷な労働のもとにファストファッションブランドが収益をあげているという構造等が社会的非難の的となり、一部アパレルブランドの商品の不買運動に発展した。

　そして、③法務リスクとしては、第一に、「ビジネスと人権」に関する外

8　人権尊重ガイドライン1.2

国法の適用を受ける日本企業については、当該外国法に基づく処分や制裁を受けるリスクがある。たとえば、2021年、ユニクロの製品に、採取過程での強制労働が疑われる新疆ウイグル自治区産の綿が使用されていたことを理由に、米国のウイグル強制労働防止法（UFLPA）に基づき輸入禁止措置を受けた事案がある（なお、ユニクロは、製品の生産過程において強制労働が確認された事実はないとしている[9]）。これは、法務リスクであると同時に、事業上のリスクでもあるうえ、広く世間に認知されることでレピュテーションリスクが発現した例としても位置づけることができる。第二に、企業活動に伴う人権侵害を理由として、ライツホルダーやNGO等から訴訟を提起されるリスクがある。このような訴訟は諸外国を中心によくみられるが（具体的な訴訟の例については、Ｑ４－２およびＱ８－１）、この種の訴訟では、企業の人権デュー・ディリジェンスの実施等を義務づけるハードロー上の義務違反が問われるだけでなく、国連指導原則等のソフトローが企業の責任の根拠の１つとして主張される場合があるため、外国法の適用を受けない日本企業もリスクとして把握しておく必要がある。

　最後に、④財務リスクとしては、企業価値の毀損・低下による資金調達機会の減少・喪失があげられる。機関投資家によるESG投資の隆盛（Ｑ２－１）を背景として、企業による人権尊重の取組みは、今日において、機関投資家が中長期的な投資計画を立てるうえでの重要なファクターとなっている。したがって、人権尊重の取組みが一定の水準を満たしていない場合には、投資先としての評価の降格、ダイベストメント（投資からの撤退）、そして資金流入機会の喪失につながりうる。また、日本国内のメガバンクでは、対象企業における人権への負の影響や人権尊重の取組みの有無等を審査項目等に位置づけている[10]。金融機関が、投融資先企業の人権尊重の取組みが不十分と判断する場合、本章冒頭のCase４－３のように、対象企業に対し、人権侵害

9　株式会社ユニクロ「米国における製品輸入差し止めに関する報道について」（2021年5月25日）（https://www.fastretailing.com/jp/sustainability/news/2105251100.html）（最終閲覧：2023年11月５日）

の発生状況やガバナンス体制について報告を求める例もあり、当該企業がこれに対して満足に応答できなかった場合には、追加融資の決定までに時間を要したり、最悪の場合には、取引停止となったりするおそれがある。

　以上のとおり、企業が適切に人権尊重に取り組まなかった場合にはさまざまなリスクがあるが、企業は、上記のようなリスク回避を目的とするものではなく、あくまでも企業活動における人権への負の影響の防止・軽減・救済を目的として人権尊重に取り組むべきである[11]。そして、企業が人権尊重責任を果たし続けることの効果として、持続可能な経済・社会の実現に寄与するとともに、社会からの信用の維持・獲得や企業価値の維持・向上につなげることができるととらえるべきである[12]。

Q 4－2 「ビジネスと人権」についての海外の状況と日本への影響はどのようなものか

(1) ハードロー化の流れと日本企業への影響

　近年、欧米を中心として、サプライチェーンにおける人権尊重の取組み（人権デュー・ディリジェンス等）の実施や開示に関する立法が進んでいる。特に欧州では、英国の現代奴隷法、フランスの親会社および発注会社の注意義務に関する法律、ドイツのサプライチェーン・デュー・ディリジェンス法等、各国による立法が相次いでいるほか、EUレベルでも企業持続可能性デュー・ディリジェンス指令案[13]（以下、本章において「EU指令案」という）の立法に向けた手続が進んでいる。欧州以外でも、米国カリフォルニア州の

10　日本経済新聞「3メガ銀、融資審査で人権厳格に　改善なしで新規受けず」（2023年6月28日）（https://www.nikkei.com/article/DGXZQOUB08A4M0Y3A600C2000000/）（最終閲覧：2023年11月5日）
11　人権尊重ガイドライン1.2
12　人権尊重ガイドライン1.2
13　Directive on corporate sustainability due diligence

サプライチェーン透明法やオーストラリアの現代奴隷法等、世界的に立法化の流れが加速している。他方、米国は、連邦レベルでは企業に人権デュー・ディリジェンスの実施や開示を義務づけるアプローチを採用しておらず、強制労働由来の製品について自国への輸入を禁止する輸入規制のアプローチを採用している（日本企業が同規制の対象となった事案については、Ｑ４－１）。EUでも、域内市場における強制労働産品の流通禁止（上市規制）の規則案が立法機関で議論されているなど、人権侵害の懸念のある製品について輸出管理を実施する流れが欧米を中心に広がっている。このように世界各国でハードロー化が進んでいるが、このうち、特に人権デュー・ディリジェンスに関する各国の立法は、当該国で活動していない日本企業にも、さまざまなかたちで影響する。

　たとえば、EU指令案は、EU域内で一定の活動をする企業、すなわち①EU域内の従業員数500人以上、世界における純売上高が１億5,000万ユーロ以上の企業（発効から２年後には、従業員数250人以上で、世界における純売上高が4,000万ユーロ以上で、うち50％以上を繊維、農業、または鉱物等のハイリスクセクターからの売上げが占める企業も対象となる予定）と、②EU域外の企業でEU域内の純売上高が１億5,000万ユーロ以上の企業（発効から２年後には、EU域内の純売上高が4,000万ユーロ以上の企業）に人権デュー・ディリジェンスの実施を義務づけるものである。同指令案の適用対象となる企業（以下、本章において「直接適用企業」という）は、バリューチェーン（サプライヤーのみでなく顧客を含む直接・間接の取引関係全体を指す概念）について、人権や環境関連のリスクを特定し、防止または最小化するためのリスクマネジメントシステムを構築し、予防・是正措置の実施、苦情処理手続の策定や定期的な報告等を行う必要がある。このような人権デュー・ディリジェンスの具体的な実施のステップでは、自社のサプライヤーとの間の契約において、人権デュー・ディリジェンスの実施に必要な事項（たとえば、人権デュー・ディリジェンスの実施や予防・是正措置への協力等）の合意をすることが想定される。そして、直接適用企業のサプライヤーは、自社のサプライヤーとの間で同様

の合意をすることが求められる。そのため、EU指令案が直接適用されない企業であっても、直接適用企業のバリューチェーンに組み込まれた企業は、契約を通して間接的に同指令案の影響を受けることになり、自社のサプライヤー等についてのデュー・ディリジェンスの実施や発生した人権・環境問題への対処が求められるのである。

　欧州委員会によるEU指令案の公表は、EU立法プロセスの最初のステップであり、審議等を経て正式に指令として発効する。EU指令は、加盟国の企業や一般市民に直接的な効果をもつものではなく、同指令で定められた期間まで（今回は指令発行から2年間）に各加盟国における立法措置を経て、各国法として施行される。2023年12月14日、EU理事会と欧州議会は、EU指令案について暫定合意に達した[14]。今後、正式な承認手続に入ることが予定されており、2024年に指令として発効した場合、2026年までに各国が国内法化の対応をすることになる。

　なお、EU指令案は、日本のガイドラインとは異なり、人権だけでなく環境関連の問題もデュー・ディリジェンスの対象としているが、このように環境関連の問題も取り組む制度とするケースも、欧州を中心に徐々に広がりをみせている。

⑵　条約締結に向けた動き

　企業の活動を国際人権法の観点から規制する枠組みの策定のため、2014年の国連人権理事会の決議により、「ビジネスと人権」に関する条約の締結を目指した政府間作業部会が設置された。2018年7月に条約案の第1次草案（Zero Draft）が公表された後、各国による交渉が進められており、2022年秋以降、第3次改訂草案をもとにした議論が行われている。これは国連指導原

14　Council of the European Union "Corporate sustainability due diligence: Council and Parliament strike deal to protect environment and human rights" (14 December 2023)（https://www.consilium.europa.eu/en/press/press-releases/2023/12/14/corporate-sustainability-due-diligence-council-and-parliament-strike-deal-to-protect-environment-and-human-rights/）（最終閲覧：2023年12月18日）

則をさらに推し進め、各締約国が、企業に対してデュー・ディリジェンス義務を課すことを求めるものである。

(3) 訴　　訟

　各国での「ビジネスと人権」に関する訴訟の増加も無視できない。たとえば、2019年に英国の裁判所は、ザンビアの銅採掘事業を行う英国企業の子会社が、地域の水源や農地に深刻な被害を与え、住民の健康や生活に悪影響を及ぼしていることを理由に訴訟提起された事件において、英国における裁判管轄を認めるとともに、英国親会社が子会社活動に関与しているとして、法的責任を負う可能性があることを認めた[15]。また、2023年4月、ドイツでは、施行されたばかりのサプライチェーンにおける企業のデュー・ディリジェンス義務に関する法律に基づき、人権保護団体が多国籍企業に対して、ドイツ国外のサプライチェーンにおける人権侵害に関する訴訟を提起した[16]。

　このような訴訟は、訴訟での勝訴のみが目的ではなく、訴訟を契機として、当該企業や社会全体に対して問題提起することを目的とする性格を有するものである。実際に、訴訟を提起される企業は、そのサプライチェーン上の人権問題についての対処が求められることに加え、そのような問題となりうる事象を発見できず、あるいは放置していたことについて法的責任を問われるとともに、社会的批判を浴びることになる（このような事態は企業にとってレピュテーションリスクおよび法務リスクとして位置づけられることについては、Q4-1）。

15　Vedanta Resources PLC and another v. Lungowe and others［2019］UKSC 20

16　Business & Human Rights Resource Centre "NGOs file complaint under new German Supply Chain Act against IKEA and Amazon over alleged failure to meet their due diligence obligations by not signing Bangladesh Accord"（24 April 2023）（https://www.business-humanrights.org/en/latest-news/ngos-file-first-complaint-under-new-german-supply-chain-act-against-ikea-and-amazon-over-alleged-failure-to-meet-their-due-diligence-obligations-by-not-signing-bangladesh-accord/）（最終閲覧：2023年11月5日）

　企業が尊重すべき「人権」とは、国際的に認められた人権をいい、少なくとも、国際人権章典で表明されたものおよび「労働における基本的原則及び権利に関するILO宣言」にあげられた基本的権利に関する原則（いわゆる中核的労働基準）が含まれる[17]。国際人権章典とは、「世界人権宣言」「市民的及び政治的権利に関する国際規約」（自由権規約）および「経済的、社会的及び文化的権利に関する国際規約」（社会権規約）の総称である（図表4 − 1）。中核的労働基準は、以下の5分野10条約から構成される（図表4 − 2）。なお、日本は、現時点において、中核的労働基準の10条約のうち、1958年採択の「雇用及び職業についての差別待遇に関する条約」（111号）および1981年採択の「職業上の安全及び健康並びに作業環境に関する条約」（155号）の2つを批准していない。しかし、日本政府は、「ビジネスと人権」の文脈において、これらの条約に基づく国際人権を除外しておらず、むしろ、企業が尊

図表4 − 1　国連人権章典

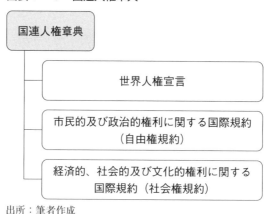

出所：筆者作成

17　国連指導原則12

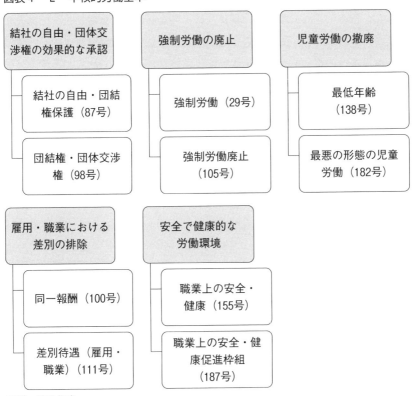

図表4－2　中核的労働基準

結社の自由・団体交渉権の効果的な承認	強制労働の廃止	児童労働の撤廃
結社の自由・団結権保護（87号）	強制労働（29号）	最低年齢（138号）
団結権・団体交渉権（98号）	強制労働廃止（105号）	最悪の形態の児童労働（182号）

雇用・職業における差別の排除	安全で健康的な労働環境
同一報酬（100号）	職業上の安全・健康（155号）
差別待遇（雇用・職業）（111号）	職業上の安全・健康促進枠組（187号）

出所：筆者作成

重すべき人権基準としてとらえているとみられる（たとえば、日米間で強靭なサプライチェーンを構築することを目的として締結された日米重要鉱物サプライチェーン強化協定では、その2条において、「労働者の権利」を基礎づける法源として上記2条約があげられている）。

　そして、これらの国際基準に加え、企業が特に注意を払うべき特定のグループまたは集団に属する個人がある場合、それらの権利に関する国際文書を参照すべきとされており[18]、具体的には、先住民族、女性、民族的または種族的、宗教的および言語的マイノリティ、子ども、障害者、ならびに移民

労働者とその家族の権利に関する条約が考えられる[19]。

　また、国際的に認められた人権は、国際的な議論の発展等によって拡大しうるとされており[20]、2022年 7 月には、国連総会で「清潔で健康的かつ持続可能な環境への権利」を人権と認める決議が採択され、日本もこの決議に賛成している（EU指令案は、人権だけでなく環境関連の問題もデュー・ディリジェンスの対象としている点については、Q 4 - 2 ）。

　国際人権はその内容が抽象的であるととらえられることが多いが、各国際人権条約によりその定義・内容が定められている。児童労働の禁止を例にとると、児童労働は、子どもの権利条約、1973年採択の「就業が認められるための最低年齢に関する条約」（138号）および1999年採択の「最悪の形態の児童労働の禁止及び撤廃のための即時の行動に関する条約」（182号）により定義されている[21]。そして、ILO（国際労働機関）は、児童労働とは以下のような労働を指すと整理しているが[22]、企業が取組みの過程で自ら各国際人権の内容を調査するには限界があるため、適宜、国際人権法の専門家に相談するなどしながら、正確に内容を把握していく必要がある。

---

① 　児童にとって精神的、肉体的、社会的、道徳的に危険で有害な労働
② 　児童から就学の機会を奪ったり、早期に退学させたり、就学と過度な長時間・重労働を両立させようとすることによって、児童の就学を妨害する労働
③ 　最低年齢（15歳）に満たない児童が行う労働

18　国連指導原則12公式コメンタリー
19　国連指導原則12公式コメンタリー
20　人権尊重ガイドライン脚注24
21　OECD "Practical actions for companies to identify and address the worst forms of child labour in mineral supply chains" Annex I
22　OECD "Practical actions for companies to identify and address the worst forms of child labour in mineral supply chains" Annex I

人権尊重責任を果たすために企業に求められる取組みとは何か

　企業の人権尊重責任は、①人権方針の策定（Q 4 - 5、Q 4 - 6）、②人権デュー・ディリジェンスの実施（Q 4 - 7ないしQ 4 - 11）および③救済の実施（Q 4 - 12）の 3 点から構成される[23]。これらは、①から順に時系列に沿って進めるべきと理解されていることが多いが、各取組みは、相互に補完・作用し合う関係にある（図表 4 - 3）[24]ため、完全に切り分けて考えることは適切でない。

　たとえば、人権方針には、Q 4 - 6で述べるとおり、個々の企業にとっての重点的な人権課題に関する項目を盛り込むことが望ましいが、そのための作業は、人権への負の影響の特定という人権デュー・ディリジェンスの最初のステップ（Q 4 - 8）と多分に重複する。換言すれば、人権への負の影響の特定なしに、人権方針に自社の重点人権課題を盛り込むことはできない。また、一度人権方針を策定したとしてもそこで終わりではなく、人権デュー・ディリジェンスの結果等を受けて、定期的に人権方針の内容を見直すことが求められる（Q 4 - 5）ため、人権方針と人権デュー・ディリジェンスは不可分の関係にあるとみるべきである。

　また、国連指導原則は、企業に対し、救済へのアクセスにおける枠組みとして苦情処理メカニズムを構築することを求めている（Q 4 - 12）が[25]、同メカニズムを通じて寄せられた苦情は、人権デュー・ディリジェンスにおける人権への負の影響の特定において、重要な情報源となりうる[26]。そして、人権デュー・ディリジェンスの過程で人権侵害の防止・軽減が奏功せず、具

23　国連指導原則15
24　救済措置が人権デュー・ディリジェンスと相互に作用し合うことについて、OECDガイダンスQ 48
25　国連指導原則29
26　国連指導原則29公式コメンタリー

図表 4 - 3　企業の人権尊重責任

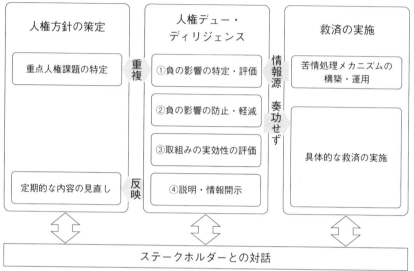

出所：筆者作成

体的な人権侵害が生じてしまい、企業の活動がこれを引き起こしまたは助長
している場合（これらの分類については、Ｑ４−９）には、人権デュー・ディ
リジェンスのサイクルの途中であっても、具体的な救済を実施する必要があ
る。すなわち、人権デュー・ディリジェンスと救済の実施との間に、絶対的
な前後関係はない。

　したがって、企業は、このような①ないし③の各要素の関係性に留意しつ
つ、具体的な実施手順を検討する必要がある。

　そして、①ないし③のすべての過程において最も重要なことは、あらゆる
過程においてステークホルダーとの対話の機会をもち、その意見をふまえた
うえで取組みを進めることである。「ビジネスと人権」の取組みの最大の目
的は、ライツホルダーの人権侵害を防止または回復することにあるため、そ
の声を十分に反映した取組みでなければならない。ここでいうステークホル
ダーは、従業員、サプライヤー、消費者、株主、取引先、地域社会、先住民

等多岐にわたり、これらの代弁者となりうる有識者やNGO等も含まれる。

Q 4 − 5 人権方針の策定と公表はどのようなプロセスで実施すれば
よいか

⑴　人権方針の5要件

　人権方針とは、「企業が、その人権尊重責任を果たすという企業によるコ
ミットメント（約束）を企業の内外のステークホルダーに向けて明確に示す
もの」[27]であり、企業の行動を決定する明確かつ包括的な方針としてきわめ
て重要な意味をもつ。

　人権方針の策定に際し、人権尊重ガイドラインでは、以下の5つの条件を
満たすことが求められている[28]。

---

①　企業のトップを含む経営陣で承認されていること

②　企業内外の専門的な情報・知見を参照した上で作成されていること

③　従業員、取引先、及び企業の事業、製品又はサービスに直接関わる
　　他の関係者に対する人権尊重への企業の期待が明記されていること

④　一般に公開されており、全ての従業員、取引先及び他の関係者にむ
　　けて社内外にわたり周知されていること

⑤　企業全体に人権方針を定着させるために必要な事業方針及び手続
　　に、人権方針が反映されていること

　このうち③は内容に関するものであるが（内容については、Q 4 − 6）、そ
れ以外の要件はプロセスにかかわるものである。以下では、人権方針の策
定・定着に向けたプロセスについて説明する。

27　人権尊重ガイドライン2.1.1
28　人権尊重ガイドライン3

⑵　人権方針策定のための準備（ガバナンス）

　企業の人権尊重に対する取組みは、事業全体に広くかかわることから、1つの部署でこれに取り組むことは困難である。たとえば、法務・コンプライアンス部のみが人権方針案をドラフトし、取締役会の承認を経て全社にこれを展開したとしても、後々の人権デュー・ディリジェンスの段階でサプライヤーその他の取引先関係者と直接コンタクトをとる資材・調達や営業との十分な連携ができない可能性がある。また、資材・調達や製造を統括する部署の協力がなければ、たとえば、調達先や自社の製造現場で人権への負の影響が発見された場合に実効的な防止・軽減策を見出すことがむずかしい。そのため、人権尊重の取組みを行う前提として、法務・コンプライアンス、人事、資材・調達、製造、経営企画、営業等の関連部署が横断的に連携して対応できるガバナンスを構築することが重要になる。たとえば、社長直下のサステナブル委員会のもとに人権部会を置き、各関連部署の担当者をそのメンバーとすることで、多角的な意見や需要を取り込むことが可能となると考えられる。また、重要な懸念事項が発生した場合には、即座に取締役会等の経営陣に報告できる体制とし、企業のトップが関与するような仕組みとすべきである。

　人権方針は人権尊重についての企業の取組みに関する基本的な考え方を示すものであり、これに続く人権デュー・ディリジェンスと救済の基礎となることから、人権方針の策定後に上記のような体制整備をするのではなく、可能な限り、人権方針の検討段階で、全社横断的な体制を整備したうえで、関連部署と十分にコミュニケーションをとり、自社の状況に即した人権方針を策定することが望ましい。

⑶　人権方針策定のプロセス

　人権尊重ガイドラインの要件をふまえた人権方針の策定および公表のプロセスについて、実務参照資料は以下のような流れを示している[29]。以下では、

各項目について簡単に説明する。

プロセス	ポイント
① 自社の現状把握	・社内各部門からの知見収集、ステークホルダーとの対話・協議等を通じた、自社が関与し得る人権への負の影響についての確認（人権尊重ガイドライン3.1）
② 人権方針案作成	・上記①をふまえつつ、記載項目を検討
③ 経営陣の承認	・企業のトップを含む経営陣（取締役会等）の承認（人権尊重ガイドライン3）
④ 公開・周知等	・自社ホームページへの掲載等、一般への公開（人権尊重ガイドライン3.1） ・従業員、取引先、関係者への周知（人権尊重ガイドライン3.1）

出所：実務参照資料3頁をもとに筆者作成

① 自社の現状把握

　各企業によって事業の種類や規模はさまざまであり、人権への影響も異なることから、人権方針を策定する際には、まず初めに自社の事業が誰のどのような人権に影響を与える可能性があるのかを把握したうえで、自社における重点課題（Q4-6）を特定する必要がある。具体的な検討方法としては、人権デュー・ディリジェンスにおける負の影響の特定・評価（Q4-8）のうち、「(1)　自社事業とサプライチェーンの全体像の把握」および「(2)　人権への負の影響が重大な事業領域の特定」と同様である。

② 人権方針案作成

　このようにして明確となった自社事業の人権への負の影響をふまえて、人権方針の具体的な項目を作成する。記載内容はQ4-6で説明するが、各企業が自社の経営理念をふまえた固有の人権方針を策定することが重要であることから[30]、経営理念と人権方針がどのように関係するかといった観点から社内で十分な議論・検討を行うことが必要となる[31]。

29　実務参照資料3頁
30　人権尊重ガイドライン3.1

③　経営陣の承認

　人権方針は人権尊重責任を果たすための取組み全体についての企業の基本的な考え方を示すものであり、このような企業の取組みは全社横断的に行う必要があることから、取締役会等の経営トップ陣による承認を経る必要がある。

④　公開・周知等

　策定された人権方針は、自社ホームページへの掲載等により一般に公表するとともに、従業員、取引先、関係者へ周知する必要がある。

⑷　事業方針および手続への反映

　企業による人権方針に関する取組みは、策定と公表により終わるものではなく、企業全体に人権方針を定着させ、その活動のなかで人権方針を具体的に実践していくことこそが求められている。そのためには、人権方針を単に社内に周知するだけでなく、企業の行動指針や調達指針等にその内容を反映すること等も重要である[32]。小規模の企業で人権リスクが限定されている場合は、人権方針のなかで、集中して対処すべき人権リスクの内容を明記し、リスクに対する対応方針の概要を記載することで足りることもあるが、大規模な企業では、人権尊重へのコミットメントを具体化するための社内規定を策定する必要がある場合が多いとされる[33]。たとえば、発注企業による一次サプライヤーへの要求が、品質やスピード、価格のみである場合、一次サプライヤーが二次サプライヤーに対して厳しい条件を要求することで、二次サプライヤーにおいて低廉な賃金での過酷な労働が強いられるといった問題が発生する可能性があることから、発注企業のレベルにおいて契約条件を慎重に検討する必要がある。そのようなリスクが重点課題となる場合には、調達における具体的な人権尊重方針を定めた調達方針や調達ガイドライン等を策

31　実務参照資料3頁
32　人権尊重ガイドライン3.2
33　齋藤宏一「人権デュー・ディリジェンスの実践〔中〕」商事2298号（2022年）40頁

定し、取引先（一次サプライヤー）に説明を行うとともに遵守を求めること等が考えられる。

　また、人権方針は一度策定すれば終わりというものではなく、事業環境や社会情勢の変化、人権デュー・ディリジェンスの結果等をふまえて必要に応じて人権方針の改定をすることも期待されている[34]。

Q 4－6 人権方針の内容はどのようなものにするべきか

　実務参照資料は、以下のような内容を人権方針に盛り込むことが考えられるとしている[35]。なお、実務参照資料も繰り返し指摘しているとおり、これらの項目は、人権方針において検討されるべき基本的な事項にとどまり、必ずしも十分な内容ではない。また、表面的にこれらの項目をなぞるだけでも人権方針は完成しない。Q4－5に記載したプロセスのなかで、これらの項目を中心に自社に即した検討をし、自社の経営理念と一貫した独自の人権方針をつくりあげ、オペレーションの中心に組み込むことで、人権尊重に対する企業の責任を果たす基礎をつくることができるのである。

(1)　人権方針の位置づけ

　人権方針は、人権尊重の取組みに対する企業の基本的な姿勢を示すものであり、経営理念や行動指針等とも密接にかかわるものである。人権方針が当該企業にとってどのような文書であるのかを明確にするため、経営理念や行動指針等と人権方針の関係性について記載することにより、その一貫性を担保することが期待される。

(2)　適用範囲

　人権方針は、一般的な社内規程とは異なり、グループ会社にも適用される

34　人権尊重ガイドライン3.2
35　実務参照資料3頁以下

のが一般的であるが、場合によっては、グループ会社に適用される人権方針
に加えて、グループ内の特定の企業が自社のための追加的な人権方針を策定
することも考えられる。そのため、人権方針の適用範囲やグループ会社の定
義を明らかにする必要がある。

(3) 期待の明示

人権方針の実践には、取引先を含む関係者の協力が不可欠であり、人権方
針では、従業員や取引先をはじめとする関係者に対する人権尊重への期待を
明らかにすることが求められる。これは、国連指導原則および人権尊重ガイ
ドラインでも求められている必要的記載事項である。

(4) 国際的に認められた人権を尊重する旨のコミットメントの表明

自社の人権尊重責任に対する姿勢を明確にし、社内外のステークホルダー
の理解を得る観点等から、国際的に認められた人権を尊重する旨のコミット
メント（約束）を表明することが考えられる。「国際的に認められた人権」
には、国連人権章典で表明されたものや中核的労働基準が含まれる（Q4－
3）ため、これらに対する支持・尊重を盛り込むことが重要である。さらに、
国連指導原則やOECD多国籍企業行動指針等への支持を記載することも考え
られる。このような国際文書等の支持は、その内容について十分に理解を深
めたうえで記載することが前提であり、人権方針策定後は、国際文書等の支
持を表明した企業として、それにのっとった適切な対応・姿勢を示していく
必要がある。

(5) 人権尊重責任と法令遵守の関係性

企業が各国で活動を行うに際し、当該国における法令を遵守する必要があ
ることは当然であるが、企業には「国際的に認められた人権」（Q4－3）
を尊重することが求められるため、ある国の法令を遵守しているだけでは人

権尊重責任を十分に果たしていないと判断される場合がある。たとえば、ある国の法令やその執行によって国際的に認められた人権が適切に保護されていない場合、企業は、国際的に認められた人権を可能な限り最大限尊重する方法を追求する必要がある[36]。

(6) 自社における重点課題

　企業の事業分野やサプライチェーンの状況により、人権に関する課題やリスクの深刻度もさまざまであることから、人権方針の策定にあたっては、自社が影響を与える可能性のある人権を把握し、自社およびそのサプライチェーンにおいて、より深刻な人権侵害が生じうるステークホルダーやその人権の内容を認識したうえで、自社の重点課題を人権方針に記載することが望ましい。たとえば、産業別に問題となりやすい人権問題や、サプライチェーンのなかで特にリスクがある国や地域を抽出したうえで、それらの重点課題に沿った方針を策定することが望ましい。また、企業自身やサプライチェーンを取り巻く環境変化に伴い、重点課題の定期的な見直しが求められる。

　現在公表されている人権方針には、自社における重点課題を記載していないものも多くみられるが、この場合、人権デュー・ディリジェンスの結果等をふまえて、自社における重点課題を盛り込むことができないか、あらためて検討することが期待される。

(7) 人権尊重の取組みを実践する方法

　人権方針は、その策定・公表自体が目的ではなく、企業全体にこれを定着させて、実践していくことこそが重要であることから、その定着・実践に向けて、策定した人権方針に記載した内容の実現方法、人権デュー・ディリジェンスの実施、ステークホルダーとの対話の実施、組織体制の構築および

36　人権尊重ガイドライン2.1.2.1

救済に向けての自社の方針等を記載することも考えられる。

Q 4 − 7 人権デュー・ディリジェンス総論：人権デュー・ディリジェンスとは具体的に何をするのか

　人権デュー・ディリジェンスとは、企業が、自社・グループ会社およびサプライヤー等における人権への負の影響を特定し、防止・軽減し、取組みの実効性を評価し、どのように対処したかについて説明・情報開示していくために実施する一連の行為を指す[37]。

　人権デュー・ディリジェンスのプロセスは、上記のとおり継続的なプロセスであり、広義のリスクマネジメントシステムの一環と位置づけられる[38]。そのため、既存のリスクマネジメントシステムが存在する場合、当該システムに人権デュー・ディリジェンスのプロセスを組み込むことが有効である場合が多い。

　一般的な人権デュー・ディリジェンスのプロセスは、図表4−4のとおりであり、このような人権デュー・ディリジェンスのプロセスを継続的に実施することが必要となる。

　また、企業の人権尊重に対する責任は、企業の規模や業種等の個別事情に関係なく、すべての企業に適用されるものであるが、その手段としての人権デュー・ディリジェンスの義務は、個別の企業が置かれた状況下により異なりうるものであり、絶対的で一律の基準が存在するものではない。企業がその責任を果たすためにとるべき手段は、企業の規模や業種、事業活動の状況、組織構成、その他の個々の状況に応じて、また企業による人権への負の影響の深刻さに応じて、さまざまに異なることが想定される[39]。

37　人権尊重ガイドライン2.1.2
38　齋藤宏一「人権デュー・ディリジェンスの実践〔上〕」商事2297号（2022年）7頁
39　国連指導原則14

図表 4 - 4　人権デュー・ディリジェンスのプロセス

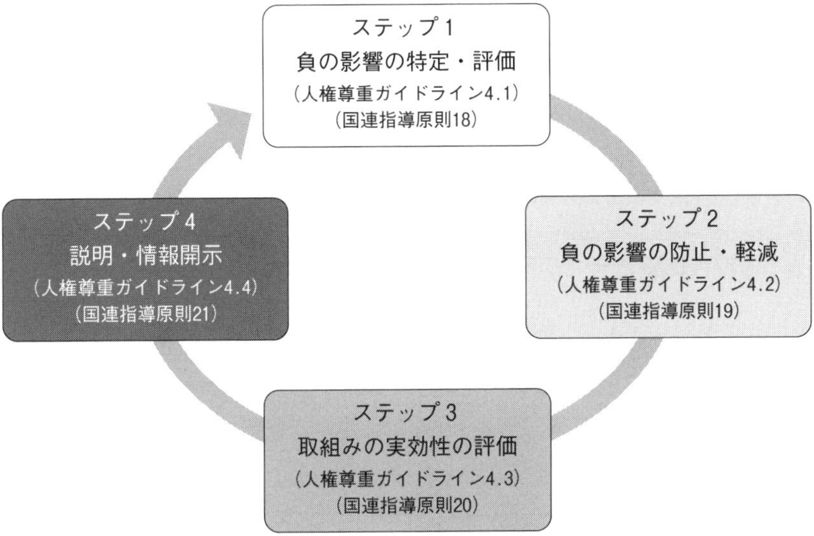

ステップ 1
負の影響の特定・評価
（人権尊重ガイドライン4.1）
（国連指導原則18）

ステップ 4
説明・情報開示
（人権尊重ガイドライン4.4）
（国連指導原則21）

ステップ 2
負の影響の防止・軽減
（人権尊重ガイドライン4.2）
（国連指導原則19）

ステップ 3
取組みの実効性の評価
（人権尊重ガイドライン4.3）
（国連指導原則20）

出所：国連指導原則および人権尊重ガイドラインをもとに筆者作成

Q 4 - 8　人権デュー・ディリジェンス（ステップ 1）：負の影響の特定・評価はどのようにするのか

　人権デュー・ディリジェンスの最初のステップとして、自社・グループ会社、サプライヤー等における人権への負の影響（実際に発生している人権侵害と、生じる可能性のある人権侵害の双方を含む）を確認し、確認された人権への負の影響の評価を行うことが求められている[40]。このような人権への影響評価は定期的に繰り返し行うことが必要とされるが、人権に対するリスクの状況は常に変化することから、①新たな事業活動や取引関係に入ろうとする場合、②事業における重要な決定または変更を行おうとする場合、③事業環

40　人権尊重ガイドライン4.1

境や社会環境の変化が生じている場合にも、影響評価を実施するべきとされ
ている[41]。

このプロセスの実施方法について、①自社事業とサプライチェーンの全体
像の把握、②人権への負の影響が重大な事業領域の特定、③負の影響の発生
過程の特定、④負の影響と企業のかかわりの評価および優先順位づけという
ステップに分けて説明する。

(1) 自社事業とサプライチェーンの全体像の把握

自社やサプライチェーンの人権への負の影響を適切に特定・評価する前提
として、自社・グループ会社の事業に加え、サプライチェーンの全体像を把
握することが必要となる。グローバル化に伴い、企業の事業活動はさまざま
な国・地域に及ぶことが多くなっていることから、自社のサプライチェーン
の全体像を把握しきれていない企業も少なくないと考えられる。そのため、
まずは自社の事業領域、そしてサプライヤーその他の関係者等の全体像を可
能な限り把握し、自社の事業活動が影響を及ぼしうる範囲やその程度につい
て検討する基礎をつくる必要がある。仮にサプライチェーンの全体像を把握
できないような場合には、把握できないという事実自体が、負の影響の高さ
を示す要因となりうる。

なお、近年、欧州を中心に、本章冒頭のCase 4 - 2のように、自社の製
品・サービスの販売・消費・廃棄等に関係する下流（ダウンストリーム）で
負の影響が生じる場面が注目されている。サプライチェーンの把握にあたっ
ては、自社の製品・サービスの原材料や資源、設備やソフトウェアの調達・
確保等に関係する上流（アップストリーム）だけでなく、下流も可能な限り
把握することが求められる。

41　人権尊重ガイドライン4.1.2.1

⑵　人権への負の影響が重大な事業領域の特定

　リスクの高い事業およびビジネス関係の特定のために、セクター（事業分野）、製品・サービス、地域的要因および企業固有のリスク要因について情報収集を行う。リスクが重大な事業領域の特定に際しては、以下のリスクを考慮するとされている[42]。

リスク	概要
セクター（事業分野）のリスク	そのセクターの特徴、活動、製品および製造工程に起因するものとして、そのセクター内で世界的に広くみられるリスク
製品・サービスのリスク	特定の製品・サービスの開発または利用において使われる原材料等または開発・製造工程に関連するリスク
地域リスク	セクターのリスクをさらに高めると考えられる特定の国の状況。たとえば、ガバナンス（例：監督機関の強さ、法の支配、汚職の程度）、社会経済状況（例：貧困率および就学率、特定の人口の脆弱性および差別）等
企業固有のリスク	特定の企業に関連するものである。たとえば、貧弱なガバナンス、人権尊重に関する過去の不十分な行動状況等

出所：人権尊重ガイドライン4.1.1をもとに筆者作成

　また、実務参照資料には、事業分野別人権課題、産品別人権課題、地域別人権課題に加えて、具体的な人権への負の影響の例をまとめた資料が添付されていることから、これらの公表資料を参照しながら、上記の各要素について自社の事業分野との関係のなかで検討していくことが有用である。

　情報収集の際には、社内の関連部門（営業、人事、法務・コンプライアンス、調達、製造、経営企画、研究開発等）や社外の専門家等との意見交換を行いながら、セクター（事業分野）、製品・サービス、地域、個別企業の視点から、どのような人権への負の影響が指摘されているかなどを確認することが考え

---

[42]　OECDガイダンス2.1・Q20、人権尊重ガイドライン4.1.1

られる。また、企業側からの視点のみでは負の影響の実態について十分な把握・評価ができないことから、潜在的に負の影響を受けるステークホルダーとの対話[43]や、苦情処理メカニズムの設置・運用等を通じて情報収集をすることも重要とされる（Q4－4、Q4－12）[44]。

(3)　負の影響の発生過程の特定

　上記のプロセスで特定したリスクが重大な事業領域から、自社のビジネスの各工程において、人権への負の影響がどのように発生するのか（すでに発生しているのか）、すなわち、サプライチェーン上の各過程において、誰がどのような人権について負の影響を受けるのか（すでに負の影響を受けているのか）を特定していく。

　具体的な情報収集の方法としては、一般的に、サプライチェーン上の取引先等に対し、質問票を送付する方法が多く実施されている。質問票のモデルを提供している団体・企業等もあることから、このようなリソースを利用しつつ、自社の事業やサプライチェーンに即した質問票を作成し、情報収集を実施することとなる。もっとも、質問票の回答から得られる情報はきわめて限られていることから、リスクの高低に応じて、また質問票の回答内容をふまえたうえで、電話やウェブでのヒアリング、現地の視察や監査等を組み合わせることにより、情報収集の実効性を高めることが望ましい。

(4)　負の影響と企業のかかわりの評価および優先順位づけ

　次に、人権への負の影響（人権侵害リスク）と自社とのかかわりを評価することになる。具体的には、①自社が人権への負の影響を引き起こしているか、②自社が人権への負の影響を助長しているか、③自社の事業・製品・サービスが第三者により引き起こされた人権への負の影響と直接関連しているかという類型に分類する（具体的な分類方法については、Q4－9）。

43　国連指導原則18(b)、人権尊重ガイドライン4.1.2.3
44　国連指導原則29公式コメンタリー、実務参照資料9頁

サプライチェーンの規模が大きく複雑である場合には、そのすべてについて人権デュー・ディリジェンスをすることは現実的ではない。人権デュー・ディリジェンスの過程でサプライチェーン上に複数の負の影響が同時に発生した場合、それらすべてを同時に対処することが困難な場合もある。そのような場合には、影響の重大性に応じて優先順位をつけ、対処していくことが必要となる。

　このような場合において、負の影響の重大性は、影響の深刻性と発生可能性（頻度）に基づき決定される。ただし、通常のリスク評価においては、リスクの発生可能性がリスクの深刻性と同程度に重要な要素と考えられるのに対し、人権デュー・ディリジェンスの文脈においては、深刻性により重点が置かれるべきであることから、深刻性の重大さが最初に検討され、深刻性が同等のリスクが複数ある場合において、発生可能性の高いものから対処していくことになる[45]。深刻度判断においては、企業活動への影響（たとえば、自社製品への必要性、調達の困難性、売上げへの影響といった要素）の大小ではなく、ライツホルダーにとって深刻であるか否かにより判断すべきである点に留意が必要である。

> **Q 4 − 9**　人権デュー・ディリジェンス（ステップ２）：負の影響の防止・軽減への取組みとはどのようなものか

　企業は、ステップ１（Q4−8）で特定・評価した負の影響について、その影響を停止し、防止し、または軽減しなければならない。負の影響の類型とそれぞれに応じた対処方法を整理すると以下のようになる。

	人権への負の影響の評価	対処方法
①	自社が人権への負の影響を引き起こしている（Cause）	人権への負の影響の防止・軽減措置を講ずる必要がある

45　実務参照資料13頁

②	自社が人権への負の影響を助長している（Contribute）	
③	自社の事業・製品・サービスが第三者により引き起こされた人権への負の影響と直接関連している（Directly Linked）	人権への負の影響を引き起こしまたは助長している企業に働きかけて、人権への負の影響の防止・軽減に努める

出所：筆者作成

⑴　自社が人権への負の影響を引き起こしまたは助長している場合

　自社が人権への負の影響を引き起こしまたは助長している場合は、まず人権への負の影響を引き起こしたり助長したりする活動を停止する措置をとるべきである。たとえば、自社の製造プロセスにおける化学物質の排出により近隣の飲料水が汚染され、住民に健康被害が発生した場合であれば、当該化学物質を利用しない製造プロセスの開発や、河川等への排出を停止し、適切な処分を行うなどの対応策が考えられる。

　もっとも、事実上、あるいは法的な理由により、負の影響を引き起こしまたは助長する活動を直ちに停止することがむずかしい場合もある。そのような場合には、停止に向けた工程表を作成し、段階的にその活動を停止することが求められる。たとえば、自社で多くの移民労働者を雇用する企業が、移民労働者に対する搾取や強制労働が起こりうるリスクがあることを認識した場合、あっせん業者による搾取をなくし、移民労働者に対し、移動の自由、公正な待遇、適正な雇用契約を保障するためのガイドラインを策定するとともに、特に深刻と思われる点について集中的な調査を行うなどが考えられる。

　他企業の活動による負の影響を自社が助長している場合には、負の影響を助長する自社の活動を停止した後、関係者に働きかけるなどにより、残存した負の影響を最大限軽減するよう努めるべきとされている[46]。

⑵ 自社の事業・製品等が人権への負の影響と直接関連している場合

　企業自身の活動により負の影響を引き起こしたり、その発生を助長したりしてはいないものの、第三者により引き起こされた負の影響に自社の事業・製品・サービスが直接関連している場合には、企業が直接対処することはできないとしても、負の影響を引き起こしている企業に影響力を行使するなどにより、負の影響の防止・軽減に努める必要がある。たとえば、自社が販売する製品の部品の一部が、児童労働により製造されていたことが判明した場合には、当該サプライヤーに対して、雇用記録の確認や児童が雇用された原因分析を行い、再発防止のための管理体制強化を求めること等が考えられる。また、貧困のために就労を余儀なくされた児童の環境改善のために、就学環境改善支援を行っているNGOへの協力を行うこと等も考えられる。

　なお、企業が、取引先に対し、その契約上の立場を利用して、一方的に過大な負担を負わせるかたちで人権尊重の取組みの要求をする場合には、下請法や独占禁止法に抵触する可能性がある。そのため、取引先への要請を行う際には、個別事情をふまえつつも、取引先と十分なコミュニケーションをとりながら、対処策を検討していくことが求められる[47]。

⑶ 取引停止

　サプライチェーンにおいて深刻な人権侵害が確認された場合において、取引先に対して人権侵害行為の停止や再発防止策の構築を再三求めたにもかかわらず、なんらの対応もとられないような場合においては、取引停止措置をとることも考えられる。

　しかし、取引停止は、自社と人権侵害との関係を解消することはできるものの、負の影響そのものを解消するわけではなく、むしろ負の影響への監視

46　人権尊重ガイドライン4.2.1.1
47　人権尊重ガイドライン2.2.5

が行き届かなくなることにより人権侵害が深刻化することも考えられる。その他にも、取引先企業の経営状況が悪化することにより、従業員の雇用が失われるなど、負の影響がさらに深刻化する可能性もある。

そのため、人権への負の影響が生じている、または生じる可能性がある場合には、直ちに取引を停止するのではなく、まずは、取引先との関係を維持しながら負の影響を防止・軽減するよう努めるべきとされる[48]。

Q 4−10 人権デュー・ディリジェンス（ステップ 3）：取組みの実効性の評価はどう行うのか

取組みの実効性評価では、人権方針の実施状況、人権への負の影響の特定・評価やその防止・軽減措置等が行われているかについて追跡調査を行い、その有効性を評価する。このような評価は、今後の人権デュー・ディリジェンスの改善を行うために必要なプロセスである。

(1) 追跡調査の方法

負の影響が効果的に特定され、対処されたかを評価するためには、広く情報を集めることが必要となる。たとえば、自社内の各種データ（苦情処理メカニズムにより得られた情報を含む）を検討するほか、負の影響を受けたまたはその可能性のあるステークホルダーを含む、企業内外のステークホルダーから情報収集をすることが考えられる。具体的な方法としては、自社従業員やサプライヤー等へのヒアリング、質問票の活用、自社・サプライヤー等の現場への訪問、監査や第三者による調査等が考えられる[49]。

追跡調査の方法は、企業の事業環境や規模、対象となる負の影響の類型や深刻度等に応じて変わるが、適切な質的および量的指標の設定が有効とされる[50]。たとえば、以下のような指標の設定が考えられる[51]。

48　人権尊重ガイドライン4.2.1.3
49　人権尊重ガイドライン4.3.1

> ・影響を受けたステークホルダーのうち負の影響が適切に対処されたと
> 感じているステークホルダーの比率
> ・特定された負の影響が再発した比率
> ・合意された対処アクション事項のうち、予定されたタイムラインに
> 従って実施された比率／数
> ・影響を受けたステークホルダーのうち、苦情を提起するルートが利用
> しやすく、公平かつ有効であったと感じている者の比率

(2) 実効性評価の社内プロセスへの組込み

　実効性評価は、定期的に実施する必要があることから、関連する社内プロセスに組み込むべきとされる[52]。たとえば、環境・安全衛生の視点から実施している内部監査や現地訪問といった従前からの手続のなかに、人権への負の影響の防止・対処の視点からの調査項目を盛り込むこと等が考えられる。これにより、人権尊重の取組みを企業に定着させることにもつながる。

(3) 調査結果の活用

　このような追跡調査により得られた結果は、過去の調査結果と比較・分析し、負の影響が有効に対処されているかを検討するとともに、将来の人権デュー・ディリジェンスのプロセスにおける、負の影響の特定手法や負の影響の停止・防止・軽減方法の継続的な改善に役立てることが期待されている。

　また、取組みに対する評価は、企業が実際に生じたまたは潜在的な負の影響に対して、どのような対処を行い、どのような効果があったのかを検証す

50　OECDガイダンスQ41
51　OECDガイダンスQ41、人権尊重ガイドライン4.3.1
52　人権尊重ガイドライン4.3.2

るものであるが、人権への重大な負の影響が生じた場合には、企業は、それがなぜ生じたのか、根本的な原因を分析し、再発防止に向けた取組みに生かすことが望ましい[53]。

Q 4－11 人権デュー・ディリジェンス（ステップ４）：説明・情報開示はどう行うべきか

企業は、人権デュー・ディリジェンスのステップ１からステップ３で講じた各措置について、説明・情報開示することが求められている[54]。ここでいう説明・情報開示は、企業の取組内容を広く外部に発信・公開する場面と、特に人権侵害を受けるおそれがあるまたは実際に人権侵害を受けたステークホルダーに対して説明・情報開示を行う場面の双方を含む。

第一に、企業が自社の取組内容を広く外部に発信・公開する際、人権デュー・ディリジェンスに関する情報開示は、環境・社会マテリアリティ（企業活動がサステナビリティ課題に与える影響の重要性）を重視する開示基準に従ってなされる場合と、財務マテリアリティ（サステナビリティ課題が企業価値に与える影響の重要性）を重視する開示基準に従ってなされる場合がある（マテリアリティのとらえ方については、Ｑ２－４）[55]。ここでは、環境・社会マテリアリティを重視する開示基準に従った開示についてのみ言及することとし、財務マテリアリティを重視する開示基準に従った開示については、第２章に譲る。

企業が自社の取組内容を広く外部に公開する場合のフレームワークとして、「国連指導原則 報告フレームワーク 実施要領」[56]を参考にすることがで

---

53 齋藤宏一「人権デュー・ディリジェンスの実践〔中〕」商事2298号（2022年）46頁
54 国連指導原則21、人権尊重ガイドライン4.4
55 このほか、英国現代奴隷法や各国のデュー・ディリジェンス法に基づいた開示規制もある。環境・社会マテリアリティを重視する開示基準と財務マテリアリティを重視する開示の関係性については、大村恵実＝佐藤暁子＝高橋大祐『人権デュー・ディリジェンスの実務』（金融財政事情研究会、2023年）105頁ないし107頁参照。

きる。同フレームワークは、国連指導原則にのっとったかたちで人権デュー・ディリジェンスの実施状況を報告する枠組みを提供している。具体的な開示媒体としては、自社のウェブサイトが一般的であるが、一部の先進的な企業では、人権報告書や人権レポートといった表題で、人権尊重の取組みに特化した報告書を作成している例もある。頻度としては、1年に1回以上であることが望ましいとされる[57]。なお、個別の人権課題に対する具体的な取組内容は、商取引上の秘密保持義務の対象となっている情報や、ライツホルダーのプライバシー等に関するセンシティブ情報を含むことも多いため、特に公に対する情報開示にあたっては、これらの懸念事項に十分配慮することが求められる[58]。

　第二に、特に人権侵害を受けるおそれがあるまたは実際に人権侵害を受けたステークホルダーに対して説明・情報開示を行う際は、当該影響を受けたライツホルダーがアクセスしやすい方法によって伝えるべきである[59]。ここでいうアクセスの容易さは、物理的なアクセスの容易さだけではなく、理解しやすく、かつ意図された受け手が確実に情報を知り、有効に利用できるようなタイミング、書式、言語、場所で開示されることも意味している[60]。このようなステークホルダーとの個別の対話による説明・情報開示の具体例としては、労務に関する人権問題の取組内容を定期的な労使協議の場で労働組合に共有することや、サプライチェーン上の人権課題に関する取組内容についてNGO等の市民社会と対話の場をもち、そこで取組内容を共有すること等が考えられる。

　なお、企業において人権侵害の存在が発見・特定された場合であっても、以上のような説明・情報開示に関する取組みは、企業価値を減殺するもので

56　UN Guiding Principles Reporting Framework with implementation guidance（2015年）の日本語訳である。
57　人権尊重ガイドライン4.4.2
58　OECDガイダンスQ47
59　OECDガイダンスQ46
60　OECDガイダンスQ46

はない[61]。むしろ、適切な情報開示を行う企業は、改善意欲があり透明性の高い企業として評価されることで企業価値の向上が期待できるうえ、ステークホルダーから評価されるべきものでもあるため、企業による積極的な取組みが期待される[62]。

Q 4－12 救済へのアクセス確保のために、企業に求められる取組みは何か

人権デュー・ディリジェンスの過程で人権への負の影響の防止・軽減が奏功せず、現に人権侵害が生じてしまっているという事態は十分ありうる。このような場合、企業は、自社が人権侵害を引き起こしまたは助長している場合には、救済を実施しまたは救済の実施に協力すべきである[63]。

何が適切な救済かという点について、適切な救済措置の種類またはその組合せは、人権侵害の性質および影響が及んだ範囲によって決まる[64]。これには、企業が、今後の人権侵害を防止する措置を講じつつ、謝罪、被害回復または地位復帰（たとえば、解雇された労働者の復職、団体交渉のための労働組合の承認）、金銭的または非金銭的な補償（たとえば、被害者または将来的な支援活動および教育プログラムのための補償基金の設立）、処罰（たとえば、不正行為に対して責任を負うスタッフの解雇）等が含まれる[65]。救済措置の内容を決するうえでは、図表4－5の要素を確認することが有用である。

以上のような救済へのアクセスを保障するとともに、苦情への対処を早期に行い、直接的な救済を可能とするために、国連指導原則は、国家に対して

61　人権尊重ガイドライン4.4

62　人権尊重ガイドライン4.4

63　人権尊重ガイドライン5。他方、自社の事業・製品・サービスが人権侵害と直接関連しているのみの場合は、当該企業は、直接の救済責任を負わないが、人権侵害を引き起こしたまたは助長した他企業に働きかけることにより、その人権への負の影響を防止・軽減するよう努めるべきであることは、Q4－9で述べたとおりである。

64　OECDガイダンスQ50

65　OECDガイダンス第Ⅱ部6.1

図表4－5　救済内容を決定するうえで確認する要素

既存の基準	場合によっては、適切な救済の形式について定める国内および国際基準または法律が存在する。
前例	国内および国際基準が存在しない場合、同様のケースで実施された救済措置との一致を図ることができる。
ステークホルダーの要望	人権への影響については、何が適切な救済であるか、影響を受けた人々の見解が重要である。

出所：OECDガイダンスQ50の記載をもとに筆者作成

だけでなく、企業に対しても、苦情処理メカニズムの構築を求めており[66]、苦情処理メカニズムを実効性あるものとするためは、以下の8つの要件を満たすべきであるとされる。なお、このような苦情処理メカニズムが、人権デュー・ディリジェンスにおける人権への負の影響の特定に資することは、Q4－8で述べたとおりである。

正当性	苦情処理メカニズムが公正に運営され、そのメカニズムを利用することが見込まれるステークホルダーから信頼を得ていること。
利用可能性	苦情処理メカニズムの利用が見込まれるすべてのステークホルダーに周知され、たとえば使用言語や識字能力、報復へのおそれ等の視点からその利用に支障がある者には適切な支援が提供されていること。
予測可能性	苦情処理の段階に応じて目安となる所要時間が明示された、明確で周知された手続が提供され、手続の種類や結果、履行の監視方法が明確であること。
公平性	苦情申立人が、公正に、十分な情報を提供された状態で、敬意を払われながら苦情処理メカニズムに参加するために必要な情報源、助言や専門知識に、合理的なアクセスが確保されるよう努めていること。
透明性	苦情申立人に手続の経過について十分な説明をし、かつ、手続の実効性について信頼を得て、問題となっている公共

	の関心に応えるために十分な情報を提供すること。
権利適合性	苦情処理メカニズムの結果と救済の双方が、国際的に認められた人権の考え方と適合していることを確保すること。
持続的な学習源	苦情処理メカニズムを改善し、将来の苦情や人権侵害を予防するための教訓を得るために関連措置を活用すること。
対話に基づくこと	苦情処理メカニズムの制度設計や成果について、そのメカニズムを利用することが見込まれるステークホルダーと協議し、苦情に対処して解決するための手段としての対話に焦点を当てること。

出所：国連指導原則31をもとに筆者作成

　2025年に開催予定の大阪・関西万博においても、公益社団法人2025年日本国際博覧会協会（以下、本章において「博覧会協会」という）は、同万博の「持続可能性に配慮した調達コード（第2版）」（2023年7月）（以下、本章において「万博調達コード」という）の遵守状況に関する通報受付窓口を設置するとともに、通報受付に関する対応要領を定めており、同要領は上記8要件に基づくことを基本原則とすると定めている[67]。そして、万博の調達物品等に関するサプライヤー等は、博覧会協会による通報受付対応に協力する義務を負うとともに、自らも法令違反や万博調達コード違反等の行為に関する通報を受け付けて対応する体制（グリーバンス・メカニズム）を整備する旨の努力義務を負っている[68]。

　企業による苦情処理メカニズムは、個社による取組みと、集団的な取組みの2通りがありうる。個社として苦情処理メカニズムを構築する場合には、ホットラインや内部通報制度といった既存のコンプライアンスに関する枠組みを活用することが考えられる。しかし、このような既存の枠組みは、通常、利用者の範囲や各制度が取り扱う対象案件の範囲が限定されていることが多く、ほとんどの場合、上記8要件の「利用可能性」要件を満たさない。

67　博覧会協会「持続可能性に配慮した調達コードに係る通報受付対応要領」（2023年7月）「3．基本原則」
68　万博調達コード3(1)1.3

この場合、サプライヤーや地域住民といったステークホルダーも通報可能な利用者の範囲に含めたり、人権問題を対象案件に含めたりするなど、人権の観点からの制度設計の見直しが必要になる。

　また、個社による取組みではコストや人的負担が重いといった観点から、サプライチェーンの苦情処理窓口としてNGO等の第三者を一次窓口とする例や、会員企業が利用可能な共同苦情処理プラットフォームを利用する例等、集団的な苦情処理メカニズムを導入する例もみられる。国連指導原則も、このような複数企業による苦情処理メカニズムの共同利用の可能性を認めている[69]。

Q 4−13 契約を通じてサプライチェーンの人権デュー・ディリジェンスの充実を図ることはできるか。また、参考になるモデル条項としてはどのようなものがあるか

　企業が人権尊重責任を果たすためには、サプライチェーンにおける人権デュー・ディリジェンスの充実を図る必要がある。発注企業による調達基準の作成、取引開始時のサプライヤーのスクリーニングおよび取引開始後のモニタリング等は、サプライチェーンの管理方法として有効であるが、これらをより実効性のあるものとする方法として、発注企業・受注企業間の契約に人権デュー・ディリジェンスを補完する条項を導入し、契約実務に埋め込むことが考えられる。このようなサステナビリティ条項[70]は、自社から取引先に導入を提案するケースだけでなく、本章冒頭のCase 4 − 4のように、取引先から導入を求められるケースも増えている（EU指令案に関連する契約条項の導入については、Q 4 − 2）。

　後述のとおり、具体的なモデル条項を提供する資料は複数あるが、おおむ

69　国連指導原則29公式コメンタリー
70　サステナビリティ条項のほか、CSR条項やESG条項等と呼ばれることもあるが、本書ではサステナビリティ条項と表現する。

ね、以下の8条項に集約される。

---

① サプライヤーに発注企業の行動規範・調達基準[71]の遵守を義務づける条項

② サプライヤーに人権デュー・ディリジェンスの実施を義務づける条項

③ サプライヤーに二次以下の取引先においても同様の条項を連鎖的に導入することを義務づける条項

④ サプライヤーに報告・通報義務を課す条項

⑤ 発注企業に調査権・監査権を認める条項

⑥ サプライヤーによる違反があった場合、発注企業に是正措置要求権限を認める条項

⑦ サプライヤーが是正措置要求に応じない場合、発注企業に解除を認める条項

⑧ サプライヤーに一方的な責任転嫁が生じないようにするための条項

　具体的なモデル条項例に言及するものとしては、たとえば、日本弁護士連合会「人権デュー・ディリジェンスのためのガイダンス（手引）」（2015年1月）がある。また、同会「ESG（環境・社会・ガバナンス）関連リスク対応におけるガイダンス（手引）～企業・投資家・金融機関の協働・対話に向けて～」（2018年8月23日）では、金融機関による融資契約におけるモデル条項が紹介されている。

　さらに、米国法曹協会（ABA）のビジネスローセクションのワーキンググループは、国際的なサプライチェーンにおける労働者の人権擁護を目的として、「Model Contract Clauses Version 2.0」（2021）を公表している。当該モデル条項は、国際売買契約への導入を想定したものではあるが、発注企業

71　なお、ここでいう発注企業の行動規範・調達基準は、国連指導原則等の国際人権基準にのっとったものとなっていることを要する。

の責任に着目し、発注企業と受注企業とで人権デュー・ディリジェンスに関する負担を分担することにより、従来の「表明保証＋補償スキーム」（受注企業において人権侵害がないことを表明保証し、違反があった場合には受注企業が補償するというスキーム）からの脱却を図ったという点に特徴がある。この考え方は、日本企業が契約条項を検討するうえでも参考になる。EUにおいても、今後、このようなモデル条項を整理したガイドライン発行の可能性が示唆されている[72]。

　また、日本国内で実施される国際的なイベントでは、その参加企業に対してサステナビリティ条項の導入が求められたり、参加企業に利用可能なモデル条項が提示されたりするようになっている。たとえば、大阪・関西万博では、万博調達コードにおいて、サプライヤー、ライセンシーおよびパビリオン運営主体等は、万博調達コードを遵守した調達物品等の製造・流通等が行われるように、サプライチェーンに対して万博調達コードまたはこれと同様の調達方針等の遵守を求めたうえで、サプライチェーンに対する調査や働きかけを可能な限り行うべきであるとされている。そのうえで、サプライヤー、ライセンシーおよびパビリオン運営主体等は、サプライチェーンとの間の契約において、サプライチェーンに対する調査・働きかけやコミュニケーションを確実にするために必要な内容を仕様書等に記載しなければならないこととされている[73]。過去には、東京五輪において、サプライヤー等がサプライチェーンとの間で結ぶ取引契約に導入できるモデル条項が示されていた[74]。

　なお、実際に企業がサステナビリティ条項の導入を検討する場合、すべてのサプライヤー契約にモデル条項をそのまま導入すればよいというものではない。リスクの強弱に応じて適宜内容をアレンジしたり、比重を置くポイントを変えたりする必要がないか検討し、自社用にアレンジすることが重要で

---

[72]　EU指令案 Explanatory Memorandum
[73]　万博調達コード5(5)
[74]　公益財団法人東京オリンピック・パラリンピック競技大会組織委員会「東京2020 オリンピック・パラリンピック競技大会 持続可能性に配慮した調達コード（第3版）［解説］」52頁以下

ある。また、各モデル条項は、いずれもある程度継続的な契約関係が維持される契約、典型的にはサプライヤーとの契約を念頭に置いたものであるため、単発の契約に関してどこまでサステナビリティ条項を盛り込むかは別途検討の余地がある。

　また、サステナビリティ条項の導入にあたっては、上記⑧の視点を常に意識し、競争法上の制限に抵触しないよう留意する必要がある。たとえば、発注企業がサプライヤーに対し、人権尊重に有意義であるとして認証取得を求める場合、その取得に要する費用が高額であるにもかかわらず、それをすべてサプライヤーに負担させる場合は、下請法上の「買いたたき」に該当するおそれがあるほか、独占禁止法上の「優越的地位の濫用」にも該当しうる。この点は、発注企業とサプライヤーの規模や交渉力に大きな差がある場合に特に留意が必要である（負の影響の防止・軽減の場面でも競争法上の制限に留意すべきことについては、Ｑ４－９）。

　なお、以上の整理は、調達や製造等といったサプライチェーンの「上流」におけるサステナビリティ条項の導入を念頭に置いたものであるが、これに加え、販売、消費、廃棄等といったサプライチェーンの「下流」との関係でも、人権尊重の充実を図る旨の条項の導入が有効な場合がある。

Q 4 −14 中小企業の場合、どうすればよいのか

　これまで国連指導原則や人権尊重ガイドライン等に基づいて、「ビジネスと人権」に関して企業に求められる取組みを整理してきたが、これらは、すべての企業を対象としている。ここでいう「すべての企業」とは、文字どおり、日本で事業活動を行うすべての企業であって、企業の規模、業種、活動状況、所有者、組織構成を問わず、個人事業主をも含む非常に幅広い概念であり[75]、中小企業も当然対象に含まれている。また、Ｑ４－１で述べたとお

75　人権尊重ガイドライン1.2、1.3

り、中小企業が十分に人権尊重責任を果たしていない場合、重要な取引先である大企業から改善を求められるうえに、最悪の場合には取引を停止されるおそれもあり、人権尊重は中小企業にとって重要な経営課題となっている。このような事情をふまえれば、中小企業においても、適切な取組みを進めていく必要がある。

　また、中小企業が適切な取組みを進めた場合には、Ｑ４−１で述べたとおり、企業価値の向上につながり、他社との差別化を図ることができるうえに、従業員の採用、定着および生産性の向上が期待できるとの分析もある。

　しかし、中小企業の場合、大企業に比べて、資金的にも人的にも制約があり、大企業と同じ深度で取り組むことは困難である場合が多いため、取組方法を工夫する必要がある。他方で、中小企業は、大企業に比べて、取組みの実行に対する柔軟性が高く、対処すべき課題やサプライヤーも少ない場合が多いため、この点の強みを生かした取組みを進めることもできる。以下、中小企業において工夫できるポイントを整理する[76]。

　第一に、人権デュー・ディリジェンスや苦情処理メカニズムの構築に関し、手順をスリム化することが考えられる。たとえば、人権デュー・ディリジェンスにおける人権への負の影響の特定・評価（Ｑ４−８）において、実務参照資料は、事業領域が限られた企業で、特に小規模な企業は、「リスクが重大な事業領域の特定」（一般的・類型的なリスク分析）をスキップして、「負の影響（人権侵害リスク）の発生過程の特定」（具体的な人権侵害の内容と発生状況・原因の特定）から実施することも可能としている[77]。また、苦情処理メカニズムの構築（Ｑ４−12）に関して、国際連合人権高等弁務官事務所（OHCHR）は、人権への影響が限定的な中小企業については、ステークホルダーがフィードバックを提供するための単純な手段として、人々に知ら

---

[76]　このほか、中小企業向けのガイドラインとして、一般財団法人国際経済連携推進センター「中小企業のための人権デュー・ディリジェンス・ガイドライン〜持続可能な社会を実現するために〜」（2022年２月）が参考になる。

[77]　実務参照資料（別添２）作業シート「ステップ②」

れている利用可能なEメールアドレスや電話番号等を公開することでも十分であるとしている[78]。

　第二に、サプライヤー等に対する継続的なモニタリングにリソースを割けない場合には、取引開始前に当該サプライヤー等の人権尊重状況を確認するプロセスを導入することにより、取引開始後（期中）の人権への負の影響の特定、監視または防止に必要なリソースを減らすことが考えられる[79]。具体的には、取引開始前に、当該サプライヤー等に対し、人権尊重に関する取組状況を確認したり、ウェブサイト等の公開情報を基に自ら情報収集を行ったりすることが考えられる。

　第三に、自社だけの取組みには限界があるため、外部の人的リソースや情報を活用するべく、弁護士を含む「ビジネスと人権」に精通した外部専門家の意見を求めたり、自社が所属する業界団体の共同イニシアティブがあればそれに参加したりすることが考えられる。たとえば、日本繊維産業連盟は、2022年8月、「繊維産業における責任ある企業行動ガイドライン」を策定しており、セミナーの開催等を通じて会員団体等への周知・情報提供を進めている。

　第四に、Q4-13で述べたとおり、人権デュー・ディリジェンスの負担は、発注企業と受注企業の双方で分担すべきであるという考え方に基づき、取引先（特に大企業）から人権尊重の取組みを求められた場合には、当該取引先と密にコミュニケーションをとることで、当該取引先がもつ問題意識や情報を把握し、当該取引先と協力しながら人権デュー・ディリジェンスを実施することが考えられる。仮に、本章冒頭のCase4-4のように、取引先からサステナビリティ条項の導入を求められた場合、中小企業としては、当該取引先がもつ問題意識や情報を自社に共有することを義務づける旨の条項

78　公益財団法人国際民商事法センター「人権尊重についての企業の責任―解釈の手引き―」（OHCHR, "The Corporate Responsibility to Respect Human Rights" の日本語訳）問52
79　OECDガイダンスQ7

を盛り込めないか検討・交渉するべきである。

　以上のような点を念頭に置きつつ、中小企業の経営者が真摯に「ビジネスと人権」に取り組む場合、中小企業は、大企業よりもスピード感をもって柔軟に対応することができる場合が多い。必ずしも最初から満点を目指す必要はないので、まずは取組みの第一歩として、できるところ（たとえば、自社の経営指針に人権の観点を盛り込むことなど）から取組みを開始することが期待される。

第 5 章

雇用におけるダイバーシティ＆インクルージョン

1 総　論

(1)　D&Iとは何か

　「ダイバーシティ＆インクルージョン」という言葉が唱えられて久しいが、「ダイバーシティ＆インクルージョン」を実現するために企業がとるべき具体的な対応は必ずしも明らかではない。本章では、企業においてこの「ダイバーシティ＆インクルージョン」がなぜ重要であるのか、何をどこまで行えば「違法」にならないのか、「ダイバーシティ＆インクルージョン」を積極的に打ち出す場合にどういった方策をとるべきか、ということを整理する。なお、昨今ではEquity（公平性）を含めてダイバーシティ、エクイティ＆インクルージョン（DE&I）と表記されることもあるが、本章において以下はD&Iと表記する。

　D&Iとは、文字どおり「ダイバーシティ（多様性）」と「インクルージョン（包摂)」を組み合わせた言葉である。一般社団法人日本経済団体連合会（以下、本章において「経団連」という）が提唱する「ダイバーシティ・インクルージョン社会の実現に向けて」[1]では、「多様性を受け入れ企業の活力とする考え方」と定義し、企業の組織活性化、イノベーションの促進、競争力の向上に向けて、あらゆる人材を組織に迎え入れる「ダイバーシティ」、および、あらゆる人材がその能力を最大限発揮でき、やりがいを感じられるようにする「インクルージョン」（包摂)[2]が求められる。ダイバーシティとインクルージョンの双方が相まって、企業活動の活力向上を図ることができるとしている（Q5－1）。

1　経団連「ダイバーシティ・インクルージョン社会の実現に向けて」（2017年5月16日）（https://www.keidanren.or.jp/policy/2017/039_honbun.pdf）（最終閲覧：2023年11月5日）
2　インクルージョンは、「包摂」「受容」「享受」等と訳されるが、本章では「包摂」と訳することとする。

そもそも、日本におけるD&Iに何が含まれるか、D&Iの要素を考えるにあたり、国内最高法規である憲法の14条1項が、「すべて国民は、法の下に平等」であることを宣言したうえで、「人種、信条、性別、社会的身分又は門地」による差別を禁止していることが参考になる。さらに、各企業が公表しているD&Iポリシーは、憲法14条1項があげる「人種、信条、性別、社会的身分又は門地」という要素よりも多くの要素を含んでいる。そこでは、主に、性別・人種・国籍・信条・宗教・社会的身分・障害の有無・性的指向・性自認・年齢・地域・学歴・健康状態・働き方等にかかわらず、従業員・構成員がその能力を最大限発揮できるようにする旨が掲げられている。以上のように、D&Iにはさまざまな要素が含まれることがみてとれる。

　従業員との関係において、ダイバーシティは「多様な人材」を意味することが多いが、D&Iに取り組むにあたっては、単に多様な人材を採用するだけではなく、それぞれの能力を生かして活躍できるような組織をつくりあげていく必要がある（Q5-2）。

(2)　D&Iに関連する日本の法改正

　日本においても、D&Iに関する法改正は急速に進んでいる。女性の活躍を推進するものとして、まず、女性活躍推進法の改正がある（Q5-3）。また、育児介護休業法の改正によって出生時育児休業制度が新設され、男性の育児休業取得率が上がり、男女ともに多様な働き方ができる制度が整いつつある（Q5-4）。D&Iの推進に伴い、障害者に対する差別の解消に関しても法改正が行われており、その一環として企業はこれまで以上に障害者雇用率を上げることを求められ、企業による障害者差別の解消に向けた必要かつ合理的な配慮の提供については、現行の努力義務から義務へと改められることになった（Q5-5）。

(3)　D&Iの実現を阻害するハラスメント

　近年、ハラスメント防止措置に関する法制度が整備され、裁判例も積み重

なるなど、企業が講ずべき措置が具体的になってきている。社内ハラスメント防止対策を怠ることにより企業が負うリスクは大きく、ハラスメント防止措置を早期に講じておくまたは必要に応じて見直していくことは企業にとって重要である（Ｑ５－６）。

⑷　LGBTQ＋に対する企業の対応

　近年、D&IのなかでもLGBTQ＋の話題がニュース、裁判例等で大きく取り上げられており、LGBTQ＋の理解を促進することが企業において急務となっている。LGBTQ＋を含めたD&Iを企業が実現するための大前提として、LGBTQ＋とは何か、企業がLGBTQ＋に取り組むことの意義を理解することが重要である（Ｑ５－７）。肌の色等とは異なり、LGBTQ＋のように「見えにくい差別」に対する保護を拡大する潮流が欧米を中心とする諸外国から始まっており、「ビジネスと人権」（第４章）が重視される国際的な流れにも沿っている。日本におけるLGBTQ＋を条文上明記した法律は、2023年６月施行のいわゆるLGBT理解増進法と、2004年施行の性別変更特例法の２つしかないが、それらの内容と射程を理解しておくことが、企業における安全配慮義務等の実践にとっても重要である（Ｑ５－８）。企業に求められる安全配慮義務の範囲は、法律・指針および裁判例によって形成されるため、企業担当者はそれらの動向を把握しておく必要がある（Ｑ５－９）。特に、いわゆる経済産業省トランスジェンダー事件の最判令和５年７月11日WLJ判例コラム特報第294号は、最高裁が初めてLGBTQ＋の職場環境について判断を示しており、企業がトランスジェンダー従業員を含めた職場環境の整備をするにあたり、重要な指摘を判決文および補足意見において行っているため、企業として同判決を理解するとともに、同判決を前提とした具体的な職場環境の整備が求められている（Ｑ５－10）。

　近年、企業において、同性のパートナーを有する従業員に向けた福利厚生制度等が就業規則で規定されるようになってきているが、この背景には同性カップルが法律上の婚姻をすることができないという現状がある。東京都を

はじめとする多くの地方公共団体が導入している同性パートナーシップ制度の意義・効果および日本で同性婚が法律で認められることが企業にとっても重要である理由を理解したうえで、同性婚が法律で認められることを企業が賛同することにより、D&Iの実現に真摯に取り組んでいることを対外的に示すことができる（Q 5 –11）。

2　Q & A

Q 5 － 1　ESGのなかにおけるD&Iの位置づけ

D&Iは、ESGの「S（社会）」の一要素として位置づけられている。企業は、主に株主・取引先から、外部からみえるかたちでのダイバーシティの推進に関する支持表明や取組みの実施を求められており、企業内部においても、D&Iに配慮した環境を整備することが、持続可能（サステナブル）な企業経営のために必要と考えられている。

ダイバーシティを企業の経営戦略に組み込む「ダイバーシティ経営」（ダイバーシティ・マネジメント）について、2018年 3 月には、経済産業省が形式的なダイバーシティ施策から、経営に真の効果をもたらすダイバーシティ経営（ダイバーシティ2.0）への転換を図るべく「ダイバーシティ2.0行動ガイドライン」（以下、本章において「ダイバーシティ2.0」という）[3]を公表した。ダイバーシティ2.0は、以下の 7 つのアクションを掲げている。

①　経営戦略への組み込み	経営トップが、ダイバーシティが経営戦略に不可欠であること（ダイバーシティ・ポリシー）を明確にし、KPI・ロードマップを策定するとともに、自らの責任で取組を

---

[3]　https://www.meti.go.jp/report/whitepaper/data/pdf/20180608001_3.pdf（平成29年3 月 平成30年 6 月改訂）（最終閲覧：2023年11月 5 日）

		リードする。
②	推進体制の構築	ダイバーシティの取組を全社的・継続的に進めるために、推進体制を構築し、経営トップが実行に責任をもつ。
③	ガバナンスの改革	構成員のジェンダーや国際性の面を含む多様性の確保により取締役会の監督機能を高め、取締役会がダイバーシティ経営の取組を適切に監督する。
④	全社的な環境・ルールの整備	属性にかかわらず活躍できる人事制度の見直し、働き方改革を実行する。
⑤	管理職の行動・意識改革	従業員の多様性を活かせるマネージャーを育成する。
⑥	従業員の行動・意識改革	多様なキャリアパスを構築し、従業員一人ひとりが自律的に行動できるよう、キャリアオーナーシップを育成する。
⑦	労働市場・資本市場への情報開示と対話	一貫した人材戦略を策定・実行し、その内容・成果を効果的に労働市場に発信する。投資家に対して企業価値向上に繋がるダイバーシティの方針・取組を適切な媒体を通じ積極的に発信し、対話を行う。

出所：経済産業省「ダイバーシティ2.0行動ガイドライン」3頁をもとに筆者作成

　「ダイバーシティ経営」の実現には、多様な人材を確保することのみならず、多様な人材が能力を発揮できる組織をつくることが必要と考えられており、あらゆる人材がその能力を最大限発揮でき、やりがいを感じられるようにする「インクルージョン（包摂)」が求められている。ダイバーシティとインクルージョンの双方が相まって、企業活動の活力向上を図ることができるとされる[4]。

　ESG投資の場面でも、D&Iへの取組みは重要性を増している。2022年に機関投資家を対象に実施されたQUICK ESG研究所による調査「ESG投資実態調査2022（22年調査)」では、投資家が最も重視している投資手法は投資先と直接対話する「エンゲージメント」（85%）であり、次いで、ESG要因を

---

[4]　前掲脚注1・3頁（https://www.keidanren.or.jp/policy/2017/039_honbun.pdf）（最終閲覧：2023年11月5日）

投資分析や投資決定に組み込む「ESGインテグレーション」(81％) であった。投資家がエンゲージメントのテーマとしたい分野においてD&Iが2位という結果であり、機関投資家の「人的資本」や「人材の多様性を含む育成と確保」等に対する関心も高いことが示されている。

　こうした関心の高まりのなか、2021年のコーポレートガバナンス・コードの改訂では、多様性の確保についての考え方のみならず、多様性の確保に向けた人材育成方針と社内環境整備方針をその実施状況とあわせて開示すべきであるとされた（補充原則2－4①）。さらに、2023年3月期の有価証券報告書からは、「戦略」の項目において、人材の多様性の確保を含む人材の育成に関する方針および社内環境整備に関する方針を、また、「指標及び目標」の項目において、これらの方針に関する指標の内容や当該指標による目標・実績を、それぞれ開示することが求められることになった（Q2－7）。企業のD&Iの推進状況は、投資先の選定においても、重要な指標となっている。

Q 5－2 労働市場におけるダイバーシティには、どのような項目があるか。また職場におけるD&Iとは何か

(1)　ダイバーシティの項目およびインクルージョンの概念

　労働市場において、ダイバーシティとは「多様な人材」を意味することが多い。広義の多様性には、性別（性的指向等）、国籍（外国人労働者）、年齢（65歳以上の雇用者等）、キャリア（中途・経験者採用）、障害者、雇用形態（正規・非正規）等の統計等で表されるものだけではなく、個々人の就業に対する価値観の多様性等統計では表されない深層的なものも含まれる[5]。
　また、多様な人材がどのように扱われているか、という点は、インクルージョンの概念に含まれる。すなわち、多様な人材が活躍しているかについては、単に、企業における従業員や役員に、多様な人材を登用していること

（一定の多様性が存在すること）のみならず、その多様な人材がそれぞれの能力を生かして活躍できるような状態（インクルージョン）という点からも評価する必要がある。たとえば、女性や障害者を多数採用している企業であっても、そのなかで不平等があったり、適材適所ではない人材配置を行ったりしていると、D&Iへの取組みが十分であるとはいえない。

　以下では、職場におけるD&Iへの取組みとして、単に、多様な人材を採用するだけではなく、多様性を「受け入れる」ために、企業がどのような対応をすべきかについて述べる。

⑵　職場におけるD&I

ア　多様性を意識した人事制度、職場環境の整備

　多様性を包摂できるような整備等がない状態で、単に人材の多様性を高めるだけではかえって生産性を低下させかねないといわれている[6]。そこで、多様性を包摂（インクルージョン）できるように、人事制度・職場環境を整えていくことで、多様な人材が活躍できる土台を築くことが重要である。たとえば、子育て中の女性を管理職に登用するにあたっては、ワークライフバランスを意識して、時間や場所を有効に活用できる柔軟な働き方を拡大することや、長時間労働の是正といった対応等が必要となる。また、障害者雇用にあたっては、障害者が働きやすい職場環境の見直し（部品の配置場所の整理等）や、障害の特性に応じて能力を発揮できる業務を選定・提供することで、生産性の向上につなげることができる（Q5−5）。また、LGBTQ＋の雇用においては、性の多様性に配慮したルールや職場環境づくりが必要である（詳細は、Q5−10）。

5　内閣府「令和元年度　年次経済財政報告（経済財政政策担当大臣報告）—「令和」新時代の日本経済—」第2章労働市場の多様化とその課題（令和元年7月）（https://www5.cao.go.jp/j-j/wp/wp-je19/pdf/all_02.pdf）（最終閲覧：2023年11月5日）
6　経済産業省「リーフレット（〜3拍子で取り組む〜多様な人材の活躍を実現するために）（2021年3月公表）」（https://www.meti.go.jp/policy/economy/jinzai/diversity/2021_03_diversityleaflet.pdf）（最終閲覧：2023年11月5日）

イ　働き方に対する価値観の多様性

　多様な人材の活躍が進むと同時に、労働者個人のキャリア観念、価値観も多様化している。

　たとえば、就業に対する考え方は、生計を立てることが主な目的となる者や、仕事にやりがいや社会とのつながりを求める者等さまざまである。また、ワークライフバランスやウェルビーイング（個人の権利や自己実現が保障され、身体的、精神的、社会的に良好な状態にあることを意味する概念である）の向上への関心の高まりから、企業が、多様で優秀な人材を確保するためには、労働者の個別のニーズへの対応も課題である。経団連が公表した「男性の家事・育児に関するアンケート調査結果」（2023年6月5日）[7]によると、経団連会員企業の男性の育児休業取得率は前年から大きく上昇しており、女性だけではなく男性も仕事と育児を両立させるという意識が急速に広まっていることがわかる。また、厚生労働省が取りまとめ公表している「今後の仕事と育児・介護の両立支援に関する研究会報告書」（令和5年6月19日）[8]では、3歳までの子どもがいる従業員への両立支援として、現在、努力義務となっている出社・退社時間の調整等に加えて、テレワークを事業主（企業）の努力義務として位置づけることが必要であると指摘されている。この議論を受けて、今後、育児介護休業法施行規則の改正が行われる可能性が高い。D&Iを推進するためには、従業員の柔軟で多様な働き方の制度を充実させていき、従業員の働き方に対する価値観の多様性にも企業が対応していくことが欠かせないと考えられる。

7　https://www.keidanren.or.jp/policy/2023/040.pdf（最終閲覧：2023年11月5日）
8　https://www.mhlw.go.jp/content/11909500/001108929.pdf（最終閲覧：2023年11月5日）

日本における女性活躍の推進に関して、企業に求められる
取組みは何か

(1)　女性管理職比率等・男女の賃金差異の法定開示義務

　女性活躍推進法は、①女性の採用、昇進等の機会の積極的な提供とその活用、②職業生活と家庭生活との円滑かつ継続的な両立を可能とするための環境の整備、③職業生活と家庭生活の両立に関する女性の意思の尊重を基本原則として、女性の職業生活における活躍を推進することを目的とするものである。同法は、常時雇用する労働者が301人以上の事業主に対し、(i)女性採用比率、勤続年数の男女差、労働時間の状況、女性管理職比率等の女性の活躍に関する状況の把握、(ii)改善すべき事情についての分析、(iii)この状況把握・分析をふまえ、定量的な目標や取組内容等を定めた「事業主行動計画」の策定・公表および(iv)女性の活躍に関する情報の公表を行うことを義務づけている（女性活躍推進法8条）。さらに、2019年5月の改正（2022年7月8日施行）により、これらの義務を負う対象が、常時雇用する労働者が101人以上の事業主にまで拡大されるとともに、女性活躍に関する情報公表の強化として、常時雇用する労働者が301人以上の事業主に対しては、男女の賃金の差異の公表が義務づけられ、以下の【各区分の情報公表項目】のとおり、「女性労働者に対する職業生活に関する機会の提供」の①〜⑧の8項目から1項目を選択、「職業生活と家庭生活との両立」の①〜⑦の7項目から1項目を選択し、その情報を公表することが義務づけられた（女性活躍推進法20条1項、女性の職業生活における活躍の推進に関する法律に基づく一般事業主行動計画等に関する省令19条）。

【各区分の情報公表項目】
「女性労働者に対する職業生活に関する機会の提供」：

①採用した労働者に占める女性労働者の割合、②男女別の採用における競争倍率、③労働者に占める女性労働者の割合、④係長級にある者に占める女性労働者の割合、⑤管理職に占める女性労働者の割合、⑥役員に占める女性の割合、⑦男女別の職種または雇用形態の転換実績、⑧男女別の再雇用または中途採用の実績、⑨男女の賃金の差異

「職業生活と家庭生活との両立」:

①男女の平均継続勤務年数の差異、②10事業年度前およびその前後の事業年度に採用された労働者の男女別の継続雇用割合、③男女別の育児休業取得率、④労働者の一月当たりの平均残業時間、⑤雇用管理区分ごとの労働者の一月当たりの平均残業時間、⑥有給休暇取得率、⑦雇用管理区分ごとの有給休暇取得率

【各区分の情報公表項目】のうち企業が公表することを選択した項目の情報が公表されない場合、所轄の労働局は当該企業に対して報告を求める、または助言、指導もしくは勧告をすることができる。

これらの公表される情報は、機関投資家はもちろん、社員や取引先、自社の社員、求職者にとっても会社の実態を知る手がかりになる。また、企業が、格差の理由を合理的に説明できなければ、多様な人材の能力を十分に生かせていないとして投資対象から外されるリスクも出てくる。

(2) 女性役員比率を30%以上へ―「女性活躍・男女共同参画の重点方針」

(1)のように女性活躍推進法の整備が進められるなかでも、依然、日本では男女間格差（特に、賃金格差、管理職の比率の差）が世界と比較して浮き彫りとなっている。経済協力開発機構（OECD）によると、2022年の国際比較で東証上場企業の女性役員の比率は13%と主要7カ国（G7）で最低であり、女性役員が1人もいない企業は東証プライム上場企業で344社（全体の19%）もあり、日本の女性管理職・役員比率の低さが顕著である。2023年の世界経

済フォーラム（WEF）のジェンダーギャップ指数においても、日本は146カ国のうち125位と、過去最低を記録している。

政府は、日本におけるジェンダーギャップ指数が低迷していることをふまえて、2023年6月に「女性活躍・男女共同参画の重点方針2023」[9]を決定した。そこでは、東証プライム市場に上場するすべての企業を対象に、2025年を目途に女性役員を1名以上選任し、2030年までに女性役員比率を30％以上にする目標が設定されている。当該目標に違反した場合の罰則は設けられておらず、当該目標はあくまで努力義務とされているが、女性が活躍する企業への社会的注目はさらに高まる。自社で女性管理職が育たず、女性役員等の比率が低いままでは、世界の投資家らの目はより厳しくなるものと考えられる。

Q 5－4　いわゆる「産後パパ育休制度」や「男性版産休」とは何か。D&Iの実現に必要か

2021年、育児介護休業法が改正され段階的に施行されている。同法は、まず、事業主（企業）に対し、育児休業の周知、意向確認の措置を義務づけ（2022年4月1日施行）、出生時育児休業制度も新設された（2022年10月1日施行）。また、2023年4月1日からは、1,000人を超える労働者を常時雇用する事業主（企業）に対して、男性の育児休業等の取得状況の公表が義務づけられている（育児介護休業法施行規則71条の3、71条の4）。以下、出生時育児休業制度の内容と企業に求められる環境整備について概観する。

出生時育児休業制度は、「産後パパ育休制度」や「男性版産休」等と呼ばれるもので、子どもの出生直後の8週間以内であれば合計4週間まで育児休業を取得できるものである（育児介護休業法9条の2から9条の5）。制度上、取得する主体を男性に限定しているわけではないが、育児休業の対象となる

9　https://www.gender.go.jp/kaigi/danjo_kaigi/siryo/pdf/ka70-s-2.pdf（最終閲覧：2023年11月5日）

子を出産した女性労働者（従業員）は、労働基準法の規定により産後 8 週間の休業（産後休業）が認められており、育児休業はその終了後から取得が可能となる。それゆえ、出生時育児休業制度により、子が出生した日（出産予定日）から育児休業を取得する主体としては、主に男性労働者（従業員）が想定されている。同制度の特徴としては、期間中に出生時育児休業を分割して 2 回取得することが可能であることや、出生時育児休業と通常の育児休業を別々に取得できることから、複数回に分けて育児休業を取得することができるようになることがあげられる。すなわち、通常の育児休業を分割取得し、さらに出生時育児休業を分割取得した場合、最大 4 回に分けて育児休業を取得できるようになっている。原則として休業の 2 週間前までに申し出ることにより取得が可能であり、労使協定があれば本人の希望で休業中に就業するといった柔軟な対応も可能である。

	出生時育児休業 育休とは別に取得可能	育児休業制度
対象期間 取得可能日数	**子の出生後 8 週間以内**に 4 週間まで取得可能	原則子が 1 歳 （最長 2 歳）まで
申出期限	原則**休業の 2 週間前**まで	原則 1 カ月前まで
分割取得	分割して 2 回取得可能 （初めにまとめて申し出ることが必要）	分割して 2 回取得可能 （取得の際にそれぞれ申出）
休業中の就業	労使協定を締結している場合に限り、**労働者が合意した範囲で休業中に就業することが可能**	原則就業不可

出所：厚生労働省「育児・介護休業法改正ポイントのご案内」をもとに筆者作成

このように、法制度として育児休業の充実が図られているが、制度として存在していたとしても、実際に労働者（従業員）が取得しやすい状況を整えなければ、D&Iの達成にはつながらない。そのため、企業は、従業員が育児休業を取得しやすいよう環境整備を求められる。たとえば、企業は、労働者から本人または配偶者の妊娠・出産の申出が行われた場合には、育児休業制

度等に関する法定の事項の周知と休業の取得意向の確認を個別に行わなければならず、出生時育児休業制度もあわせて周知しなければならない。また、男女雇用機会均等法11条の3第1項、育児介護休業法25条1項は、従来から、事業主（企業）に対して育児休業等に関するハラスメント（いわゆるマタニティハラスメント・パタニティハラスメント・ケアハラスメント）防止措置義務を課していたが、今回の改正によって、労働者が育児休業等の相談を行ったこと等を理由として、不利益な取扱いをしてはならない旨が明記された（育児介護休業法25条2項、52条の4第2項）。また、企業には、育児休業等関係の言動問題（職場において行われるその雇用する労働者に対する育児休業、介護休業その他の子の養育または家族の介護に関する厚生労働省令で定める制度または措置の利用に関する言動等に起因する問題）に対する労働者の関心と理解を深めるとともに、ほかの労働者に対する言動に必要な注意を払うよう、従業員に対する研修の実施等の必要な配慮をすることが努力義務として課されることとなった（育児介護休業法25条の2第2項、3項）。たとえば、妊娠・出産の申出をした労働者に対する個別周知・意向確認のための措置の実施に際して、上司等が育児休業制度等の利用を控えさせるような対応をすることや、不利益な取扱いを示唆し、嫌がらせ等をすることは、職場における育児休業等に関するハラスメントに該当する。こうした育児介護休業法に違反する行為があった場合、事業主（企業）は、所轄労働局から指導、勧告を受ける可能性があり（同法56条、58条）、また勧告に従わない場合には、その旨を公表される可能性もある（同法56条の2）。

　以上のような育児介護休業法の改正内容からもわかるとおり、男女問わずに自らライフスタイルを選び、育児、介護等と仕事を両立できるような職場の環境づくりが推奨されている。Q5−2でも述べたとおり、実際に男性の育児休業取得率は拡大しつつある。男性の育児休業取得率が増えれば、パートナーの活躍推進だけでなく、自社の女性従業員の活躍や従業員全体のモチベーションの向上にもつながると考えられる。多様な人材を確保してD&Iを達成し、企業が成長していくためには、男性の育児休業取得率を向上させる

ための積極的な取組みを行うことが欠かせないといえる。

Q 5 — 5 企業に求められる障害者雇用および差別解消における取組みとは何か

(1) 障害者雇用および差別解消をめぐる動向

　障害者が、自身の能力、適性を十分に生かし、障害の特性等に応じて活躍することも、D&Iの項目の１つである。D&Iへの関心の高まりから、障害者に対する就労支援・雇用推進に向けた法改正や、企業に求められる社会的障壁の除去に向けた配慮が義務づけられるなど法整備が進められている。ここでは、近年、改正が行われ、障害者に対する差別の禁止と合理的配慮の提供を義務づける障害者差別解消法と障害者雇用促進法について紹介し、企業が取り組むべき障害者雇用対策や合理的配慮の内容について述べる。

(2) 障害者雇用促進法

　障害者差別解消法は、事業者が事業主としての立場で労働者に対して行う障害を理由とする差別を解消するための措置については、「障害者の雇用の促進等に関する法律（昭和35年法律第123号）の定めるところによる」としている（障害者差別解消法13条）。日本における障害者の雇用の促進に関する法律は、古くからあり、1947年に制定された職業安定法は身体障害者を含めて職業紹介等を行う旨を定めていた。1949年には身体障害者の自立と社会経済活動への参加を促進することを目的として身体障害者福祉法が制定され、1960年には、障害者の雇用の促進と職業安定を目的として、身体障害者雇用促進法（障害者雇用促進法の前身）が制定された。障害者雇用促進法は、国際的に障害者雇用促進の整備が進むなかで、改正を重ねてきた。2006年12月に国連総会で障害者の権利に関する条約が採択され、日本は2007年に署名したが、条約を批准するために、障害者雇用促進法を大きく改正することとなっ

た。その改正のなかで、障害者に対する差別禁止、合理的配慮義務の導入、障害者法定雇用率（従業員が一定数以上の規模の事業主（企業）は、従業員に占める身体障害者・知的障害者・精神障害者の割合を「法定雇用率」以上にする義務があり（障害者雇用促進法43条１項）、民間企業の法定雇用率は、現行法では2.3％である）の算定基礎の見直しが行われた。法定雇用率については、2024年以降引き上げられ、2024年４月に2.5％、2025年７月には2.7％へと、段階的に引き上げられる。2022年時点の平均雇用率は2.25％にとどまることから、企業は施策強化を迫られることとなる。なお、雇用義務を履行しない事業主に対しては、公共職業安定所から雇用率達成のための行政指導を受ける可能性がある。また、障害者の雇用数が法定雇用率を満たさなかった企業（常用労働者100人超）は、不足する障害者数に応じて１人につき月額５万円の「障害者雇用納付金」を納付しなければならない（障害者雇用促進法53条１項、２項、54条、55条）。

　また、2021年６月８日に厚生労働省の障害者雇用・福祉施策の連携強化に関する検討会がまとめて公表した「障害者雇用・福祉施策の連携強化に関する検討会報告書」[10]では、就労支援における基本的な考え方について、「障害のある人もない人も共に働く社会」を目指し、多様な働き方が広がるなか、障害者本人のニーズをふまえたうえで、「一般就労」の実現とその質の向上に向けて、障害者本人や企業等、地域の就労支援機関を含むすべての関係者が最大限努力することと整理している（同報告書３頁）。これを受けて、2022年12月16日に障害者雇用促進法が改正され、2023年４月１日以降に順次施行されている。2023年４月１日の施行分では、事業主の責務に、適当な雇用の場の提供、適正な雇用管理等に加え、職業能力の開発及び向上に関する措置をとることが努力義務として明確化された。

10　https://www.mhlw.go.jp/content/12203000/000789575.pdf （最終閲覧：2023年11月5日）

⑶ 障害者差別解消法の改正

　障害者施策に関する基本法もまたその歴史は古く、1970年に制定された心身障害者対策基本法から始まる。同法は、1993年に「障害者基本法」に改正され、障害者の自立とあらゆる分野の活動への参加促進を目的としている。その後の改正では、障害者の権利に関する条約の批准に向けて、合理的配慮の概念等が新たに取り入れられた。障害者基本法は、障害があることを理由とした差別行為の禁止（4条1項）や、社会的障壁（障害がある者にとって日常生活または社会生活を営むうえで障壁となるような社会における事物、制度、慣行、観念その他いっさいのもの）の除去の実施についての合理的な配慮等を定めている。さらに、2013年6月、障害者基本法4条の差別行為の禁止の規定を具体化するものとして、障害者差別解消法が制定され、行政機関や企業の具体的な義務が定められた。同法は、企業による社会的障壁の除去の実施に係る必要かつ合理的な配慮の提供について、努力義務としていたが、2021年5月に改正され、法的義務へと改められることになった。なお、違反した場合、直ちに罰則が課されるものではなく、繰り返し障害者の権利利益の侵害にあたるような差別が行われ、自主的な改善が期待できない場合等には、その企業が行う事業を担当している大臣が、企業に対して報告を求めることができ、この求めに対して、虚偽の報告をしたり、報告を怠ったりしたような場合には、罰則（20万円以下の過料）の対象になる。

　障害者差別解消法の改正・施行と同時に「障害を理由とする差別の解消の推進に関する基本方針」（2023年3月14日閣議決定）[11]（以下、本章において「基本方針」という）も施行された。基本方針は、「合理的な配慮」について、障害者の権利利益を侵害することとならないよう、障害者が個々の場面において必要としている社会的障壁を除去するための必要かつ合理的なものであり、その実施に伴う負担が過重でないものであるとしている。また、「合理

11　https://www8.cao.go.jp/shougai/suishin/sabekai/kihonhoushin/pdf/honbun.pdf（最終閲覧：2023年11月5日）

的な配慮」は、事務・事業の目的・内容・機能に照らし、必要とされる範囲で本来の業務に付随するものに限られること、障害者でない者との比較において同等の機会の提供を受けるためのものであること、事務・事業の目的・内容・機能の本質的な変更には及ばないことに留意する必要があるとされている。

「合理的な配慮」の内容については、障害の特性や社会的障壁の除去が求められる具体的場面や状況に応じて異なるが、内閣府が作成している「障害者の差別解消に向けた理解促進ポータルサイト」[12]や「障害者差別解消法【合理的配慮の提供等事例集】」（令和5年4月）[13]等に、具体的な提供事例が掲載されており、今後、合理的配慮に向けた対応策を導入する場合や見直しをする場合の参考になる。視覚障害者による相談に対する対応の一例として、保険会社のお客様相談窓口に対し、「視覚障害者は、1人暮らしや、夫婦共に視覚障害者である世帯が多く、墨字の書類や「契約内容のお知らせ」などが郵送されてきても、代読者が見つかるまでは読むことができない。特にコロナ禍にある状況では、代筆・代読のボランティア等の受付が停止されているところが多く、届いた郵便物の内容が確認できないまま、時間が経ってしまう」という相談があったことを受けて、当該保険会社が、相談事例を解決するための対応として、「これまで視覚障害のある利用者への対応として、年1回の契約に関する総合通知に音声コードを掲載するほか、要望に応じて点字で文書を作成していたが、当該申出を受け相談者に対し、通知を郵送した際にはメールでその旨を併せてお知らせすることとし、今後はその他の視覚障害者に対しても、同様の対応を行うこととした」といった事例が紹介されている。視覚障害者からの相談を受けて、当該障害者への合理的配慮に加え、他の視覚障害者らに対して配慮を提供するためのシステムを整備（メールで通知することにより、読み上げソフト等が使用できるという配慮と思われる）

12　https://shougaisha-sabetukaishou.go.jp/（最終閲覧：2023年11月5日）
13　https://www8.cao.go.jp/shougai/suishin/jirei/pdf/gouriteki_jirei.pdf（最終閲覧：2023年11月5日）

した事例であり、参考になる。

改正された障害者差別解消法の施行までに、あらかじめ、想定されうる障害者からの相談や対応策の検討を行い、社内でも周知しておくこと、合理的配慮が提供しやすくなるよう社内ルールの見直しを行っておくことが有用である。

> **Q 5－6** 企業がハラスメント対策として取り組むべき対応はどのようなものがあるか。また、ハラスメントによる企業のリスクはどのようなものがあるか

(1) 社内ハラスメントによるD&I実現の阻害

社内ハラスメントは、従業員に精神的な苦痛を与え、体調不良や精神疾患を招くこともある。社内ハラスメントが法令違反かつ従業員等の人権侵害として許されない行為であることはもとより、仮に従業員等が休職や退職に追い込まれてしまった場合には、企業にとっては、貴重な人材の損失にもつながる。

企業は、労働契約上の安全配慮義務を負うことから、十分なハラスメント防止措置を講じていない場合、安全配慮義務違反や不法行為による民事上の賠償責任を問われるリスクのほか、報道やSNSへの投稿等によるレピュテーションリスクもある。また、社内ハラスメントは、職場環境を悪化させ、その結果、離職率の増加や、職場全体の生産性の低下といったことにもつながりかねない。ハラスメントが横行し、労働者が安心して働ける職場環境が整っていないと、今後、多様な人材を採用していくことも、また、人材を定着させることも困難になる。以上のとおり、ハラスメントは、D&Iの実現を阻害する大きな要因である。

⑵　事業主が講ずべき措置

　事業主（企業）には、セクシャルハラスメント、パワーハラスメント、マタニティハラスメントについて、法律で、雇用管理上講ずべき措置をとることが義務づけられている。また、具体的な措置の内容については、厚生労働省の指針において定められている。

ア　セクシャルハラスメントについて

　男女雇用機会均等法11条1項は、「事業主は、職場において行われる性的な言動に対するその雇用する労働者の対応により当該労働者がその労働条件につき不利益を受け、又は当該性的な言動により当該労働者の就業環境が害されることのないよう、当該労働者からの相談に応じ、適切に対応するために必要な体制の整備その他の雇用管理上必要な措置を講じなければならない」とし、セクシュアルハラスメント防止措置義務を事業主（企業）に課している。「雇用管理上必要な措置」の内容は、同条4項に基づき「事業主が職場における性的な言動に起因する問題に関して雇用管理上講ずべき措置等についての指針（平成18年厚生労働省告示第615号）」[14]（以下、本章において「セクハラ指針」という）において定められている。セクハラ指針は、従来は女性従業員のみに対するセクシュアルハラスメントを対象としたものであったが、2013年および2016年の改正を経て、「職場におけるセクシュアルハラスメントには、同性に対するものも含まれるものである。また、被害を受けた者の性的指向又は性自認にかかわらず、当該者に対する職場におけるセクシュアルハラスメントも、本指針の対象となる」（セクハラ指針2⑴）として、性的指向や性自認にかかわらず、セクシャルハラスメントの対象者になると明言された。いわゆるSOGIハラスメント（性的指向・性指向に関連した差別的言動等）が、同指針上のセクシャルハラスメントに該当するか否かは明確には言及されていないが、Q5-10であげる近年の裁判例の流れをふまえ、

14　https://www.mhlw.go.jp/content/11900000/000605548.pdf（最終閲覧：2023年11月5日）

セクシュアルハラスメント防止措置の一環として、こうした言動が社内で生じないよう防止すべきである。

イ　パワーハラスメントについて

　2019年6月に、労働施策総合推進法等が改正され、職場におけるパワーハラスメント防止のために雇用管理上必要な措置を講じることが事業主の義務となった。この改正をふまえ、労働施策総合推進法30条の2第3項に基づき、2020年1月に、「事業主が職場における優越的な関係を背景とした言動に起因する問題に関して雇用管理上講ずべき措置等についての指針」（令和2年厚生労働省告示第5号）[15]（以下、本章において「パワハラ指針」という）が策定された。「精神的な攻撃（脅迫・名誉棄損・侮辱・ひどい暴言）」の例に、「人格を否定するような言動を行うこと。相手の性的指向・性自認に関する侮辱的な言動を行うことを含む」があげられ（パワハラ指針2(7)ロ(イ)①）、個の侵害（私的なことに過度に立ち入ること）の例に「労働者の性的指向・性自認や病歴、不妊治療等の機微な個人情報について、当該労働者の了解を得ずに他の労働者に暴露すること」（パワハラ指針2(7)ヘ(イ)②）があげられている。

　また、パワハラ指針では、顧客等からの暴行、強迫、ひどい暴言、不当な要求等の著しい迷惑行為（カスタマー・ハラスメント（以下、本章において「カスハラ」という））に関して、事業主（企業）は相談に乗り、適切に対応するための体制の整備や被害者に配慮のある取組みを行うことが望ましい旨定められている。この点について、厚生労働省の精神障害の労災認定基準に関する専門検討会は、2023年7月4日、新たな報告書をまとめ、カスハラを原因としてうつ病等を発症した場合、労災として扱う基準を提示した（令和5年7月「精神障害の労災認定の基準に関する専門検討会報告書」（令和5年7月））[16]。顧客からの不当・悪質なクレーム、性的発言、誹謗中傷等に対し、従業員を

15　https://www.mhlw.go.jp/content/11900000/000605661.pdf （最終閲覧：2023年11月5日）

16　https://www.mhlw.go.jp/content/11201000/001117056.pdf （最終閲覧：2023年11月5日）

守ることは、企業の安全配慮義務の一内容であるといえ、カスハラを受けたことを原因として、従業員が精神疾患を発症した場合、企業がカスハラ対策をしていない場合には、企業が安全配慮義務違反を問われる可能性が高い。

ウ　マタニティハラスメントについて

　パワハラ指針では、社内のマタニティハラスメントについて、妊娠・出産や育児休業を理由とする不利益扱いの禁止、育児休業等の相談を行ったことを理由として不利益な扱いをしてはならないことも明記されている。また、事業主（企業）には、妊娠・出産等に関する言動により妊娠・出産等をした女性労働者の就業を害することがないよう防止する措置を講ずること（男女雇用機会均等法11条の2）および育児休業等に関する言動により、育児介護休業者等の就業環境を害することがないよう防止措置を講じること（育児介護休業法25条）が義務づけられている（Q5-4）。

(3)　企業が多額の賠償責任を負うことも

　ハラスメント防止措置義務に違反した場合は行政指導の対象となりうるが、社内ハラスメントを原因として労働者の自殺という事態を惹起した場合には、自殺した労働者の逸失利益等も含め、使用者（企業）が多額の損害賠償責任を負う可能性もある。パワーハラスメントでみれば、パワーハラスメントを原因とした自殺が問題となった事案で、使用者に約5,400万円の損害賠償を命じたメイコウアドヴァンス事件（名古屋地判平成26年1月15日判時2216号109頁）等があげられる。また、自殺には至らない精神障害についても、安全配慮義務違反の責任や不法行為責任を認めた裁判例は増加しており、上司のきつい注意を受けながら納期の厳しいソフト開発を長時間労働で対応していた労働者のうつ病発症につき、約530万円の支払を命じた横河電機事件（東京高判平成25年11月27日労判1091号42頁）や、暴言を吐く、大声で怒鳴りつけるなどのパワーハラスメントによる労働者のうつ病発症につき、約1,100万円の支払を命じた松原興産事件（大阪高判平成31年1月31日労判1210号32頁）等多額の賠償責任を課しているものもある。

セクシャルハラスメントについては、女性弁護士が代表弁護士からの度重なる性行為の強要を原因として自殺したことについて、当該代表弁護士および弁護士法人の不法行為責任が争われた事件において、一審では、「優越的な立場」にあった当該代表弁護士がその立場に乗じて勤務時間内に行った不法行為であるとして、当該弁護士のみならず、弁護士法人に対し1億円を超える支払が命じられている（大分地判令和5年4月21日／LLI／DB L07850435／報道によると本稿執筆時点において控訴審で審理中である）。雇用関係における事案ではないため、企業と従業員の関係に直接適用されるものではないが、セクシャルハラスメントについても、場合によっては、多額の賠償責任が認められる可能性がある。

> **Q 5 - 7** LGBTQ＋とは何か。企業がLGBTQ＋に取り組むことがなぜ重要であるか

(1)　LGBTQ＋とは

　LGBTQ＋とは、レズビアン（L）、ゲイ（G）、バイセクシャル（B）、トランスジェンダー（T）、クィア・クエスチョニング（Q）、それ以外の性的マイノリティ（＋）の総称として使用される言葉である。2023年5月に実施されたG7広島サミットのG7広島首脳コミュニケでは、LGBTQIA＋という言葉が使用されていて、インターセックス（I）とアセクシャル・アロマンティック（A）が追加されている。

　このLGBTQIA＋を構成する要素として、性的指向（どの性別の方に恋愛感情等をもつか。LGBT理解増進法2条1項（Q5-8））、性自認（自分の性別をどうとらえているか。同法2条2項）、身体的な性（体のようす）、性表現（みた目等）がある。多様な性のあり方があるということを表した言葉が、LGBTQIA＋である。簡単に説明すると、Lは性的指向・性自認・身体的な性が女性、Gはそれら3つが男性、Bは性的指向が男性と女性、Tは性自認

と身体的な性が不一致、Qは性的指向・性自認が決まっていない・わからない、Ⅰは身体的な性が典型的な男性・女性と異なる、Aは他者に性的に惹かれない・恋愛感情を抱かない、そして＋はそれ以外の多様な性に関する属性を示している。

　他方で、性自認と身体的な性が一致している場合はシスジェンダーという。「異性」愛者のことをヘテロセクシャルといい、ストレートといわれることもあるが、何をもって「異性」とするかは個人によるため、要するに性は多様である。以下では、便宜上LGBTQ＋という用語を使用する。

　性の多様性を示す概念としては、SOGIESCという単語も使用されている。この概念は、Sexual Orientation、Gender Identity、(Gender) Expression、Sex Characteristicsの４つの頭文字をとったものである。先ほどのLGBTQ＋が具体的な属性を表していたのに対して、SOGIESCは性のあり方の構成要素を表しており、すべての人に当てはまる。この４つの構成要素はそれぞれ、性的指向・性自認（ジェンダーアイデンティティ）・性表現・身体的な性（生物学的性別）であり、上記で説明した要素と多くは重なっている。

　LGBTQ＋の割合に関して、日本では約1.6〜10％という調査結果がある。もっとも現在の世の中では、このような調査結果により数が多いから取組みを進める・少ないから取組みを進めないということではなく、みえにくい差別・みえにくいマイノリティに対する理解を促進し、法整備や社内整備を行うことが必要になってきている。

⑵　企業や社会がLGBTQ＋に取り組むことがなぜ重要であるか

　2017年に経団連が「みえないマイノリティ」であるLGBTQ＋に焦点を当てた初のレポートを出しており[17]、その後LGBTQ＋をめぐる日本における理解や取組みは続々と進んでいる。LGBTQ＋は、政治的な争点になってい

17　https://www.keidanren.or.jp/policy/2017/039_honbun.pdf（最終閲覧：2023年11月5日）

るだけではなく、ESG投資においてもD&Iとともに重視されてきている（Q5－1）。世界だけでなく、日本においてもLGBTQ＋の理解や取組みが進んできたのは、LGBTQ＋に対する共感が広がり、アンコンシャス・バイアス（無意識の偏見）に基づく差別的取扱いに対する是正の潮流があるからだと考えられる。また、経済の発展、企業業績および個人のパフォーマンスにとって、LGBTQ＋に寛容で多様性があるほうが有利であるとの指摘もある[18]。LGBTQ＋はD&Iの１つであり、アンコンシャス・バイアスに基づく差別的取扱い全体からすれば氷山の一角であるが、LGBTQ＋を理解することがD&Iに基づいた経営への第一歩になり、従業員、企業および社会の発展につながる。

　前述の2023年５月20日付けのＧ７広島首脳コミュニケにおいても、ジェンダー分野について重要な指摘があるため、以下に引用する。

> 「ジェンダー平等及びあらゆる女性及び女児のエンパワーメントの実現は、強靭で公正かつ豊かな社会のための基本である。我々は、あらゆる多様性をもつ女性及び女児、そしてLGBTQIA＋の人々の政治、経済、教育及びその他社会のあらゆる分野への完全かつ平等で意義ある参加を確保し、全ての政策分野に一貫してジェンダー平等を主流化させるため、社会のあらゆる層と共に協働していくことに努める。この観点から、我々は、長年にわたる構造的障壁を克服し、教育などの手段を通じて有害なジェンダー規範、固定観念、役割及び慣行に対処するための我々の努力を倍加させることにコミットし、多様性、人権及び尊厳が尊重され、促進され、守られ、あらゆる人々が性自認、性表現あるいは性的指向に関係なく、暴力や差別を受けることなく生き生きとした人生を享受することができる社会を実現する」

出所：Ｇ７広島首脳コミュニケ（2023年５月20日）仮訳

---

[18] http://bformarriageequality.net/report/（最終閲覧：2023年11月５日）

日本にあるLGBTQ＋関連の法律の内容と企業に求められる対応は何か

日本にあるLGBTQ＋関連の法律は２つある。以下、概要を説明する。

(1) LGBT理解増進法とは

LGBT理解増進法が、2023年６月23日に公布・施行され、全12条と短い法律であるが、事業主である企業に対しても、性的指向およびジェンダーアイデンティティの多様性をもつ従業員に対しての理解増進についての努力義務が課されている。同法の目的は性的指向およびジェンダーアイデンティティの多様性に寛容な社会を実現することである（同法１条）。

LGBT理解増進法は、その２条で、初めて法律で性的指向・ジェンダーアイデンティティを定義した。すなわち、性的指向は「恋愛感情又は性的感情の対象となる性別についての指向」、ジェンダーアイデンティティ（性自認）は「自己の属する性別についての認識に関するその同一性の有無又は程度に係る意識」と定義されている。

LGBT理解増進法３条は同法で一番のポイントとなる条文である。なぜなら、同法に基づいて性的指向およびジェンダーアイデンティティの多様性の理解増進に関する施策を定めていくことが同法４条～８条で求められているなかで、当該施策がどのようなものであるべきかの指針を示しているからである。同法３条は、当該施策は、「全ての国民が、その性的指向又はジェンダーアイデンティティにかかわらず、等しく基本的人権を享有するかけがえのない個人として尊重されるものであるとの理念にのっとり、性的指向及びジェンダーアイデンティティを理由とする不当な差別はあってはならないものであるとの認識の下に、相互に人格と個性を尊重し合いながら共生する社会の実現に資することを旨として行われなければならない」としている。

LGBT理解増進法４条、５条では、国・地方公共団体に対して、性的指

向・ジェンダーアイデンティティの多様性に関する国民の理解増進に関する施策の策定および実施の努力義務が課されている。同法6条では、事業主・学校に対して、同理解増進施策を図るための努力義務を課している。同法10条は国・地方公共団体・事業主・学校に対して、知識の普及・相談体制の整備等の努力義務を課している。また、政府と関係省庁による性的指向・ジェンダーアイデンティティ理解増進連絡会議が設定され、施策の推進が図られるという同法11条に基づき、2023年8月9日には関係省庁（内閣府、総務省、法務省、外務省、文部科学省、厚生労働省、国土交通省）が性的指向・ジェンダーアイデンティティ理解増進連絡会議を設置し、第1回連絡会議を開催した。同会議ではこれまでの各省庁におけるLGBTQ+への取組みを確認しており、引き続き理解増進に関する施策を推進していくことが確認されている[19]。

　LGBT理解増進法7条、8条においては、政府による毎年1回の性的指向およびジェンダーアイデンティティの多様性に関する国民の理解の増進に関する施策の実施状況の公表義務および基本計画の策定・公表義務が課されている。なお、これらの義務は努力義務ではない。

　LGBT理解増進法9条は、国が性的指向・ジェンダーアイデンティティの多様性に関する学術研究・理解増進に関する施策の策定に必要な研究を推進することを定めている。客観的なデータにより建設的な議論が可能になるため、本条には大きな意義がある。

　LGBT理解増進法に基づく措置を実施するにあたり、性的指向またはジェンダーアイデンティティにかかわらず、すべての国民が安心して生活することができることとなるよう留意するものとされ、政府は運用に必要な指針を策定するものとされている（同法12条）。同条の「全ての国民が安心して生活することができることとなるよう、留意」との文言がある法律はほかにないが、同法の目的はあくまで性的指向およびジェンダーアイデンティティの

---

19 https://www8.cao.go.jp/rikaizoshin/meeting/k_1/pdf/gijigaiyo.pdf（最終閲覧：2023年11月5日）

多様性に寛容な社会を実現することである（同法1条）。

　特に、政府による基本方針の策定・公表が今後予定されているため、発表され次第、企業が対応すべきことがないかどうかを注視する必要がある。

　LGBT理解増進法では、事業主には理解増進のための努力義務のみがあり、違反したからといって罰則はない。しかし、男女雇用機会均等法も当初は男女における募集・採用・配置・昇進の均等な取扱いを努力義務として企業に課していたが、現在では義務に変わり[20]、同法の義務に違反すると、厚生労働大臣の勧告、企業名の公表や20万円以下の過料が科される可能性がある。したがって、LGBT理解増進法においても、現時点から、特に政府の公表する基本計画の内容に、企業は注目しておくべきである。

(2)　性別変更特例法とは

　LGBTQ＋に関連するもう1つの法律は、性別変更特例法である。LGBT理解増進法と性別変更特例法以外に、LGBTQ＋について言及した法律は存在しない。性別変更特例法についてここで説明をする理由は、Q5−10の経済産業省トランスジェンダー事件最高裁判決の前提として、トランスジェンダーの従業員が容易に性別を変えることができるわけではない現状を理解することが企業担当者に求められているからである。

　性別変更特例法に基づいて戸籍上の性別を変更するためには、2人以上の医師から性同一性障害・性別違和と診断されたうえで、①18歳以上、②現在婚姻をしていない、③現在未成年の子がいない、④生殖腺の機能を永続的に欠く、⑤戸籍上の性別と異なる性器に近似する外観を備えている、という5つの要件を満たす必要がある。もっとも、欧米を中心に、世界的にはこれらの要件は撤廃されている。日本ではこれまで②〜④の要件の合憲性が最高裁まで争われ、いずれも合憲とされてきたが、④生殖腺の機能を永続的に欠く、という要件については再度訴訟で争われており、④の要件が憲法13条に

20　https://www3.nhk.or.jp/news/html/20230627/k10014110911000.html（最終閲覧：2023年11月5日）

違反し無効であるとの決定を令和５年10月25日に出した（最大決令和５年10月25日WLJ判例コラム特報第301号）。⑤戸籍上の性別と異なる性器に近似する外観を備えている、という要件については差し戻されて高裁で審理することになったが、同最高裁大法廷決定の３つの反対意見で⑤要件も違憲であるとされていることから、⑤要件が違憲であるという判断が高裁および最高裁で出る可能性がある。なお、国連・欧米を中心に、生物学的な性別と自認する性が異なることは病気ではないとの認識から、「性同一性障害」という言葉は使われないようになってきている[21]。

Q 5 − 9　企業が気をつけるべき雇用・サービス提供に関するLGBTQ＋の論点は何か

　LGBTQ+関連の法律、すなわち法律の文言に性的指向等のLGBTQ＋に関する記載がある法律は、Ｑ５−８で紹介した２つの法律しか存在しない。しかし、法律が定める指針・通達のレベルではLGBTQ＋に言及したものがある。これらの紹介に加えて、企業がLGBTQ＋の従業員等との関係で注意すべき点を以下で紹介する。

(1)　企業の安全配慮義務

　労働契約法３条４項および５条は、企業が従業員に対して、その安全を確保しつつ労働することができるように必要な配慮をすることを求めていて、従業員の安全配慮義務・職場環境整備義務を企業に課している。ここでいう「必要な配慮」とは、「一律に定まるものではなく、使用者に特定の措置を求めるものではないが、労働者の職種、労務内容、労務提供場所等の具体的な状況に応じて」決せられるものである（平成24年８月10日付け基発0810第２号）。換言すれば、一律にいかなる場合においても企業がLGBTQ+の従業員

21　https://www.scj.go.jp/ja/info/kohyo/pdf/kohyo-24-t297-4.pdf（最終閲覧：2023年11月５日）

の望む対応をとらなければならないということではなく、当該従業員の具体的な状況、周りの従業員の状況等の比較衡量をしたうえで、企業に求められる安全配慮義務の内容が決まる。安全配慮義務に違反した場合には、企業が損害賠償責任を負う可能性がある。

⑵　セクシャルハラスメント

　セクハラ指針の内容および近年のセクハラに関する裁判例はＱ5－6で紹介したとおりである。

⑶　性的指向・性自認のアウティング

　Ｑ5－6でも紹介したパワハラ指針により、「労働者の性的指向・性自認や病歴、不妊治療等の機微な個人情報について、当該労働者の了解を得ずに他の労働者に暴露すること」が職場の優越的地位をもとに行われた場合、パワーハラスメントに該当すると示されている。企業には、性的指向・性自認のような従業員の機微な個人情報をほかの従業員に対して暴露（アウティング）することがないように、従業員に周知・啓発するなどの措置を講じることが同指針で求められている。これらの周知・啓発等の措置を怠って職場でアウティングによるパワーハラスメントが発生した場合、企業は安全配慮義務違反や使用者責任に基づく損害賠償責任を負う可能性がある。

⑷　トランスジェンダー従業員の就労に関する裁判例

　ここでは2つの裁判例を取り上げる。1つ目は、自己の性自認に従った容姿での勤務を求めたトランスジェンダー女性（出生時の性別が男性で、性自認が女性である方）のタクシー運転手に対して、化粧が濃いなどの理由で就労を拒否したとされる事件で、大阪地決令和2年7月20日判タ1481号168頁は、女性のタクシー運転手に化粧が認められていること等をあげて、タクシー会社がトランスジェンダー従業員に対して就労拒否したことが違法であるとした。2つ目は、トランスジェンダー女性従業員が女性として勤務することを

求めたところ、会社が女性として勤務すること等を禁止し、女性の服装等で出勤した当該従業員を懲戒解雇した事件で、東京地決平成14年 6 月20日労判830号13頁は、当該要求が真摯なものであり、他方で会社の社内や取引先等のもつ違和感等が会社の業務遂行に著しい支障をきたすおそれがある事情がないなどとして、会社による懲戒解雇を違法・無効であるとした。

(5) トランスジェンダー女性客に対するサービス提供拒否

性別変更特例法に基づいて性別を変更したトランスジェンダー女性客に対して、性別を変更したことを理由としてゴルフクラブへの入会を拒否した事件で、静岡地判浜松支平成26年 9 月 8 日ジュリ1502号119頁・東京高判平成27年 7 月 1 日ジュリ1492号10頁は、性別変更をしたことを理由とする入会拒否は憲法14条 1 項等の趣旨に照らして違法であるとした。

Q 5 −10 経産省トランスジェンダー事件最高裁判決から学ぶ、企業が取り組むべきこととは何か

LGBTQ＋の職場環境に関する初めての最高裁判決が、最判令和 5 年 7 月11日WLJ判例コラム特報第294号である。同事件は、トランスジェンダー女性の国家公務員が経済産業省（以下、Ｑ 5 −10において「経産省」という）に対して女性トイレを使用すること等を求めたことについて、経産省・人事院は、執務する階から 2 階以上離れた女性トイレの使用のみを認める判定をしたところ、最高裁は当該判定が違法であると判断した事件である。最高裁判決において補足意見が付されることは比較的珍しいが、本判決では判決にかかわった裁判官 5 名全員が補足意見を付している。なお、同事件では、トランスジェンダー女性の従業員に対して経産省の上司が「男に戻ってはどうか」などと述べたことは違法であるとして、国家賠償法上の責任が認められている。このような発言が企業において上司から部下に対して行われ、企業が研修等でそのような発言をしないよう配慮していない場合には、企業の責

任が問われる可能性が高い。

　同事件は国家公務員法が適用される国家公務員のケースで、労働基準法等は適用されないため、企業と従業員の関係にストレートに適用される最高裁判決ではない。しかし、企業にも、Q5 - 9で述べたとおり安全配慮義務として「必要な配慮」を行う義務等が課されている。同様の紛争が企業で起きた場合、「必要な配慮」を怠ったと判断されるおそれがあるため、以下で最高裁が取り上げた本事件の事実関係および最高裁がトイレ使用制限を違法と判断した理由を取り上げる。

　事実関係は以下のとおりである。原告で経産省の職員であるトランスジェンダー女性（以下、Q5 - 10において「原告」という）の生物学的性別は男性で、幼少期から違和感をもっていた。原告は、平成10年頃から女性ホルモンの投与、平成11年頃に医師から性同一性障害の診断を受け、平成20年頃から女性として私生活を送っていた。平成22年3月頃までには血液中の男性ホルモン量が同世代の男性の基準値の下限を大きく下回り、性衝動に基づく性暴力の可能性は低いと医師より診断を受けたが、健康上の理由で性別適合手術を受けることができなかった。このようななかで、原告は平成21年7月に上司に自らの性同一性障害のことを伝え、同年10月に経産省担当職員に女性服装勤務・女性トイレ使用等の要望を伝えた。これに対して、経産省は平成22年7月に原告の了承を得て、原告が執務する部署の職員への説明会（以下、Q5 - 10において「本件説明会」という）を開いた。その際に、数名の女性職員がその態度から違和感を抱いているように上記担当職員にはみえたため、同担当職員が執務階の1つ上の階の女性トイレを原告が使用することについて意見を求めたところ、同トイレも日常的に利用している旨を述べた職員が1名いた。なお、庁舎には各階に男女別トイレが3カ所設置されている。経産省は、原告に対して、執務階とその上下の階の女性トイレの使用を認めない処遇をした。原告は平成22年7月の説明会の翌週から女性の服装で勤務し、執務階から2階離れた階の女性トイレを使用するようになったが、トイレの使用によりほかの職員との間でトラブルは生じなかった。原告は、平成

23年に家庭裁判所の許可を得て名を現在のものに変更し、同年6月から職場でその名を使用している。原告は、平成25年12月に、庁舎の女性トイレを自由に使用等できるよう人事院に求めたところ、人事院は平成27年5月29日付けで要求を認めないという判定（以下、Q5－10において「本件判定」という）をした。

　最高裁が本件判定を違法と判断した理由であるが、国家公務員の勤務条件については職員の能率の発揮および増進等の見地から職員の勤務等の実情に即した専門的な判断が求められる（国家公務員法71条、86条、87条等）ことに加えて、上記の事実関係のうち、以下の点を特に重くみたものと思われる。

・原告は性同一性障害であるとの医師の診断を受けており、執務階から2階以上離れたトイレしか使用できないという不利益を日常的に受けている。
・原告は健康上の理由で性別適合手術を受けていないが、女性ホルモンの投与を受けていて、性衝動に基づく性暴力の可能性は低い旨の医師の診断を受けている。
・本件説明会以降、原告による庁舎の女性トイレ使用でトラブルが生じたことはない。
・本件説明会で原告による執務階の女性トイレ使用について明確に異を唱える職員はいなかった。
・本件説明会から本件判定まで4年10カ月の間に、原告の女性トイレの使用制限の見直し検討がなかった。

　以上の要素に基づき、最高裁は、本件判定は、原告が受ける不利益に比して、ほかの職員（特に同僚の女性職員）に対する配慮を過度に重視し、原告の不利益を不当に軽視するもので、関係者の公平、原告を含む職員の能率の発揮および増進の見地から判断しなかったものとして、著しく妥当性を欠くために違法である、と判断した。

　最高裁の5名の裁判官による補足意見のうち、今後の企業による安全配慮義務の判断に重要であると考えられるポイントを以下に列記する。

・自分の性自認に即して社会生活を送ることは誰にとっても重要な利益であ

り、特にトランスジェンダーには切実な利益であること。

・性別変更特例法のもとで戸籍上の性別を変更するには、性別適合手術を行う必要がある。しかし、性別適合手術は身体への侵襲が避けられず、生命および健康への危険を伴うものであり、経済的負担も大きく[22]、また、体質等により受けることができない者もいるので、これを受けていない場合であっても、可能な限り、本人の性自認を尊重する対応をとるべきである。

・これまで男性として勤務していた従業員が女性として勤務するにあたり、急な状況の変化に伴う混乱等を避けるための激変緩和措置をとることに合理性はあるが、それ以降4年の間に、ほかの職員が抱く違和感が解消されたかを調査することを含めて、当該措置の見直しをすべき責務が経産省にはあった。

・経産省には施設管理権等に基づく一定の裁量が認められる。女性トイレを利用するトランスジェンダー女性従業員と当該女性トイレを利用する女性職員（シスジェンダー・性自認と生物学的性別が一致している）の利益が相反する場合には両者間の利益衡量・利害調整が必要となるが、性別は社会生活や人間関係における個人の属性として、個人の人格的生存と密接かつ不可分であり、個人がその真に自認する性別に即した社会生活を送ることができることは重要な法益であり、性的マイノリティに対する誤解や偏見がいまだ払拭することができない現状では、両者間の利益衡量・利害調整を感覚的・抽象的に行うことが許されるべきではなく、客観的かつ具体的な利益衡量・利害調整が必要である。

・本件のような事例において、職場の組織、規模、施設の構造その他職場を

22　日本において性別適合手術は保険適用とされているものの、保険適用外のホルモン治療を受けていると性別適合手術も保険適用外となる。多くのトランスジェンダーは性別適合手術を受ける前提としてホルモン治療を受けていることが一般的であるため、日本での性別適合手術のほとんどは保険適用外であり、性別適合手術による経済的負担は大きい。（https://www.sankei.com/article/20220924-JFOC3YKR55M2TBSHVKB7EKXWMM/）（最終閲覧：2023年11月5日）

取り巻く環境、職種、関係する職員の人数や人間関係、当該トランスジェンダーの職場での勤務状況等事情はさまざまであり、一律の解決策になじむものではないが、現時点ではトランスジェンダー本人の要望・意向とほかの職員の意見・反応の双方をよく聴取したうえで、職場の環境維持、安全管理の観点等から最適な解決策を探っていく以外にない。

以上の最高裁・補足意見の着眼点からすれば、企業がトランスジェンダー従業員のトイレ使用にあたってまず確認すべきことは、トランスジェンダー従業員の要望・状況（性同一性障害の診断等）に加え、当該使用を認めることによるほかの従業員の具体的な不利益が存在するかどうかである。トランスジェンダー従業員が自己の性自認に応じたトイレ使用を企業に求めてきた場合、激変緩和措置として最初は一部のトイレ使用のみ認めることが許される可能性はあるが、絶えず当該措置の見直し（ほかの従業員の違和感等の調査を含む）や研修等による理解促進が企業には求められているといえるし、この判決の前提となる本件判定の出た平成27年からすでに8年が経過した現在においては、より早期の激変緩和措置の見直しが企業に対して求められる可能性が高い。

Q 5 −11 地方公共団体が導入する同性パートナーシップ制度の意味は何か。日本で同性婚が法律で認められることがなぜ重要であるか

---

(1) 婚姻による法的な利益とは。同性パートナーシップ制度とは

日本においては、婚姻とは1人の男性と1人の女性しかすることができず（戸籍法74条1号で婚姻届記載事項に「夫婦」と規定されていること等）、同性カップルが婚姻届を役所に提出すると、不受理とされている。そもそも婚姻をすることによりどのような法的な制度が適用されるかを簡単に列記すると

以下のとおりである。

・2人の関係性が戸籍に反映され、民法の親族・相続の規定が適用される。たとえば、相続、配偶者居住権、遺留分、嫡出推定、婚姻の効力・離婚制度、親権等、さまざまな法制度の適用を受ける。

・税金・社会保障に関する制度のうち、配偶者であれば利用できる制度が適用される。

　しかしながら、同性カップルは婚姻届が受理されず、婚姻ができないために、上記の婚姻により適用される法的な制度を、いっさい利用することができない。

　こうした状況を憂慮して、2015年に東京都渋谷区・世田谷区が最初に定めて以来、パートナーシップ制度（主にLGBTQ＋のカップルがパートナーであることを地方公共団体に認めてもらう制度）やファミリーシップ制度（LGBTQ＋のカップルに子どもがいる場合、家族であることを地方公共団体に認めてもらう制度）が各地方公共団体の条例や要綱という形式で制定されている。この制度は、多くの同性カップルが同制度を利用しており、地方公共団体に次々と広まり、LGBTQ＋の認知を広げた功績もある。誤解がないように説明しておくと、同制度を利用してパートナーシップ関係にあることを地方公共団体に証明してもらったとしても、上記の相続等の民法の親族・相続の規定も、税金・社会保障に関する制度も、同性カップルに適用されないことに変わりはない。一部の地方公共団体は同性パートナーシップ制度の同性カップル同士が公営住宅に入居できるなどの仕組みを整えたり、民間企業でも同性パートナーシップ制度を利用したパートナーを保険受取人に指定できるなどのサービスを提供したりしているが、それらはすべて地方公共団体や民間企業の自主的な取組みである。したがって、法律で同性カップルが婚姻をすることができる、というように民法および戸籍法等の規定を変更しない限り、同性カップルは上記の婚姻により適用される法的な制度を、いっさい利用することができない。

　そこで、同性カップルが法律上の婚姻をすることができる社会を目指し

て、現在全国各地において、同性カップルが法律上の婚姻をすることができないことが憲法違反であることを訴える同性婚訴訟が起こされているのである。

⑵　同性婚訴訟の現在地

全国の5つの地方裁判所において、同性婚訴訟が2019年以降提起され、2021年3月の札幌地裁判決から2023年6月の福岡地裁判決まで、現在は5つの地方裁判所の判決が出そろっている。結果は、札幌・名古屋地裁が違憲判決、大阪地裁が合憲判決、東京・福岡地裁は合憲ではあるがこのまま放置すれば違憲という旨の違憲状態判決を出している。

これらの違憲・違憲状態判決はいずれも、同性カップルが婚姻により適用される法的制度をいっさい利用できないことが大きな問題であることを指摘している。5つの地方裁判所における訴訟は、現在それぞれの管轄の高等裁判所において審理されている。今後の高等裁判所および最高裁判所の判断が注目されるが、最高裁判所が違憲判断を出せば日本における同性婚の実現が大きく前進することは間違いない。

⑶　同性婚の法制化に向けた企業の取組み

現在は、同性カップルが法律上の配偶者に該当しないため、各企業が福利厚生等を従業員の同性パートナーにも適用するという制度を策定するなどして対応している。同性婚が法制化されない限り、新たな論点が出てくるたびに同性カップル等への対応を企業が検討・実施する必要があるが、同性婚が法制化されて従業員の同性パートナーも配偶者に含まれるようになれば、各企業による個別の対応が不要になる。

同性婚の法制化に賛同する企業は、その賛同の旨を外部に表明することができる。現在、約450社もの企業が同性婚の法制化に賛同する表明[23]をしている。同性婚の法制化が日本の人材の採用・維持の支援につながるとの意見書についても、132以上の団体・企業が賛同を表明している[24]。これらは社

会的責任を果たすという企業の使命に合致する対応であり、企業がD&Iを推進することを社会全体に示す強力なメッセージとなりうる。

23 https://bformarriageequality.net/#support（最終閲覧：2023年11月5日）
24 https://www.accj.or.jp/s/221125-Marriage-Equality-HRM.pdf（最終閲覧：2023年11月5日）

第 **6** 章

カーボンニュートラル

1 総　論

(1)　カーボンニュートラルとは

　「カーボンニュートラル」とは、二酸化炭素等の温室効果ガスの人為的な排出量から、植林等による吸収量を差し引いて、合計を実質的にゼロにすることである。温室効果ガスは、二酸化炭素だけではなく、家畜の腸内発酵により生じるメタン、オゾン層破壊で問題となったフロン等多くの種類がある。ただし、人為起源の温室効果ガスの総排出量の約75％を二酸化炭素が占めていることから、カーボンニュートラルを論じる際には二酸化炭素の排出を問題とすることが多い。そこで、カーボンニュートラルを達成した社会を、炭素排出から脱却したという意味で「脱炭素社会」ともいい、カーボンニュートラルに向かうことを「脱炭素化」という。

　カーボンニュートラルは、ESGの「E（環境）」における最重要トピックの１つであり、企業を取り巻くカーボンニュートラルに関する法的リスクは多様化している（Q6－1）。温暖化防止に関しては、過去にも「エコ」「省エネ」といったトレンドが生まれたが、現在、世界中で進むカーボンニュートラルを目指す動きは、そのような「エコ」「省エネ」とはまったく次元の異なる変革であり、日本のみならず世界における産業構造や生活様式の大転換を迫るものであるといえる。

(2)　カーボンニュートラルをめぐるこれまでの世界の動き

　1992年の国連総会において、国連気候変動枠組条約が採択され、気候変動をめぐる国際的な枠組みが始動し、同条約の締約国が定期的に議論する締約国会議（COP）が開催されることになった。カーボンニュートラルに関する国際的な枠組みは、主に、このCOPで議論されてきた。

　1997年には、京都でCOP3（3回目のCOP）が開催され、京都議定書が採

択されたことが大々的に日本のメディアで報道された。京都議定書は、先進国の温室効果ガスの排出量の削減目標を定めたもので、各国が具体的な削減行動を義務づけられたという意味で重要な意義をもつものであった。しかし、京都議定書による枠組みは、削減義務が課されたのは先進国のみという大きな欠点を抱えていた。そのため、当時最大の温室効果ガス排出国であった米国は、途上国が参加しない不公平な枠組みであるなどとして京都議定書から離脱し、これを受けて、日本も2013年以降の第二約束期間への参加を拒否するなど、各国が離反したことから、京都議定書の枠組みは実効性を失ってしまった。

　そして、京都議定書にかわる枠組みが定められたのが、2015年にフランス・パリで開かれたCOP21で採択されたパリ協定である。パリ協定による枠組みには、京都議定書とは大きく異なる特徴がある（Q6－2）。

⑶　日本のカーボンニュートラル達成に向けた取組み

　パリ協定に基づき世界各国が次々と温室効果ガスの削減目標を発表するなかで、日本は、2020年10月、菅義偉首相（当時）が所信表明演説で「2050年カーボンニュートラル」を宣言し、2050年までに温室効果ガスの排出量から森林等による吸収量を差し引いてゼロにするとした。さらに、日本政府は、2021年4月には、2030年度までに温室効果ガスを2013年度比で46％減らすという目標を設定した。この目標を達成するために、政府は、2021年6月、「2050年カーボンニュートラルに伴うグリーン成長戦略」（以下、本章において「グリーン成長戦略」という）を発表した。グリーン成長戦略の全体像を理解するためには、「発電の脱炭素化」と「需要サイドの電化」という視点をもつとわかりやすい（Q6－3）。

　「発電の脱炭素化」の中心は、再生可能エネルギー発電の普及である（Q6－4）。しかし、日本の自然条件、エネルギー事情からすれば、再生可能エネルギー発電のみで日本政府が掲げる目標を達成することはできず、グリーン成長戦略では、原子力発電や水素・燃料アンモニアのエネルギーとし

ての活用があげられている（Ｑ6－5、Ｑ6－7）。また、日本は、先進国のなかでは、電源構成における火力発電の比率が高い国であり、火力発電の帰すうも重要な論点である（Ｑ6－6）。

「需要サイドの電化」については、ビジネス・業態ごとにエネルギー源はさまざまであり電化の方法も一様ではない。また、電化による脱炭素化ができない業態もあり、その場合は温室効果ガスを排出しない新しい技術の開発が求められる（Ｑ6－8）。「電化」の代表的な事例は、電気自動車の導入である（Ｑ6－9）。

また、日本政府は、2023年2月、化石エネルギー中心の産業構造・社会構造をクリーンエネルギー中心へ転換するグリーントランスフォーメーション（GX）の基本方針を閣議決定した[1]。そして、この基本方針を実現するための大枠を定めるGX推進法およびGX脱炭素電源法が、2023年5月に成立した。GX推進法は、10年間で20兆円規模の新しい国債であるGX経済移行債を発行し、同国債の償還財源として、企業の二酸化炭素排出について金銭的な負担を求めるカーボンプライシングを本格的に導入すること等が規定されている。GX脱炭素電源法は、既存の原子力発電所について60年超の運転を可能とするものである（Ｑ6－5）。

⑷　カーボンニュートラルに関する法規制・法制度

カーボンニュートラルに関する法規制は企業にとって大きな法的リスクになりうる。本章では、日本の代表的な法規制である温室効果ガス排出量等の報告制度について解説する（Ｑ6－10）。また、企業にカーボンニュートラルに向けた取組みを促す法制度の代表例としてカーボンプライシングがあげられる。カーボンプライシングの1つであるカーボン・クレジット（排出権取引を含む）が近年注目されており、特に海外で制度の整備が進められてい

1　「GX実現に向けた基本方針〜今後10年を見据えたロードマップ〜」（2023年2月）（https://www.meti.go.jp/press/2022/02/20230210002/20230210002_1.pdf）（最終閲覧：2023年11月5日）

る（Q6-11）。

2 Q&A

Q 6 - 1 企業のカーボンニュートラルに関する法的リスク、法規制・法制度は何か

企業を取り巻くカーボンニュートラルに関する法的リスクは多様化しているが、主にコンプライアンス上のリスク、法規制・法的措置、取引上のリスクが考えられる。

(1) コンプライアンス上のリスク

サステナビリティ情報開示の一環として、気候変動対応に関して、温室効果ガスの排出量とともに「指標及び目標」等の開示が求められており（Q2-15）、機関投資家や金融機関によるESG投資、その発展形であるインパクトファイナンスを呼び込むためには積極的な情報開示が求められるようになっている（Q7-1）。アクティビストによる株主総会での環境に関する株主提案も増加している（Q3-8）。

気候変動対応に関する情報開示の要請が高まってきたことの裏返しとして、近年、問題となっているのが、企業による「グリーンウォッシュ」である。グリーンウォッシュとは、実態が伴わないにもかかわらず、環境への配慮をした取組みをしているように見せかけることであり、企業の脱炭素化に関する取組みが、投資家や消費者からグリーンウォッシュであると非難され、レピュテーションリスクにさらされるケースがありうる（Q8-8）。

気候変動関連訴訟は、日本ではこれまで石炭火力発電所に対する差止訴訟等、ごく少数しか提起されていないが、世界的には欧米を中心に多数の訴訟

が提起され、気候変動対応に不十分な企業の責任を認める判決も下されており（Q8−5）、将来的には日本でも事業内容を問わず気候変動関連訴訟の標的となる可能性も否定はできない（Q8−6）。

(2) 法規制・法制度

日本では、一定規模の温室効果ガスを排出する企業に排出量等の報告を求める法制度があり、これに違反した場合には罰則が科されうる（Q6−10）。

また、自動車産業においては、米国・カリフォルニア州やEUでは2035年にハイブリッド車を含むガソリン車の新車販売が原則として禁止されることが決まっている。このように、各国の法規制により、事業の脱炭素化が強制されるケースもある（Q6−9）。

企業にカーボンニュートラルへの取組みを促す法制度としてカーボンプライシングがあり、その主な手法として、炭素税、カーボン・クレジット（排出権取引を含む）がある（Q6−10、Q6−11）。カーボンプライシングについては、日本の産業界では、率先して導入した国が不利になるというカーボンリーケージの問題やエネルギー価格の高騰を背景として、反対の声が根強い。しかし、グローバル化が進んだ現在では、日本国内の市場だけで、ある企業の活動が完結している例は少なく、いずれにせよ企業は、カーボンプライシングに関する国際的なスタンダードに向き合わなければならない。また、世界各国で炭素国境調整措置（国境炭素税）（Q6−10）が導入されれば、脱炭素化の取組みが遅れている企業は国際的な競争力を維持できなくなり、ひいては日本全体のビジネスの空洞化を招くおそれがある。

(3) 取引上のリスク

アップルは、製造サプライチェーンを含む事業全体で2030年までにカーボンニュートラルを目指すことを公表している。マイクロソフト、アマゾン等のGAFAMは軒並み同様の取組みを進めることを明らかにしている。取引先、サプライチェーン全体を巻き込んだ脱炭素化の要求は日本にも波及して

くることが予想され、近い将来には脱炭素化に取り組まなければ、これまでの取引が維持できなくなるおそれがある。また、新規の取引先からも、脱炭素化に関する自社の取組みについて説明を求められる機会も増えると考えられ、企業は、日頃から自社のカーボンニュートラルに向けた取組みを取りまとめ、説明できるように準備しておくことが必要になるだろう。

このような取引上のリスクに鑑みれば、大企業だけではなく、大企業と取引を行っている中小企業も脱炭素経営を求められている。経済産業省・環境省が中小企業向けのカーボンニュートラル支援策をまとめているほか、中小企業支援機関等が相談窓口を開設している[2]。

Q 6 - 2 　過去の地球温暖化対策をめぐる動向との違いは何か

2015年に採択されたパリ協定の大きな特徴は、1997年に採択された京都議定書と異なり、先進国と途上国の区別なく温室効果ガスの削減努力を求める枠組みであるという点である。

COPでは、長らく、特に途上国から「共通だが差異のある責任」という考え方が唱えられてきた。これは、地球温暖化への責任は世界共通のものだが、先進国における責任がより大きく、途上国とは差異があるという考え方である。二酸化炭素等の温室効果ガスの排出は経済成長と関連するものである。そこで、途上国においては、温室効果ガスを排出して経済成長を遂げてきた先進国と同等の責任を課されることに、根強い反発があった。京都議定書において、先進国のみに削減義務が課された背景には、この「共通だが差異のある責任」という考え方があった。

2015年に採択されたパリ協定は、この「共通だが差異のある責任」という

2　経済産業省ホームページ「温暖化対策」「中小企業関連」（https://www.meti.go.jp/policy/energy_environment/global_warming/SME/index.html）、独立行政法人中小企業基盤整備機構ホームページ「カーボンニュートラルに関する相談」（https://www.smrj.go.jp/sme/consulting/sdgs/favgos000001to2v.html）（各最終閲覧：2023年11月5日）参照

考え方を打破した。パリ協定では、先進国、途上国を問わず、各国の実情に
あった目標を策定し定期的に報告するという枠組みが定められた。また、世
界共通の目標として、世界の気温上昇を産業革命前の水準から2℃以内と
し、1.5℃以内に抑えるよう努力するとされた。その後、2℃の上昇と1.5℃
の上昇とでは生態系等への影響に明確な違いがあるとする気候変動に関する
政府間パネル（IPCC）報告があり、現在では、「1.5℃目標」が世界共通の
目標と認識されている。

　この共通目標のもとで、温室効果ガスの主要な排出国は、次々と削減目標
を定めている。特に、2015年の排出量でそれぞれ第1位、第3位の中国、イ
ンドが具体的な削減目標を発表した意義は大きい。この2国は、京都議定書
では数値目標による削減義務は課されていなかった。

	2030年の目標	2050年以降の目標
日本	46％削減（2013年度比）（さらに、50％の高みに向け、挑戦を続けていく）	2050年までに実質ゼロ
米国	50〜52％（2005年比）削減	2050年までに実質ゼロ
EU	55％以上削減（1990年比）	2050年までに実質ゼロ
中国	二酸化炭素排出量のピークを2030年よりも前にすることを目指す／GDP当り二酸化炭素排出量を65％以上削減（2005年比）	2060年までに二酸化炭素排出を実質ゼロ
インド	GDP当り排出量を45％削減（2005年比）	2070年までに実質ゼロ
ロシア	1990年排出量の70％（30％削減）	2060年までに実質ゼロ

出所：外務省ホームページ「気候変動　日本の排出削減目標」（2022年10月25日）（https://
　　　www.mofa.go.jp/mofaj/ic/ch/page1w_000121.html）（最終閲覧：2023年11月5日）を
　　　もとに筆者作成

　このように近年、世界全体でカーボンニュートラル達成に向けた動きが加
速している背景は何であろうか。まず、科学的知見に基づき、人為的に排出
された温室効果ガスにより温暖化が進んでいるというコンセンサスが形成さ
れたことがあげられる。1990年に発表されたIPCCの第1次評価報告書では、
人為起源の温室効果ガスは気候変動を生じさせるおそれがあるという趣旨の

表現であったが、その後、「可能性が高い」(2001年の第3次評価報告書)、「可能性がきわめて高い」(2013年の第5次評価報告書)と順次、表現が変化し、2021年の第6次評価報告書では「疑う余地がない」とまでされている。実際に、地球の平均気温は、産業革命以後、細かい変動はあるものの上昇を続けており、長期的には100年間で0.74℃の割合で上昇している[3]。そして、温暖化は単に気温上昇をもたらすだけではなく、地球規模の気候変動をもたらし、海面上昇、洪水・豪雨等の異常気象、農作物の収量減少による食料不足、水不足、生態系の破壊等さまざまな影響により巨額の経済的損失が生じることが懸念されている。

　また、主体的にカーボンニュートラルの推進に取り組む企業が増えてきたことにより、気候変動対策を含むESGに対する取組みや姿勢が株価等により評価され、企業価値の向上につながるものであることが認識されるようになった。そのような企業の取組みを支えるものとして、太陽光パネル等の再生可能エネルギー発電設備の技術革新をはじめとする科学技術の発展により、以前に比べれば安価で効率のよい脱炭素化を実現する選択肢が増えたことも重要である。

Q 6-3　日本政府が掲げるグリーン成長戦略の特徴は何か

　グリーン成長戦略の特徴は、再生可能エネルギー発電等の拡大により発電部門の脱炭素化を進める一方で、企業活動等のエネルギー需要サイドにおいてエネルギー源の電化を進めることによって、社会全体のカーボンニュートラルを達成するという将来像を描いていることである。

　日本政府は、温室効果ガスの排出を2030年度までに2013年度比で46％減らし、カーボンニュートラルを2050年までに達成するという目標を設定している（図表6-1参照）。この目標は非常にハードルが高いものであり、これま

3　国土交通省気象庁ホームページ「世界の年平均気温」(https://www.data.jma.go.jp/cpdinfo/temp/an_wld.html)（最終閲覧：2023年11月5日）

での政府による施策や企業による取組みの延長では到底達成できないものである。グリーン成長戦略では、成長が期待される分野として、洋上風力・太陽光・地熱、水素・燃料アンモニア、原子力、自動車・蓄電池等の14分野があげられ、これらの分野に関するさまざまな革新的な取組みが説明されているが、これらの取組みの全体像を理解するためには、「発電の脱炭素化」と「需要サイドの電化」という視点をもつとわかりやすい。この点は、グリーン成長戦略では、以下のように、「電力部門」「電力部門以外」に分けて説明されている。

　「2050年カーボンニュートラルを目指す上では、電力部門以外では革新的な製造プロセスや炭素除去技術等のイノベーションが不可欠となる。電力部門は再生可能エネルギーの最大限の導入及び原子力の活用、さらには水素・アンモニア、CCUS等により脱炭素化を進め、脱炭素化された電力により、

図表6－1　カーボンニュートラルへの転換イメージ

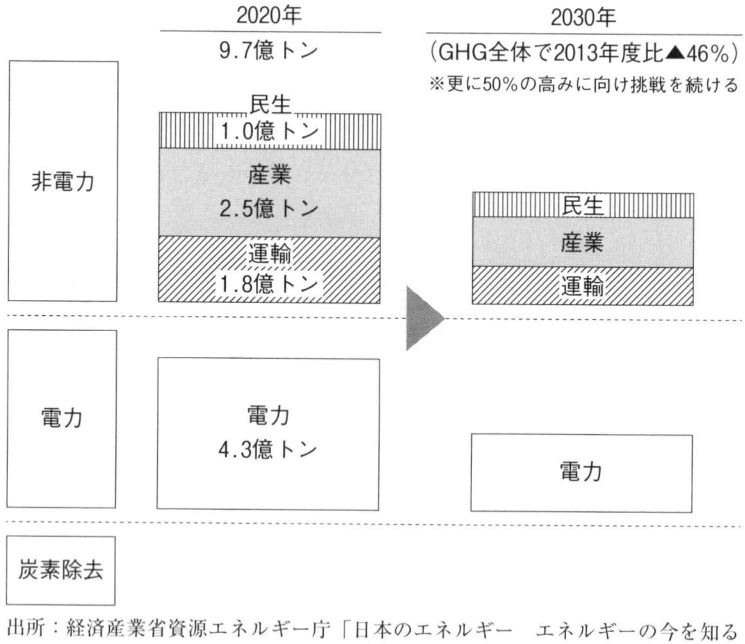

出所：経済産業省資源エネルギー庁「日本のエネルギー　エネルギーの今を知る

電力部門以外の脱炭素化を進める」（グリーン成長戦略4頁）

　つまり、再生可能エネルギー発電をはじめとする温室効果ガスを排出しない方法による発電（非化石電源）の割合を高めていく（「発電の脱炭素化」）とともに、化石燃料をエネルギーとして使用している輸送・製造業等のビジネスのエネルギーを電力に変えること（「需要サイドの電化」）によって、社会全体の温室効果ガスの排出を抑制するということである。

　グリーン成長戦略によると、「需要サイドの電化」が進むことにより、電力の需要は約3割から4割増加するとされている。社会全体の温室効果ガスの排出を削減するためには、「需要サイドの電化」と「発電の脱炭素化」を両輪として同時に進めていく必要があるのである。

　これを具体的な例で説明すると、電気自動車は、その走行時の二酸化炭素の排出はゼロであるものの、その製造過程で排出される二酸化炭素もゼロに

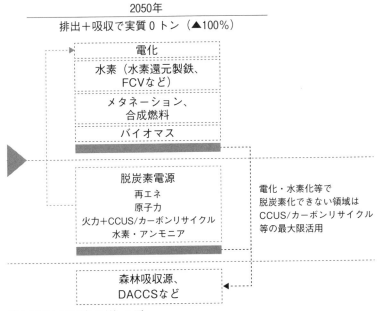

10の質問」（2023年2月）5頁

しなければ、カーボンニュートラルが達成されたとはいえない。そして、電気自動車は、特に車載電池の製造時に多くの電気を使うことから、製造時だけを比較すれば、現状では、一般的に、ガソリン車よりも多くの二酸化炭素を排出するとされている。日本のように、電源構成において石炭・石油・液化天然ガスという化石燃料による火力発電の割合が高い国で電気自動車を製造すると、結果的に、ガソリン車よりも二酸化炭素を多く排出してしまう可能性がある。したがって、単に電気自動車の製造、普及を図るだけでは、社会全体のカーボンニュートラルを実現することはできず、同時に発電におけるカーボンニュートラルを進めなければならないのである。

「発電の脱炭素化」の中心的施策は、再生可能エネルギー発電の割合を増やしていくことである。「需要サイドの電化」については、二酸化炭素の排出量が多い産業部門（工場・事業所内での排出）、運輸部門（工場・事業所の外での輸送・運搬による排出）における排出量の削減が重要であるが、業態ごとにエネルギー源はさまざまであり電化の方法も一様ではない。鉄鋼業のように、現在の製造方法では電化による脱炭素化が困難な業態もありむずかしい課題である。

また、政府は、新しいエネルギー源として、水素・燃料アンモニアに着目している。特に水素は、発電、輸送、産業等さまざまな分野での脱炭素化に資することが期待されている。

Q 6－4　日本で注目されている再生可能エネルギーは何か

グリーン成長戦略では、再生可能エネルギーに関して、洋上風力産業、次世代型太陽光産業、地熱産業が成長産業としてあげられている。

再生可能エネルギーについて、国際的に統一された定義はないものの、一般に、自然の源に由来し、利用する以上の速度で自然界により補充されるエネルギーを意味している。日本の法令では、太陽光、風力、水力、地熱、太陽熱、大気中の熱その他の自然界に存する熱、バイオマスがあげられてい

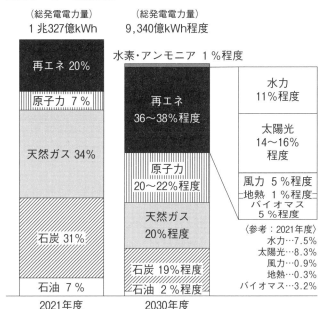

図表 6 - 2　電源構成

（総発電電力量）1兆327億kWh

（総発電電力量）9,340億kWh程度

2021年度
- 再エネ 20％
- 原子力 7％
- 天然ガス 34％
- 石炭 31％
- 石油 7％

2030年度
- 水素・アンモニア 1％程度
- 再エネ 36〜38％程度
- 原子力 20〜22％程度
- 天然ガス 20％程度
- 石炭 19％程度
- 石油 2％程度

再エネ内訳
- 水力 11％程度
- 太陽光 14〜16％程度
- 風力 5％程度
- 地熱 1％程度
- バイオマス 5％程度

〈参考：2021年度〉
- 水力…7.5％
- 太陽光…8.3％
- 風力…0.9％
- 地熱…0.3％
- バイオマス…3.2％

出所：経済産業省資源エネルギー庁「日本のエネルギー　エネルギーの今を知る10の質問」（2023年2月）9頁

る[4]。日本の再生可能エネルギー（水力、太陽光、風力、地熱、バイオマス）の電源比率は、2020年度で19.8％であるが、日本政府は、これを2030年度には36〜38％程度に上げることを目標にしている（図表6 - 2参照）[5]。

　再生可能エネルギー発電は、発電量が自然条件に左右され、一般にエネルギー密度（単位容積当りに取り出せるエネルギーの量）が低いことから広大な土地を必要とする。再生可能エネルギー発電の導入割合が高い欧米では、水力発電が中心のカナダ、ノルウェー、風力発電が中心のデンマーク、ドイツ

4　エネルギー供給事業者によるエネルギー源の環境適合利用及び化石エネルギー原料の有効な利用の促進に関する法律（エネルギー供給構造高度化法）2条3項、同施行令4条

5　第6次エネルギー基本計画（2021年10月）106頁

等、各国の自然・経済条件にあわせた導入が進んでいる。

　日本では、山がちな国土と水量の豊富な河川があることから、再生可能エネルギー発電の中心は長らく水力発電であった。しかし、ダム等の水力発電に適した場所は開発が尽くされ、今後、大規模な水力発電施設が建設されることは考えられない。そこで、日本政府が掲げる導入目標を達成するためには、日本の自然、気象条件にあった、新たな再生可能エネルギー発電に注力していく必要がある。以下では、グリーン成長戦略で成長産業としてあげられた洋上風力発電、太陽光発電、地熱発電を順次解説する。

⑴　洋上風力発電

　島国である日本は、狭い国土に比して広大な海に囲まれており、洋上風力発電は大きなポテンシャルを秘めている。日本政府が発表したグリーン成長戦略では、洋上風力発電を「再生可能エネルギーの主力電源化に向けた切り札」としており、再生可能エネルギーによる大規模発電施設として太陽光発電にかわることが期待されている。国内初の商業化案件である秋田港・能代港の着床式洋上風力発電プロジェクトが、2023年1月に全面的な商業運転を開始した。

　洋上風力発電は、事業規模が数千億円と大きいうえ、ブレード（風車の羽根）、発電機等を組み込んだナセル、タワー（塔）等、部品点数が数万点を超えることから、世界では巨大な産業に成長している。グリーン成長戦略によれば、国内に競争力のあるサプライチェーンを構築することを目指し、まずは国内市場の創出にコミットするとしている。洋上風力発電の詳細については、Q7－7を参照していただきたい。

　洋上風力発電は、一般に、開発に長期間を要するため、2030年までに急速に普及が進むことは期待できないが、より長期的な視点でみれば、有望な電源であることは間違いない。日本政府は、洋上風力発電の導入を急ぐため、法改正等の仕組みの整理を進めているが、洋上風力発電の先進国である英国、中国、ドイツ等に比べるとスピード感に欠けていることは否めないこと

から、さらなる導入の促進策が望まれる。

(2)　太陽光発電

　太陽光発電は、官誘導のFIT制度（固定価格買取制度）のもとで導入が飛躍的に進み、2011年度からの10年間で設備容量は約12倍も増加したとされる[6]。しかし、日本は太陽光パネルの設置に適した国土が少ないという不利な条件があり、すでに平地面積当りの導入量は世界一である。また、森林を伐採して設置されたメガソーラーが景観破壊や防災の観点から問題視され、メガソーラーを規制する自治体条例が制定される事例が急増している。このような状況をみると、今後は、大規模な地上設置型の太陽光発電所ではなく、企業の社屋、店舗、工場等の屋根に設置する自家消費型の太陽光発電にシフトしていくと考えられるが、そのためには軽量化等の技術革新が必要である。また、日本政府は、用地不足を補うため、農地の上に太陽光パネルを設置する「営農型太陽光発電」を推進しているが、これを実施するためには農地の一時転用許可を得る必要があり、政府の思惑どおりには設置は進んでいない。ダム湖等の水上に太陽光パネルを設置する事例も注目されている。

　また、FIT制度による固定価格の買取りは、住宅用太陽光発電（10kW未満）で10年、事業用太陽光発電（10kW以上）で20年とされており、住宅用太陽光発電では2019年から順次買取期間が終了している。このような「卒FIT」した太陽光発電設備の活用が課題になっており、卒FITした太陽光発電の電気を集めて買い取り、オフィスビルの電源として活用する事業等が実施されている。

(3)　地熱発電

　地熱発電は、地中から掘り出した蒸気でタービンを回し発電するものであ

6　特定非営利活動法人環境エネルギー政策研究所「国内の2021年度の自然エネルギー電力の割合と導入状況（速報）」（2022年8月15日）（https://www.isep.or.jp/archives/library/14041）（最終閲覧：2023年11月5日）

る。日本で現在、中心的な電源となっている火力発電では石炭や天然ガス等の化石燃料を燃やした熱で蒸気を発生させるのに対して、地熱発電では、地球が発生させた熱による蒸気を利用することから、二酸化炭素はほとんど発生しない。日本には活発な火山地帯が多いことから地熱発電は早くから注目されており、日本の地熱資源量は、米国、インドネシアに次いで世界第3位とされている[7]。1966年には日本国内初の商業用地熱発電所である松川地熱発電所（岩手県八幡平市）の運転が開始された。しかし、地熱発電は、その後の開発があまり進まず、2021年度の電源構成で0.3%を占めているにすぎない。

　開発が進まない理由は、大きく2つあると考えられる。1つは、開発コスト・リスクの高さである。地熱資源を開発するには複数の地中の掘削調査が必要であり、事業性評価の前段階でも数十億円の掘削費用を要するとされているうえ、それだけの費用をかけて掘削したとしても、発電に適した熱源を発見できない可能性もある。

　もう1つは、開発適地に法的な規制が存在することである。国内の地熱資源の約8割は国立・国定公園内に存在するとされており、その開発には自然公園法に基づく制限がある。また、地熱発電は地中の熱水を利用するため、温泉の保護を目的とする温泉法に基づき都道府県知事の許可が必要になる。温泉資源を利用する地元の理解も必要である。

　このような課題を克服するため、グリーン成長戦略では、開発への助成金の支給、掘削の成功率や効率を向上するための技術開発を進め、自然公園法、温泉法等の関係法令の運用見直しを行うとしている。

7　経済産業省資源エネルギー庁「2050年カーボンニュートラルに向けた地熱をとりまく現状について」（2020年12月7日）（https://www.meti.go.jp/shingikai/energy_environment/carbon_neutral/pdf/001_05_00.pdf）（最終閲覧：2023年11月5日）

　全世界的にみれば、近い将来に「脱原発」傾向が進むとは考えづらい。日本において、政府が掲げるカーボンニュートラルを計画どおりに進めるためには、少なくとも原子力発電所の再稼働が必要であり、政府と国民はむずかしい選択を迫られている。

　2050年カーボンニュートラルを達成するうえで重要な論点になるのが、原子力発電である。原子力発電は、発電過程で二酸化炭素を排出しないうえ、出力が安定していることから自然条件により発電量が変動する再生可能エネルギー発電を補う役割がある。

　2000年代の日本は、原子力発電が総発電電力量のうち30%を超えていた時期もあり、「原発大国」ともいえる状況であった。これを一変させたのが、2011年の東日本大震災により起きた福島第一原子力発電所の事故である。この事故の前、日本国内には54基の原子力発電所があったが、一時期すべての原子力発電所の運転が停止され、これまでに21基の廃炉が決定し、2023年8月時点で再稼働したのは、6発電所の11基のみである[8]。

　グリーン成長戦略では、原子力発電について、可能な限り依存度を低減するとしつつ、原子力規制委員会による規制基準に適合すると認められた場合には原子力発電所の再稼働を進め、安全性等に優れた炉の追求等将来に向けた研究開発・人材育成等を推進するとされており、原子力産業は成長が期待される14分野の1つにあげられている。また、日本政府が策定した第6次エネルギー基本計画では、2030年の電源構成で原子力発電を20〜22%と見込んでいる。

　2023年5月に成立したGX脱炭素電源法は、既存の原子力発電所について60年超の運転を可能とするものであり、福島第一原子力発電所の事故以降の

8　nippon.com「日本の原子力発電所マップ2023年版」（https://www.nippon.com/ja/japan-data/h01752/）（最終閲覧：2023年11月5日）

原子力政策を転換し、原子力発電を活用する政府の方針を明確にしたもので
あった。

　原子力発電所の安全性については激しい議論があり、原子力発電所の再稼
働や運転の差止め等を求める裁判が各地の裁判所に提起され、下級審では差
止めを認める裁判所の判断も下されている。一方で、現時点での科学的・技
術的な知見をもとに考えると、少なくとも現在停止中の原子力発電所の再稼
働なくして、日本政府が発表した「2030年までに温室効果ガスを2013年度比
で46％減らす」という目標を達成するのは不可能であるのも事実である。原
子力発電所が停止している状況が長引けば、技術力の低下や人材の散逸は避
けられない。日本は、脱原発か、カーボンニュートラルの計画どおりの推進
かという選択を迫られているのである。

　カーボンニュートラル先進国の欧州でも原子力発電に対する姿勢は各国さ
まざまであり、特にロシアによるウクライナ侵攻による化石エネルギーの高
騰を受けて、各国の政策は混迷している。フランスは、発電量の8割以上を
原子力発電でまかなう欧州一の原発大国である。かつてフランス政府は、原
発依存を減らす政策の一環として10基以上の原子力発電所を閉鎖するとして
いたが、2022年に方針を転換し、カーボンニュートラル推進のために最大14
基の原子力発電所を建設する計画を発表した。一方、ドイツは、日本の福島
第一原子力発電所の事故を受けて、主要国ではじめて原子力発電所の全廃を
決めた。ロシアのウクライナ侵攻によりエネルギー供給が不安定になったこ
とから当初の停止時期を一度延期したものの、2023年4月、最後の原子力発
電所が停止した。

　世界全体としては、原子力発電は増加傾向にある。2011年の福島第一原
子力発電所の事故により、日本を含む世界中で脱原発の動きが一時期活発化し
たものの、世界全体の原子力発電の発電量は、2013年頃から、再び増加に転
じた。特にアジアで大きく増加しており、中国の原子炉数は、2022年1月時
点で、米国、フランスに次ぐ世界3位であり、計画中の原子炉が順調に建設
された場合、世界最多の米国と同規模になると見込まれている[9]。原子力発

電をめぐる方針は各国さまざまであるものの、全世界的にみれば原子力発電は増加傾向にあり、近い将来に全世界的な「脱原発」傾向が進むとは考えづらいのが現状である。

Q 6－6　火力発電所の将来はどうなるか

　世界の脱炭素先進国においては段階的な廃止が打ち出されている石炭火力発電であるが、日本においては、中長期的にみても完全に廃止する見通しは立っていない。

　現在の火力発電の主流は、化石燃料である石炭や天然ガスを燃焼させた熱で水蒸気等を発生させてタービンを回し、発電する仕組みであり、その発電過程で大量の二酸化炭素等の温室効果ガスを排出する。技術革新により二酸化炭素の排出量は減ってきたものの、依然として電力部門における最大の排出原因となっており、国内の排出量の4割以上が火力発電所由来である。全国各地で石炭火力発電所の差止めを求める訴訟が提起されており、石炭火力発電所を運営する企業の株主総会では、発電所の廃止時期を明確にするよう求めるなど、「脱火力発電」を求める株主提案がなされる例も多い。

　日本の2022年の電源構成において化石燃料による火力発電は7割超を占めている。しかし、日本の火力発電比率は、以前からここまで高かったわけではない。日本の2010年の火力発電比率は約66％であった。しかし、2011年の福島第一原子力発電所の事故で状況は一変し、一時期すべての原子力発電所が停止したことから、火力発電比率は約9割にまで達した。その後も、原子力発電所の再稼働が進まないことから、火力発電比率は高率で推移している。日本では、大規模な再生可能エネルギーの発電所をすぐに導入できる見込みはなく、火力発電所を廃止したくとも、すぐに廃止できない状況に

9　日本貿易振興機構（JETRO）「ビジネス短信　中国で進む原子力発電所の建設、浙江省三門で新たな原子炉建設に着工」（2022年6月29日）（https://www.jetro.go.jp/biznews/2022/06/da698de79441cff3.html）（最終閲覧：2023年11月5日）

ある。

このような現状をふまえ、日本政府が策定した第6次エネルギー基本計画（2021年10月）では、2030年度には電源構成における化石燃料による火力発電の割合を4割超とすること、非効率な石炭火力発電からフェードアウトし、水素・アンモニアの燃料としての利用等火力発電の脱炭素化の取組みを促進することとされている。日本政府は、特にアンモニアに着目しており、石炭にアンモニアを混ぜて燃やす混焼、アンモニアだけを燃やす専焼により、二酸化炭素の排出を抑える技術の研究開発を進めている。

一方、欧州各国は、ロシアのウクライナ侵攻によりエネルギー事情がひっ迫したことから一時的な火力発電の活用を模索したものの、中長期的には石炭火力発電所を全廃するとしており、2023年3月現在の方針では、2030年までには各国とも全廃される見込みである。日本を除く主要先進国では、石炭火力発電については段階的に廃止していく方針であり、アンモニアの混焼を推進する日本は独自路線を歩んでいる。アンモニアの混焼については、欧米各国からは、火力発電の延命にすぎないとして冷ややかにみられているのが現状である。

2023年5月に広島で開かれたG7サミットでは、「条件付きで石炭火力発電の段階的廃止」「2035年までに電力部門の大部分を脱炭素化」が合意されたが、石炭火力発電の全廃時期の明記は、議長国である日本の反対で見送られ、日本の火力発電政策の独自性が浮き彫りになった。

日本政府がアンモニアの混焼にこだわるのは、前述のとおり、当面は火力発電を主要な電源として維持せざるをえないという苦しい事情があるからである。火力発電所におけるアンモニア混焼の実証実験は2023年度内にも開始される予定である。そして、グリーン成長戦略によると、日本は、2020年代後半にアンモニア20%の混焼を実用化したうえで2030年代には導入を拡大し、将来的には東南アジア等に技術展開し、プラントの新設を通じて国際的なサプライチェーンをいち早く構築するとしている。

一方で、主要国の方針が変わらなければ、2030年には主要国の多くで石炭

火力発電が廃止されているかもしれない。日本政府の描く戦略が成功するか否かは、今後、東南アジア等の先進国以外の国でアンモニア混焼による火力発電が受け入れられるかどうかにかかっていると考えられる。

Q 6 － 7 　水素・燃料アンモニアは次世代エネルギー源になるか

　水素は世界中で注目されている有望な次世代エネルギー源であるが、日本が水素を活用するためには輸入に頼らざるをえないことから、安価で安全な海上輸送を含めたサプライチェーンを確立する必要がある。アンモニアは、水素輸送の「キャリア」としての活用が計画されているが、日本が進める火力発電所での混焼・専焼等、アンモニア自体をエネルギー源として活用する道筋については、現状では不透明であると考えられる。

(1)　水　　素

　水素は、炭素成分を含まないことから、燃焼させても二酸化炭素を排出することなくエネルギーを生み出すことができる。発電に関しては、水素を燃料とする水素火力発電、輸送分野に関しては、水素と酸素を反応させて電気をつくる燃料電池を動力源とする燃料電池車、産業分野では、水素還元法による製鉄といった、さまざまな分野の脱炭素化に寄与することが期待されている。

　日本政府は、世界に先駆けて水素をエネルギー源とする水素社会の実現に向けた取組みを開始しており、2017年には水素基本戦略を策定した。水素基本戦略は2023年6月に改定され、水素の導入量を2040年までに年間1,200万トンに拡大するという目標を新たに設定し、官民あわせて今後15年間で15兆円の投資を行うとした。

　水素の難点は、そのコストの高さである。水素の一般的な製造法として、石炭や天然ガス等の化石燃料を燃やしたガスから水素を取り出す方法があるが、製造過程で大量の二酸化炭素が排出されてしまう。この方法で製造され

た水素を「グレー水素」と呼んでいる。そこで、製造過程で排出された二酸化炭素を回収し貯蓄・利用する措置を講じた「ブルー水素」にすることが必要であるが、現状では非常にコストがかかる。その他、水を電気分解して水素を取り出す方法があるが、大量の電気を消費するため、その電力が再生可能エネルギー由来でなければ脱炭素に資する水素（「グリーン水素」）とはいえない。日本では、いまだ水素製造に回せるほど安価で大量の再生可能エネルギー由来の電気がないことから、グリーン水素は輸入に頼らざるをえないが、輸入コストがかさむことになる。また、国内で水素を流通させるためには、水素ステーション等インフラを整備する必要があり、供給体制の確立にも多額の投資が必要となる。

　このように、日本で水素を本格的にエネルギー源として利用するにはさまざまな課題があることはたしかであるが、水素は、世界で注目されている次世代エネルギー源である。欧米のみならず、中国も政府が支援策を打ち出すなど各国で導入に向けた動きが加速している。日本は、ブルー水素またはグリーン水素を輸入しなければならない立場に置かれるが、安価で安全な海上輸送を含めたサプライチェーンを確立できるかが水素活用を進めるための鍵になると考えられる。また、法的には、外国事業者との間で、天然ガスの購入にあたって締結されてきたような契約期間が長期にわたる購入契約を締結する必要がある。

(2)　アンモニア

　アンモニアは、水素と窒素で構成される安定した物質であり、水素を運搬する際の「キャリア」としての利用が計画されている。可燃性で取扱いのむずかしい水素をアンモニアに変換して輸送し、使用する段階で水素に戻すのである。アンモニアは、肥料や工業用として世界中で製造・利用されており、既存インフラを活用して、製造・運搬することができる。

　また、アンモニア自体も燃焼によりエネルギーを取り出すことができ、水素と同様、燃えても二酸化炭素が発生しない。そこで、日本では、火力発電

所におけるアンモニアの混焼・専焼により、二酸化炭素の排出を抑える技術の研究開発を進めているが、この技術の開発に本気で取り組んでいるのは日本のみともいわれる（Q6−6）。

グリーン成長戦略によれば、アンモニアは、世界中で年間約2億トン生産されているが、大半は製造地で肥料として費消されており、また、国内の主要電力会社のすべての石炭火力発電所でアンモニアの20％混焼を行った場合には年間約2,000万トンのアンモニアが必要になるが、これは現在の世界全体の貿易量に匹敵するという。日本で本格的にアンモニア混焼が開始された場合には、少なくとも当面は燃料となるアンモニアの大半は輸入せざるをえないが、日本以外にアンモニア混焼に本格的に取り組む国がない状況が続くのであれば、それだけ膨大な量のアンモニアの国際サプライチェーンが構築できるかは不透明であると考えられる。

Q 6−8　企業はどのような取組みが求められるか

再生可能エネルギーにより発電された電力によるエネルギー源の電力化（電化）が求められているが、電化による脱炭素化ができない業態もあり、その場合は温室効果ガスを排出しない新しい技術の開発が求められる。また、企業が脱炭素のための取組みを進めるために利用可能な手段として、SDGs債の発行による資金調達（Q7−1）、再生可能エネルギーを調達する手法であるコーポレートPPA（Q7−8）等が注目されている。日本の2021年度の二酸化炭素排出量は10億6,400万トンであり、部門別の割合は図表6−3のとおりである。エネルギー転換部門とは、石炭、天然ガス等の一次エネルギーを電力、ガソリン等の二次エネルギーに転換する部門であり、この部門の排出量の9割程度は発電に伴うものである。図表6−3のうち、産業部門は、第一次、第二次産業の工場・事業所等の内部での排出、業務その他部門は、第三次産業の事務所等の内部での排出、運輸部門とは、企業や家庭での人や物の輸送・運搬による排出を、それぞれ意味している。

図表 6 - 3　日本の部門別二酸化炭素排出量（2021年度）

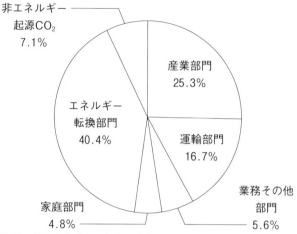

出所：環境省等「2021年度温室効果ガス排出・吸収量（確報値）
　　　概要」5頁「部門別のCO_2排出量」の「電気・熱配分前」の
　　　グラフ

　この円グラフでわかるとおり、二酸化炭素排出量の約4割がエネルギー転換部門すなわち主に発電に伴う排出であるから、「発電の脱炭素化」（特に、再生可能エネルギーによる発電の拡大、化石燃料による火力発電の削減）を進めれば、二酸化炭素排出量を大きく減少させることができる。

　次に、エネルギー転換部門以外をみると、産業部門、運輸部門の排出量が多いことがわかる。これらの部門での二酸化炭素排出量を減らす方法が「電化」、すなわちエネルギー源を電力に変えることであるが、供給を受ける電力は再生可能エネルギー発電等の二酸化炭素排出を抑えた発電方法によるものであることが前提となる。

　運輸部門での最もわかりやすい電化は、電気自動車の導入である。運輸部門における二酸化炭素排出量の約6割を、自家用の乗用車・貨物車からの排出が占めている。したがって、一般消費者の間に電気自動車がさらに普及していけば、運輸部門での二酸化炭素排出量を大きく減らすことができる。

　産業部門では、ビジネス・業態ごとにエネルギー源はさまざまであり電化

の方法も一様ではない。むしろ、産業部門において排出量を減らすのが最も困難なのは、電化では対応できない業態である。製造プロセス上で大量の熱エネルギーを必要とする産業（パルプ・紙・紙加工業等）や、化学反応において二酸化炭素が発生する産業（鉄鋼業、化学工業、セメント業等）がこれに当たる。これらの業態で二酸化炭素排出量を減らすためには、業務プロセスの根幹にかかわる技術の変革が必要である。

　たとえば、鉄鋼業は、産業部門における二酸化炭素排出量の5割を占める産業であるが、現在の主流である高炉による鉄鋼生産では、鉄鉱石から石炭を用いた還元反応を利用して鉄を精製しており、この還元反応により大量の二酸化炭素が発生する。したがって、現在の製造技術の延長では二酸化炭素の排出を根本的に削減することはむずかしい。そのため、現在、世界中で、石炭ではなく水素を用いた還元反応により鉄を取り出す水素還元製鉄等の新しい技術の開発が進められている。

　セメント業も、カーボンニュートラル達成のためには技術革新が必要な業態である。セメントは、その製造過程で主原料である石灰石を高温で焼成する際に二酸化炭素が発生する。そのため、製造過程で発生する二酸化炭素を回収する技術、原材料の成分を変えて二酸化炭素の排出量を抑える製造技術等の開発が進められている。

Q 6 − 9　電気自動車は普及していくか

　今後も国内外においてガソリン車から電気自動車へのシフトは加速度的に進んでいくと考えられる。

　2022年における世界の電気自動車の新車販売台数は、初めて年間1,000万台を超えた。同年の新車販売台数に占める電気自動車の比率は、中国が29%、欧州が21%、米国が8%であり、中国は、同年の世界の電気自動車販売台数の60%近くを占める[10]。国際エネルギー機関（IEA）のロードマップによると、電気自動車のシェアは2030年には20%、2050年には50%を占める

とされている。

　米国・カリフォルニア州では、2026年以降段階的にガソリン車の販売を禁止し、2035年には、ハイブリッド車も含めてガソリン車の販売を禁止する規制案を発表している。EUも、2021年に、2035年までに域内におけるガソリン車の新車販売を原則として禁止する規制案を打ち出した。なお、この規制案は、2023年になり、温室効果ガスの排出量をゼロとみなせる合成燃料（e-fuel）の利用に限って認めるよう修正された。

　このように、世界のトレンドは、ハイブリッド車を含むガソリン車から電気自動車へと移行している。

　日本政府は、グリーン成長戦略において、2035年までに乗用車新車販売で電動車を100％にするとした。ただし、ここでいう「電動車」には、ハイブリッド自動車も含まれるとしている。日本における2022年の新車販売台数に占める電気自動車の比率は1.7％にとどまっている[11]。このように、日本では、世界のトレンドに比較すると、電気自動車の導入は進んでいない。

　ただし、自動車業界としてカーボンニュートラルを実現する手段は、電気自動車のみというわけではない。日本政府は、次世代エネルギー源としての水素に注目しており、水素と酸素を化学反応させて生じた電気によってモーターを回して走る燃料電池自動車に期待をかけている。トヨタ自動車は、世界発の量産型燃料電池自動車であるMIRAIを2014年に発売している。また、トヨタ自動車は、燃料電池自動車と同じく水素を動力源とするものの、水素を燃料として直接燃焼させて走る水素エンジン車の開発も進めている。水素エンジン車は、液体水素を内燃機関で燃焼させるものであり、従来のガソリ

10　日本貿易振興機構（JETRO）「ビジネス短信　2022年の世界のEV販売台数、55％増で初めて1,000万台超え」（2023年4月28日）（https://www.jetro.go.jp/biznews/2023/04/7df2bb89c5499e35.html）（最終閲覧：2023年11月5日）。なお、同記事中の「EV販売台数」とは、バッテリー電気自動車（BEV）とプラグインハイブリッド車（PHEV）の合計とのことである。

11　日本経済新聞「国内新車販売のEV比率最高　22年1.7％、米欧中には後れ」（2023年1月11日）（https://www.nikkei.com/article/DGXZQOUC10ARK0Q3A110C2000000/）（最終閲覧：2023年11月5日）

ン車の部品や技術を生かせるという利点がある。電気自動車は、内燃機関により走るガソリン車と大きく内部構造が異なり、ガソリン車と比べて部品数は大幅に少ない。そのため、自動車メーカーが電気自動車へ本格的にシフトすれば、これまでガソリン車の製造で構築されてきた巨大なサプライチェーンは大きく変更を迫られ、部品製造にかかわる多数の雇用が失われることが懸念されている。

　しかし、水素を動力源とする自動車の普及には、エネルギー源としての水素を普及させるための課題がそのまま当てはまる（Q6－7）。また、燃料である水素の充てん施設である水素ステーションは、電気自動車の充電器に比べても圧倒的に数が少ない。日本政府は、グリーン成長戦略において、2030年までに水素ステーションを1,000基程度整備するとしているが、この数では燃料電池自動車を乗用車として使用することはむずかしいだろう。なお、電気自動車の充電インフラについては、グリーン成長戦略において2030年までに15万基を設置するとしている。燃料電池自動車は、電気自動車に比べて、長距離輸送をするトラックやバス等の大型車両に適しているといわれており、当面、燃料電池自動車が普及するのは、乗用車ではなく、大型商用車であると考えられる。

　このような現状を受けて、2023年4月、トヨタ自動車は、2026年までに電気自動車で新規10車種を投入し、世界販売を年間150万台に増やす計画を発表し、電気自動車の本格的な事業体制を整える方針を明らかにした。

　短期的な揺り戻しの動きが生じたり、燃料電池自動車等の水素動力車の開発が並行して進められたりするであろうが、今後も国内外において電気自動車へのシフトは加速度的に進んでいくと考えられる。

Q 6－10　カーボンニュートラルに関する代表的な法規制・法的措置は何か

日本におけるカーボンニュートラルに関する代表的な法規制として、各種

法律に基づく報告制度があげられる。また、企業にカーボンニュートラルの推進を促す法的措置としてカーボンプライシングがあるが、日本では、欧米各国に比べて導入は進んでいない状況にある。

(1) 報告制度

代表的な報告制度として、温対法に基づく制度と省エネ法に基づく制度がある。これらは、いずれも一定規模以上の温室効果ガスを排出する企業に報告を求めるものであるが、法律の目的の違いを反映して報告すべき内容が異なっている。

温対法は地球温暖化の防止を目的とする法律であり、企業（事業者）に対して自ら排出する温室効果ガスの排出抑制を求めるものである。よって、報告義務の対象となる企業（事業者）は、自らの温室効果ガスの排出量を算定し、毎年、国に報告しなければならない。

省エネ法はエネルギー使用の有効な利用を確保することを目的とするものであり、報告義務の対象となる企業（事業者）に対して、エネルギー使用状況等を報告させ、取組みが不十分な場合には指導や助言、合理化計画の作成指示等を行うことを想定している。なお、省エネ法は、従来は化石エネルギーの使用合理化を目的とする法律であったため、同法でいう「エネルギー」には再生可能エネルギー等の非化石エネルギーは含まれていなかった。しかし、近年の非化石エネルギーの重要性の高まりを受け、同法は2022年に改正され、再生可能エネルギー等の非化石エネルギーの使用の合理化も目的に含むものとされたうえ、企業（事業者）に対して非化石エネルギーへの転換に関する目標を設定し、その計画書の提出を求めるなど、非化石エネルギーへの転換を促すものとなっている。

また、両制度の特徴として、電子システムである「省エネ法・温対法・フロン法電子報告システム（EEGS）」による報告を原則としていることがあげられる。両制度により報告された情報は、国においてこれを集計し公表されてきたが、電子システムによる報告制度の導入により、報告から公表までに

期間が短縮されることが見込まれている。

　両制度が定める報告義務に反した場合には過料または罰金が科されうるほか、違反した事実が公表されるおそれもある。

(2)　カーボンプライシング

　企業にカーボンニュートラルへの取組みを促すための法的措置としてカーボンプライシングがある。これは、二酸化炭素の排出に応じて課金することにより、排出を抑制する経済的なインセンティブを創出するものである。カーボンプライシングには、さまざまな制度があるが、その主な手法として、炭素税、カーボン・クレジット（排出権取引を含む）および炭素国境調整措置（国境炭素税）がある。

　炭素税は、炭素の排出量に応じた課金額を設定するものである。日本ですでに導入されている地球温暖化対策税の課税額は世界的にみれば低額であり、日本政府は、2028年度以降、化石燃料の輸入業者等に炭素税に似た賦課金を課すことを検討している。

　カーボン・クレジットには、さまざまな仕組みの制度があるが、簡潔にいうと、企業の行動により生じた削減効果や余剰の排出枠を、企業間で取引する制度であるといえる。現在、国内外においてカーボン・クレジットの市場整備が進められている（Q 6 – 11）。

　世界では、環境規制の緩い国からの輸入品に事実上の関税を課す炭素国境調整措置（国境炭素税）を導入する動きも広がっている。EUは、2023年10月からEUに輸出する企業は二酸化炭素の排出量の報告を義務づけ、2026年以降には排出量に応じた課税を始めるとしている。当面の対象品目は鉄鋼、セメント、肥料、水素等であるが、今後、対象品目が拡大する可能性がある。

Q 6－11 カーボン・クレジットに関する海外／国内の動向はどうなっているのか

　近年、脱炭素の動きが加速しているなかで、カーボン・クレジットが注目されている。カーボン・クレジットについては、共通した定義はないため、その文脈によっても内容は異なりうるが、二酸化炭素の削減量に相当する価値をクレジットとして取引可能にしたものをカーボン・クレジットと呼ぶことが多い[12]。カーボン・クレジットに類似したものとして、排出権取引制度（主として後述する「キャップ＆トレード」が採用されている）があるが、これを含めてカーボン・クレジットと称されることもあるので、本問では排出権取引制度も含めて、広くカーボン・クレジットとして説明することとする。

　カーボン・クレジットのなかには国際的な枠組みに基づくものや国内の制度に基づくものだけではなく、民間団体が主導したものもみられる。内容面に着目すると、カーボン・クレジットは、大きく分けて「ベースライン＆クレジット」と「キャップ＆トレード」という2つの種類に大別される[13]。「ベースライン＆クレジット」においては、温室効果ガス削減プロジェクトが実施されなかった場合をベースラインとして、温室効果ガス削減のための取組みによるベースラインからの削減量がクレジットとして認証される。一方で、「キャップ＆トレード」においては、一定の参加企業が定められたうえで、参加企業には一定の期間における排出枠が決定され、排出枠より多くの排出をした企業は、排出枠より少ない排出をした企業から余剰の排出枠を買ったりするなどの対応が必要となる。

　海外において最も有名な例としては、EUにおけるEmissions Trading

12　長島・大野・常松法律事務所 カーボンニュートラル・プラクティスチーム『カーボンニュートラル法務』（金融財政事情研究会、2022年）36頁
13　みずほリサーチ＆テクノロジーズ　説明資料「カーボン・クレジットを巡る動向」（2021年12月8日）（https://www.meti.go.jp/shingikai/energy_environment/carbon_credit/pdf/001_04_00.pdf）2頁（最終閲覧：2023年11月5日）

System（ETS）があげられる[14]。これは、「キャップ＆トレード」を採用しており、エネルギー事業やその他定められた特定の事業を行う対象企業・施設に対し、一定期間中の排出量の上限（排出枠）を課したうえで当該上限を段階的に引き下げることによって最終的な排出量削減を目指す制度である。対象企業・施設は当該期間の終了時に排出実績を提出する必要があるところ、排出量が排出枠を超えた場合には、ほかの企業等から排出枠を購入するなどの対応が必要となる。また、英国でも、EU離脱に伴い、基本的な点ではEUにおけるETSと同内容のUK ETSが導入されている[15]。一方、海外における「ベースライン＆クレジット」の制度としては、国連・政府が主導し運営されるCDM、JCM、民間セクターが運営するVCS、Gold Standard、American Carbon Registry、Climate Action Reserve等が存在する[16]。

　日本国内についてみると、「ベースライン＆クレジット」の制度としては、経済産業省・環境省・農林水産省が制度管理者となり、2013年より運営されているカーボン・クレジット制度（Jクレジット制度）や、ジャパンブルーエコノミー技術研究組合が制度管理者となり、2020年よりブルーカーボンに特化して認証を行う国内ボランタリークレジット制度（Jブルークレジット）が存在する。その一方で、日本では、国レベルでの「キャップ＆トレード」の制度はまだ存在せず、東京都と埼玉県において、条例に基づいた「キャップ＆トレード」の制度があるのみである。

　現状では、カーボン・クレジットの法的性質さえあいまいであり、クレジットに瑕疵があった場合の処理や担保設定の可否等、不明確な点が少なくない。2021年12月以降、経済産業省の有識者会議として「カーボンニュート

14　制度の詳細は、若林美奈子ほか「【連載】迫るカーボンニュートラルの潮目を見極める（第3回）EU・英国の取引状況とその動向」NBL1216号（2022年）70頁も参照されたい。

15　制度の詳細は、若林美奈子ほか「【連載】迫るカーボンニュートラルの潮目を見極める（第3回）EU・英国の取引状況とその動向」NBL1216号（2022年）73頁も参照されたい。

16　カーボンニュートラルの実現に向けたカーボン・クレジットの適切な活用のための環境整備に関する検討会「カーボン・クレジット・レポート」（2022年6月）7頁

ラルの実現に向けたカーボン・クレジットの適切な活用のための環境整備に関する検討会」が設置され、カーボン・クレジットに関する議論がなされているため、今後の議論に注目されたい。同検討会からは、2022年6月に「カーボン・クレジット・レポート」が公表され、カーボン・クレジットの概念や今後の課題が整理されたうえで活用の意義や取組みの方向性について議論がなされている。

第 **7** 章

サステナブル・ファイナンス

1 総 論

(1) サステナブル・ファイナンス

サステナブル・ファイナンスとは、持続可能な社会を実現するための資金調達手段のことをいう。

持続可能な社会を実現するにあたって、気候変動や格差、人口減少等の社会的課題への対応が急務となっている。そして、このような社会的課題を解決するためにはそのための資金調達が不可欠であり、これを提供する金融（サステナブル・ファイナンス）の重要性が高まっている。

近年になって注目を浴び始めた印象のあるサステナブル・ファイナンスだが、このようなメッセージ性をもった資金調達手段は以前から存在していた。たとえば、後述するとおり、1920年代には英米のキリスト教教会で酒、煙草およびギャンブル等を投資対象から除外するといったことが行われていたのであり（ネガティブ・スクリーニング）（Q7－1）、社会投資責任（SRI）の始まりであるとされている。また、その後は国際連合のコフィー・アナン事務総長の呼びかけのもとで責任投資原則（PRI）が提唱され、受託者責任のもとで、投資の意思決定プロセスにESGの観点を組み込むべきとした世界共通のガイドラインとして位置づけられた。

(2) SDGsとの関係

社会の持続可能性との関係で近年注目を集めているのが持続可能な開発目標（Sustainable Development Goals（SDGs））である。SDGsは、2015年9月開催の国連サミットで採択された「持続可能な開発のための2030アジェンダ」に記載され、「誰一人取り残さない」持続可能で多様性と包摂性のある社会の実現のため、2030年を期限とする17のゴールと169のターゲットから構成されている。SDGsとサステナブル・ファイナンスとの関係については、

持続可能な社会の実現に向けて、具体的な目標や課題を設定したものが
SDGsであり、そのための資金を提供するものがサステナブル・ファイナン
スであると整理することができる。

(3) ESGとの関係

　SDGsと並んでよく登場するのが、ESGである。企業価値の算定や企業へ
の投資の場面において、従来ESGは非財務的要素と呼ばれていた。たとえ
ば、企業において従業員の労働環境が改善された場合、社会的な価値が上昇
したといえるが、それ自体によって企業の収益が上昇するわけではなく、企
業価値が向上するとは考えられていなかった。そのため、株主の利益を重視
するという従来の株主資本主義的な観点からはESG要素は重視されてこな
かった。ところが、2019年8月に公表されたビジネス・ラウンドテーブルの
「企業の目的に関する声明」で、すべてのステークホルダーの存在が不可欠
であり、その全員に価値をもたらすことを約束すると発表されたように、近
年では、株主資本主義から脱却し、株主のみならずほかのステークホルダー
の利益をも重視するというステークホルダー資本主義へ移行するという傾向
がみられるようになってきた（Q3-2）。そして、ステークホルダー資本
主義の観点からは、ESG要素も重視されることになる。たとえば、先程の例
でいえば、企業にとって従業員も株主とは別のステークホルダーである以
上、従業員の利益のために労働環境の改善という社会的な価値を提供すべき
ということになる。しかも、その結果、その企業は社会問題に取り組んでい
るとの評価を得ることができ、レピュテーションやブランドの観点から企業
価値が向上する可能性がある。そのため、企業価値の向上にはマルチステー
クホルダーに対するESG的な価値の提供が不可欠であるとの認識が拡大する
ようになった。そして、企業に対する投資においては、ESG要素を投資判断
に組み込むことで適切にリスクを管理し持続的・長期的なリターンを獲得す
べきという発想につながることになり、このような発想に基づく投資手法が
ESG投資と呼ばれるようになった。ESG投資は、投資の観点から運用収益の

向上を重視しつつも、そのための重要な要素としてESGを投資判断に組み込み、提供した資金を活用してESG的課題の解決を支援するものであるから、サステナブル・ファイナンスを構成すると考えられる（Q7-1）。

(4) サステナブル・ファイナンスの推進への取組み

日本国内では、金融庁が2020年12月にサステナブル・ファイナンス有識者会議を設置し、サステナブル・ファイナンスを「持続可能な経済社会システムを支えるインフラ」として位置づけ、金融行政におけるサステナブル・ファイナンスの推進に向けた諸施策について議論している。冒頭で述べたとおり、持続可能な社会の実現にとって社会的課題への対応およびそのための資金調達が不可欠となっているが、気候変動リスクへの対応を中心に必要な資金は巨額であるといわれており、公的資金だけでまかなうことは現実的ではないため、民間資金の導入が必要不可欠になる（Q7-6）。そこで、民間資金の円滑な導入に向けて、サステナブル・ファイナンス有識者会議では、「企業開示の充実」「市場機能の発揮」「金融機関の投融資先支援とリスク管理」等のサステナブル・ファイナンスの推進策について、提言が行われている。

(5) 各ファイナンスの位置づけ

サステナブル・ファイナンスについては、その概念が持続可能な社会を実現するための資金調達手段と広範かつ抽象的であり、サステナブル・ファイナンスとほかのファイナンスの関係やサステナブル・ファイナンスを構成するとされる各ファイナンス同士の関係は、必ずしも明らかにされているわけではないように思われる。ただ、こういった各ファイナンス概念の位置づけを明らかにするよりも、それぞれのファイナンスにおける資金調達の手法や投融資の対象を理解しておくことのほうが重要であると思われる。そこで、以下ではQ＆Aを通じて、資金調達の手法として、①ESG投資（Q7-1ないしQ7-4）、②インパクトファイナンス（Q7-5）および③グリーン

ファイナンス（Q7-6）について説明し、また、投融資の対象として、④再生可能エネルギー発電事業（Q7-7ないしQ7-10）、⑤グリーンビルディング（Q7-11）および⑥その他のサステナブル・ファイナンスの対象となるもの（Q7-12）について説明することにしたい。

2 Q & A

| Q 7 - 1 | ESG投資とは何か |

(1) ESG投資の手法

　ESG投資とは、ESG要素を考慮した投資手法のことをいう。

　ESG投資にはさまざまなアプローチがある。歴史的にみると、1920年代に英米のキリスト教教会で酒、煙草およびギャンブル等を投資対象から除外したこと（ネガティブ・スクリーニング）が社会投資責任（SRI）の始まりであり、ESG投資の起源であるとされる。ネガティブ・スクリーニングは現在でもESGの観点から問題のある企業・事業を投資対象から除外する手法として用いられている。ネガティブ・スクリーニングのほか、代表的な手法として、以下のようなものがあげられる。

手法	内容
ネガティブ／除外スクリーニング	なんらかのESGの基準に基づいて特定のセクターや組織等を投資先から除外する手法
ESGインテグレーション	投資判断に従来考慮してきた財務情報のみならず、ESGの要素も含めて体系的かつ明示的に分析をする手法
エンゲージメント株主行動	株主として企業に対してESGに適合する経営方針や行動を促すように働きかける手法（経営陣との対話、株

	主提案の提出、議決権行使等）
規範に基づくスクリーニング	ESG関連の国際規範に基づき、ビジネス活動の最低基準に満たない組織等を投資対象から除外する方法
ポジティブ・スクリーニング	同業他社と比較してESG関連の評価が高いセクター、組織、プロジェクト等に投資する手法
サステナビリティ・テーマ投資	サステナビリティに関するテーマ、組織、資産等に対して投資を行う手法
インパクト投資	社会・環境関連課題の解決を目的として投資を行う手法

出所：水口剛『サステナブルファイナンスの時代―ESG／SDGsと債券市場』（金融財政事情研究会、2019年）28頁をもとに筆者作成

⑵ SDGs債に対する投資

　上記のとおりESG投資にはさまざまなアプローチがあるが、そのなかで現在注目されているのが、SDGs債に対する投資である。日本証券業協会によれば、SDGs債には、グリーンボンド、ソーシャルボンド、サステナビリティボンド、サステナビリティ・リンク・ボンドおよびトランジションボンドが含まれるとされている。それぞれボンドの区分に対応してローンも存在しており、実際にはローンにより資金調達される場合もある。

　各SDGs債については国内外で各種ガイドラインが発行されており、その種類は以下のとおりである。

【ボンド】

	国外	国内
グリーン	Green Bond Principles（ICMA）	グリーンボンドガイドラインおよびサステナビリティ・リンク・ボンドガイドライン（環境省）
ソーシャル	Social Bond Principles（ICMA）	ソーシャルボンドガイドライン（金融庁）
サステナビリティ	Sustainability Bond Guidelines（ICMA）	グリーンボンドガイドラインおよびサステナビリティ・リンク・ボンド

		ガイドライン（環境省）／ソーシャルボンドガイドライン（金融庁）[注]
サステナビリティ・リンク	Sustainability-Linked Bond Principles（ICMA）	グリーンボンドガイドラインおよびサステナビリティ・リンク・ボンドガイドライン（環境省）
トランジション	Climate Transition Finance Handbook（ICMA）	クライメート・トランジション・ファイナンスに関する基本指針（金融庁・経済産業省・環境省）

注：サステナビリティボンドについては、グリーン性を有する場合にはグリーンボンドガイドラインが適用され、ソーシャル性を有する場合にはソーシャルボンドガイドラインが適用される。

【ローン】

	国外	国内
グリーン	Green Loan Principles（LMA等）	グリーンローンおよびサステナビリティ・リンク・ローンガイドライン（環境省）
ソーシャル	Social Loan Principles（LMA等）	―
サステナビリティ	―	―
サステナビリティ・リンク	Sustainability Linked Loan Principles（LMA等）	グリーンローンおよびサステナビリティ・リンク・ローンガイドライン（環境省）
トランジション	―	クライメート・トランジション・ファイナンスに関する基本指針（金融庁・経済産業省・環境省）[注]

注：クライメート・トランジション・ファイナンスに関する基本指針は、「主に債券を対象とした記載となっているが、ローンにおいても同様の考え方を活用することが可能である」とされている。
出所：筆者作成

　SDGs債については、明確なルールが定められているわけではないため、何を基準にSDGs債と判断すればよいのかむずかしい部分があった。しかし、

法的拘束力はないものの、ガイドラインが参照可能な基本的枠組みを提示したことにより、発行体がこれに依拠してSDGs債を発行することが可能となった。また、SDGs債に明確なルールがないことに起因して、実際の環境改善効果が伴わないにもかかわらず、投融資先の企業やその商品・サービス等があたかも環境に配慮しているかのように見せかけること（グリーンウォッシュ）が問題視されているが、ガイドラインが発行体に情報開示を要求し、開示情報をもとに投資家その他の市場関係者がSDGs債を評価することが可能となり、市場を通じてグリーンウォッシュを牽制することが期待されている。

　これら各SDGs債の関係は、図表7－1のように整理することが可能であると考えられる。

　各SDGs債の詳細についてはそれぞれ後述するが（Q7－2、Q7－3、Q7－4）、図表7－1のポイントは、最初に①資金使途制限のあるグループ（グリーンボンド、ソーシャルボンドおよびサステナビリティボンド）、②資金使途制限のないグループ（サステナビリティ・リンク・ボンド）ならびに③資金使途制限の有無が関係ないグループ（トランジションボンド）に区別され、次に①資金使途制限のあるグループのなかでその資金使途の内容によりグリーンボンド、ソーシャルボンドおよびサステナビリティボンドが区別され

図表7－1　SDGs債の関係

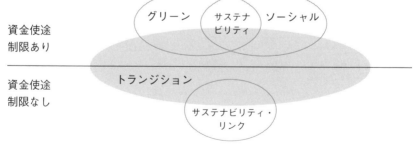

出所：筆者作成

208

るという点にある。

Q 7－2 グリーンボンド、ソーシャルボンド、サステナビリティボンドとは何か

(1) グリーンボンド、ソーシャルボンドおよびサステナビリティボンドの特徴

　グリーンボンド、ソーシャルボンドおよびサステナビリティボンドは、いずれも資金調達目的が特定の使途に限定された債券で、その違いは図表7－2のとおり調達資金の使途にある。

　グリーンボンドの発行事例としては、再生可能エネルギー発電施設の設置や後述するグリーンビルディングの建設等がある（Q7－11）。ソーシャルボンドの発行事例としては、低所得者層にもアクセス可能な医療機関の建設や公立学校の建設等がある。サステナビリティボンドの発行事例としては、コーヒー豆の生産支援があり、農地や水資源等の持続可能な利用に貢献するとともに、小規模農家に対する技術支援や設備投資を通じた所得向上に寄与したという点で、グリーンプロジェクトとソーシャルプロジェクトの双方を満たすものとされた。あるプロジェクトが環境面での便益と社会面での便益を兼ね備える場合、債券をグリーンボンド、ソーシャルボンドまたはサステ

図表7－2　調達資金の使途

SDGs債の種類	グリーンボンド	ソーシャルボンド	サステナビリティボンド
調達資金の使途	環境関連目標に貢献する事業（グリーンプロジェクト）への充当	社会的課題の解決に貢献する事業（ソーシャルプロジェクト）への充当	グリーンプロジェクトおよびソーシャルプロジェクト双方への充当

出所：筆者作成

ナビリティボンドのどれに分類するかについては、当該プロジェクトの主な目的に基づいて発行体が決めるべきとされている。

(2) 核となる要素および重要な推奨項目

グリーンボンド、ソーシャルボンドおよびサステナビリティボンドには、以下のとおり、それぞれ(i)内容に含めるべき「核となる要素」と(ii)内容に含めることが望ましい「重要な推奨項目」がある。

【核となる要素】

① 調達資金の使途

② プロジェクトの評価・選考プロセス

③ 調達資金の管理

④ レポーティング

【重要な推奨項目】

① フレームワークの策定・公表

② 外部評価

すなわち、核となる要素との関係では、前述のとおり、①調達資金の使途がグリーンプロジェクト、ソーシャルプロジェクトまたはその双方であることが明示され、②発行体は当該プロジェクトをどのように評価しそれを選定したのかを明らかにすべきとされている。なお、グリーンプロジェクトのリファイナンスにおいてグリーンボンドを活用することも認められている。一見するとグリーンボンドによって調達された資金の使途は既存社債の償還や既存借入れの返済ということになり調達資金の使途の要件を満たさないようにも思えるが、グリーンプロジェクトのリファイナンスも既存のグリーンプロジェクトを維持するものであるため、調達資金の使途の要件を満たすものとされている。また、③発行体による調達資金の保管状況が追跡され、充当結果が検証されるべきであり、④発行体は調達資金に関する情報を継続的に開示すべきとされている。たとえば、グリーンボンドとして資金調達が行われたとしても、発行体が一般的に運営資金を預け入れている預金口座に調達

した資金を入金すればどれがグリーンボンドにより調達した資金かわからなくなる可能性があるため、口座を分けるなどの工夫が必要になる。また、発行体が調達資金に関する情報を継続的に開示することで、市場等からの監視が働くことになり、グリーンボンド等で調達した資金が適切に管理・運用されることが期待される。

　また、重要な推奨項目との関係では、①発行体は、資金調達に関するフレームワーク等が実際に4つの「核となる要素」に適合していたのかを説明し、②外部評価機関から適合性についての評価を取得することが望ましいとされている。ここでいうフレームワーク等は、発行体のサステナビリティ戦略全般についての包括的な取組みのことをいい、発行体には今回のグリーンボンド等の発行がサステナビリティ戦略全体との関係で適合していたのかを説明することが期待されている。

Q 7 − 3　サステナビリティ・リンク・ボンドとは何か

(1)　サステナビリティ・リンク・ボンドの特徴

　サステナビリティ・リンク・ボンドは、資金調達目的が特定の使途に限定されていない債券である。そのため、資金を事業運営に充当することも可能である。サステナビリティ・リンク・ボンドの特徴は、一定の条件を満たすと債券の内容が変化するという点にある。発行事例としては、事業用電力を100%再生可能エネルギーでまかなうことを目標として設定し、債券の内容として目標を達成できなかった場合には利率が増加すると定められた例がある。

(2)　核となる要素

　サステナビリティ・リンク・ボンドには、以下のとおり、内容に含めるべき「核となる要素」がある。

【核となる要素】

① Key Performance Indicators（KPIs）の選定

② Sustainability Performance Targets（SPTs）の設定

③ 債券の特性

④ レポーティング

⑤ 検証

　すなわち、発行体は、ESGの課題にとって重要な指標（Key Performance Indicators（KPIs））を選定し、KPIsごとに達成すべき目標（Sustainability Performance Targets（SPTs））を設定すべきとされる。そして、SPTsが達成された場合または達成されなかった場合に債券の特性がどのように変化するかを定めておくべきとされる。上記の発行事例との関係でいえば、①事業用電力を再生可能エネルギーでまかなうというKPIsとの関係で、②毎年特定の日における事業量電力における再生可能エネルギー由来の電力の割合が100%であるというSPTsを設定し、③当該SPTsが達成されなかった場合に、次の判定日までは債券の利率が増加するという債券の特性が定められると説明できる。債券の特性の変化としては、利率（スプレッド）の増減が定められることが多いが、定め方が限定されているわけではなく、調達可能資金額やコミットメントフィー料率の増減が定められる場合もある。

　そして、④発行体は、KPIsに関するSPTsの達成状況や債券の変化の有無について継続的に開示すべきで、⑤外部評価機関からも検証を受けるべきとされている。サステナビリティ・リンク・ボンドの場合、発行体および投資家ともに債券の特性の変化に関心が高くなることが一般的であるから、特に債券の特性の変化に係る判定が続く間は、定期的なレポーティングおよび検証が求められることになる。

　冒頭で述べたとおり、サステナビリティ・リンク・ボンドの場合、資金調達目的が特定の使途に限定されていないため、調達した資金を事業運営に充当することも可能であり、それだけであれば通常の運営資金調達目的の債券発行となんら変わりがないことになる。サステナビリティ・リンク・ボンド

をこれらの通常の債券と区別しているのは、ESG課題の解決と債券の特性を紐づけている点といえる。

(3)　サステナビリティ・リンク・ボンドの留意点

なお、サステナビリティ・リンク・ボンドにおいて、SPTsの未達成の場合に債券の特性が投資家に有利に変化すると定められている場合、モラルハザードの問題があるといわれる。すなわち、投資家としては、（リスク・リターンに加えて）ESG課題の達成をも考慮してサステナビリティ・リンク・ボンドに投資したはずが、SPTsが達成されないほうが債券の特性が有利に変化するため、SPTsが達成されず、ESG課題も解決されないことに期待してしまうことになる。

そのため、サステナビリティ・リンク・ボンドのなかには、たとえば債券の特性が変化して利率が増加した場合、当該利息については、寄付に充当したり、発行体に留保して新たなESG投資への利用を義務づけたりするといった仕組みを採用しているものもある。他方、同様のサステナビリティ・リンク・ボンドが発行される場合、発行体としてはSPTsを低く設定することにインセンティブが働く点にも留意が必要である。すなわち、発行体からすれば、SPTsが低く設定されていれば、これを容易に達成して債券の特性が投資家に有利に変更することを回避できるし、ESG課題を解決したとして環境改善に対する姿勢をアピールしやすい。たとえば、上記の発行事例でいえば、SPTsを事業用電力に占める再生可能エネルギー由来の電力の割合を100％に設定するのではなく、10％と設定したほうが達成しやすいといえる。もっとも、これでは発行体に再生可能エネルギーの使用割合を高めるというインセンティブが働かず、環境が改善されないことになる。そのため、サステナビリティ・リンク・ボンドのSPTsについては、従来どおりの事業シナリオを超えるといったように野心的なものであるべきとしてガイドライン上で指摘がなされている。

Q 7－4　トランジションボンドとは何か

(1)　トランジションボンドの特徴

　トランジションボンドには、資金調達目的が特定の使途に限定された債券と限定されていない債券がある。その意味で、トランジションボンドであるか否かの判断にあたっては、資金調達目的が特定の使途に限定されているか否かは無関係である。

　トランジションボンドの特徴は、特に温室効果ガス排出削減が容易ではないセクター（現段階において脱炭素化が困難な産業部門・エネルギー転換部門等）において、低炭素化への取組み、すなわち段階的な脱炭素化への移行（トランジション）を支援する点にある。

　発行事例としては、重油燃料船を使用する海運会社において、将来的には水素・アンモニアを活用したゼロエミッション船の使用を想定しながらも、それを実現するまでのブリッジソリューションとして、重油燃料船よりも温室効果ガス排出量の少ないLNG燃料船を調達するという例がある。もちろん、最終的には温室効果ガスが排出されないゼロエミッション船の導入が望ましいことに争いはないが、それが技術的または予算的な理由等で直ちに導入することが困難な場合、現状を維持して重油燃料船の使用を継続することがベストかというとそうではない。環境問題の改善という観点からすると、重油燃料船にかえてLNG燃料船を使用し、環境問題の悪化を抑制することにも十分に意義があるのであり、将来技術的または予算的な理由等が解消された際にゼロエミッション船を導入すればよい。このようないったん低炭素化を挟む段階的な脱炭素化への移行を財務的に支えるのがトランジションボンドの役割である。

　なお、トランジションボンドの発行を含むトランジションファイナンスについては、経済産業省により業務分野ごとのロードマップの策定が行われて

おり、各業界における気候変動対策の指標となるとともに投融資を行う金融機関にとって事業の適格性を判断する際の指標となると考えられる。

(2) ほかのSDGs債との関係

前述のとおり、トランジションボンドであるか否かの判断にあたっては、資金調達目的が特定の使途に限定されているか否かは無関係であるため、トランジションボンドはほかのSDGs債と排他的な関係にあるわけではない。そのため、たとえばトランジションボンドの資金調達目的がグリーンプロジェクトに限定される場合にはグリーンボンドの要件を充足する必要があり、トランジションボンドの資金調達目的を限定せずにサステナビリティ・リンク・ボンドとして発行する場合はサステナビリティ・リンク・ボンドの要件を充足する必要がある。

(3) 重要な推奨開示要素

トランジションボンドには、以下のとおり「重要な推奨開示要素」がある。

【重要な推奨開示要素】
① 発行体のクライメート・トランジション戦略とガバナンス
② ビジネスモデルにおける環境面のマテリアリティ
③ 科学的根拠のあるクライメート・トランジション戦略（目標と経路を含む）
④ 実施の透明性

すなわち、①発行体はクライメート・トランジション戦略とガバナンスを開示して自らの戦略的計画等を示し、②当該戦略的計画等が発行体の事業活動において環境面で重要な部分に係るものであることを開示すべきとされている。③また、当該戦略的計画等について、より具体的に、温室効果ガスの削減目標を広く認知されたシナリオや手法を使用して設定したうえ、④そのための資金調達計画等に関しても明らかにして実施の透明性を確保するべき

とされている。

(1) インパクトファイナンスの特徴

インパクトファイナンスとは、従来からの投融資でも考慮されてきたリスクやリターンに加え、投融資が与える社会的なインパクトをも考慮したファイナンスのことをいう。

従来、投融資を行うか否かを判断するにあたっては、主にその投融資が抱えているリスクとその投融資によって得られるリターンの2つの基準で検討されてきた。これに加えて、第3の基準として社会的なインパクトをも考慮するのがインパクトファイナンスである。すなわち、従来からのリスクやリターンのみならず、投融資が与える投融資先の環境・社会・経済へのポジティブまたはネガティブなインパクトをも考慮して投融資の判断を行うのである。

リスクとリターン以外の要素を考慮するファイナンスという意味では、インパクトファイナンスと前述したESG投資（Q7-1）には共通する部分がある。いずれも、ステークホルダー資本主義を背景に、従来非財務的要素とされてきたステークホルダーに与える影響に価値を見出し、投融資の判断に組み込むことによって中長期的に適切にリスクを管理しリターンを獲得するというファイナンス手法にほかならない。もっとも、インパクトファイナンスは、ESG投資と比較した場合、積極的にインパクトを与えることを意図する点と与えたインパクトの測定を行う点に特色があり、ESG投資の発展形であると評価されている。

(2) インパクトファイナンスの要素

環境省ESG金融ハイレベル・パネルポジティブインパクトファイナンスタ

スクフォースが、国連環境計画金融イニシアティブ（UNEP FI）のポジティブインパクト金融ファイナンス原則やグローバル・インパクト投資ネットワーク（GIIN）のインパクト投資の定義、インパクト・マネジメント・プロジェクト（IMP）の考え方等を基礎として整理したところによれば、インパクトファイナンスは以下の4つの要素をすべて満たす必要があるとされる[1]。

① インパクトを生み出す意図

　投融資時に、環境、社会、経済のいずれの側面においても重大なネガティブインパクトを適切に緩和・管理することを前提に、少なくとも1つの側面においてポジティブなインパクトを生み出す意図をもつものである必要がある。

② インパクトの評価・モニタリング

　インパクトの評価およびモニタリングを行うものである必要がある。

③ インパクトの情報開示

　インパクトの評価結果およびモニタリング結果の情報開示を行うものである必要がある。

④ 適切なリスク・リターンの確保

　中長期的な視点に基づき、個々の金融機関・投資家にとって適切なリスク・リターンを確保しようとするものである必要がある。

(3)　インパクトファイナンスの基本的流れ

　個別の投融資におけるインパクトファイナンスの基本的流れは図表7－3のとおりである。前述のとおり、投融資の前後を通じて、積極的に与えるべきインパクトを特定し、当該インパクトの測定と公表を一連のフローにしたものであると評価できる。

① インパクトの特定

1　環境省「インパクトファイナンスの基本的考え方について」（2020年10月）

図表 7 － 3　個別の投融資におけるインパクトファイナンスの基本的流れ

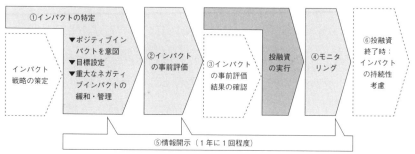

出所：環境省「インパクトファイナンスの基本的考え方について」（2020年10月）11頁

　ポジティブ／ネガティブの両面で、特に重大と考えられるインパクト（以下、本章において「コア・インパクト」という）を特定する。

　ポジティブインパクトについては、特定したインパクトを生み出す意図をもって目標を設定し、ネガティブインパクトについては、発生した場合に重大な影響を及ぼすインパクトを特定する。

② 　インパクトの事前評価

　特定したコア・インパクトについて、可能な限り、測定可能なKPIと数値目標を設定し、定量的に評価する。

③ 　インパクトの事前評価の確認（必要に応じて実施）

　ポジティブインパクトの有無やネガティブインパクトの緩和・管理状況等により、ⅰ)ポジティブインパクト、ⅱ)ポジティブインパクトトランジション、ⅲ)ポジティブインパクトに該当しない、に分類し、現状の把握・確認を行うことで、投融資先がより望ましい方向に移行していく動機づけとして活用することができる。

④ 　インパクトのモニタリング

　特定したコア・インパクトについてモニタリングして、定期的にKPIに基づき測定し、定量的目標を設定している場合にはその達成度も評価する。

⑤ 　インパクトの情報開示

　投融資時には、特定したコア・インパクト、KPIや事前評価の結果等につ

いて、投融資後にはモニタリングの結果について情報開示を行う。

⑥　投融資終了時におけるインパクトの持続性の考慮（必要に応じて実施）

　投融資を終了する際、その後事業が継続する場合等、新たなオーナーシップのもとでのインパクトの持続性に及ぼす影響を必要に応じて考慮することが期待される。

Q 7−6 グリーンファイナンスとは何か

---

(1)　グリーンファイナンスと気候変動リスク

　グリーンファイナンスとは、気候変動リスクに対応するための資金調達手法のことをいう。

　気候変動リスクに対しては、1992年の気候変動枠組条約（地球温暖化防止条約）の締結以降、国連気候変動枠組条約締約国会議（COP）が毎年開催され、京都議定書やパリ協定の採択を経て各国が対策を講じてきたところであるが、2021年11月にはグラスゴー気候合意が採択された。グラスゴー気候合意では、パリ協定の目標（世界平均気温の上昇を産業革命前に比べて2度を十分に下回るものに抑え、1.5度以内に抑える努力を継続すること）が再確認され、締約国は、今世紀半ばのカーボンニュートラルおよびその経過点である2030年に向けての野心的な気候変動対策が求められた。日本政府も、2020年10月に「2050年カーボンニュートラル」を宣言しており、温暖化への対応を喫緊の課題としてとらえている（Q6−3）。

　こうした各種目標を達成し、気候変動リスクに対応するためには、巨額な資金が必要になるが、そのすべてを公的資金でまかなうことは現実的ではないため、民間資金の導入が必要不可欠になる。これを可能にするのがグリーンファイナンスである。

⑵　グリーンファイナンスの活性化

　グリーンファイナンスを活性化するにあたっては、民間がグリーンファイナンスに参入しやすくするための体制の整備が必要となる。整備されている体制としては以下のようなものがある。

ア　ガイドラインの発行

　現時点において、グリーンファイナンスについての明確なルールが定められているわけではないが、前述したとおり、国内外ではグリーンボンドやグリーンローンについてのガイドラインが発行されている（Q7−1）。ガイドライン自体に法的拘束力はないが、参照可能な基本的枠組みが提示されたことにより、グリーンファイナンスの導入がサポートされたといえる。

　また、グリーンファイナンスについては明確なルールが定められていないため、投資対象が「グリーン」とラベリングされているにもかかわらず、その名称にふさわしい性質・品質を有していないおそれがある（グリーンウォッシュ）。グリーンファイナンスの環境改善効果に対する信頼性を確保するためには、グリーンウォッシュ債券が市場に出回ることを防止する必要がある。ガイドラインはグリーンファイナンスにおける資金調達者に情報開示を要求し、投資家その他の市場関係者による適切な評価を確保することで、グリーンウォッシュ債券に対する市場の牽制を働かせる体制を確保している。

イ　グリーン成長戦略

　前述した日本政府の「2050年カーボンニュートラル」宣言を受けて、2020年12月には2050年カーボンニュートラルに伴うグリーン成長戦略が策定された。そこでは、温暖化への対応を経済成長の制約やコストとする時代は終わり、国際的にも成長の機会ととらえる時代に突入したとされ、このように経済と環境の好循環をつくっていく産業政策がグリーン成長戦略であるとしている。もっとも、支援なくして民間企業が変革に取り組むことは容易ではないことから、政府は民間企業が挑戦しやすい環境を整える必要があるとして、まずは成長が期待される産業（14分野）において高い目標を設定し、あ

らゆる政策を総動員することとしている。

(3) グリーンファイナンスの手法

グリーンファイナンスの主な手法としては、グリーンボンドやグリーンローンが想定されている。グリーンボンドの詳細については前述のとおりである（Q7-2）。

グリーンボンドとグリーンローンで共通する部分は大きいが、グリーンボンドの場合、資本市場において不特定多数に発行されうることから内容に画一性が要求されるのに対し、グリーンローンの場合、貸主と借主の間で個別的に内容を定めることが可能という特性に留意することが必要である。たとえば、環境省のグリーンローンおよびサステナビリティ・リンク・ローンガイドラインにおいても、核となる要素のレビューについて、借主の対応を確認する内部的な専門性が確立されており、その確認の有効性が実証されていれば、レビューは借主の自己評価で足りうる場合がある旨が記載されている。また、グリーンローンについては、複数トランシェの一部がグリーンローンであるような場合、当該グリーンローンに係るトランシェの明確な指定と適切な方法による資金の追跡管理が必要になるものと考えられる。

Q 7-7 洋上風力発電事業とは何か

---

(1) 洋上風力発電事業が注目されている理由と再エネ海域利用法

2050年カーボンニュートラルに向けた脱炭素化において、再生可能エネルギーの活用は不可欠であるところ、国内においてはFeed-in Tariff（以下、本章において「FIT」という）制度のもとで太陽光発電事業や風力発電事業が普及し、これらに適した事業用地が少なくなってきている。他方、日本は海に囲まれているという特性をもちながらも、欧州等で盛んな洋上風力発電事業

の運用事例が少なく、現在注目を集めている。洋上風力発電事業を含む再生可能エネルギー発電事業は、発電時の脱炭素化を図るものとしてグリーンプロジェクトを代表するものといえる。そのため、洋上風力発電事業における資金調達手段として、グリーンボンドやグリーンローンを利用することも考えられる。

これまで国内で洋上風力発電事業が普及してこなかった原因は陸上風力発電事業とは異なる固有の課題を抱えていたからであったが、再エネ海域利用法が2019年4月から施行されたことで、これらの課題が整理された。すなわち、洋上風力発電事業を実施するにあたっては海域の一部を長期間占有することになるが、従来は一般海域を占有する統一的な法的根拠が明らかではなかった。一般海域とは異なり、港湾区域においては、港湾法等の公物管理法が存在していたため、当該法律の定める管理制度に従い占有許可を受けて洋上風力発電事業を行うことが可能であった。これに対し、一般海域においては、これまで海域の占有に関する統一的な法的根拠がなく、都道府県の条例により調整されるべきとの整理がされてきたが、都道府県の条例は洋上風力発電事業を想定した内容となっておらず、また都道府県ごとに内容が異なり統一性がないなどの問題点があった。しかし、再エネ海域利用法が一般海域の占有を最長30年間認めたことによりこの問題が解決された。また、洋上風力発電事業を行うにあたっては、漁業関係者や船舶港運事業者等の海域を先行的に利用している人々との利害関係の調整が必要になるが、再エネ海域利用法は、関係者間の協議の場として協議会を設置するなどして利害関係の調整を図ることとした。

(2) 洋上風力発電事業の実施状況

再エネ海域利用法の施行により洋上風力発電事業の実現に向けた準備が進むなかで、先行案件である①長崎県五島市沖に加え、2021年12月には②秋田県由利本荘市、③秋田県能代市、三種町および男鹿市ならびに④千葉県銚子市の3海域で洋上風力発電事業者が選定された。洋上風力発電事業者の選定

にあたり、公募の際の入札価格の上限は29円／kWhに設定されていたが、落札者はこれをはるかに下回る価格で入札したことで注目を集め（②秋田県由利本荘市が11.99円／kWh、③秋田県能代市、三種町および男鹿市が13.26円／kWhならびに④千葉県銚子市が16.49円／kWh）、公募における入札価格が与える影響力が議論を呼んだ。また、2023年7月時点では、そのほかに促進地域として指定されている⑤秋田県八峰町能代市沖、⑥長崎県西海市江島沖、⑦秋田県男鹿市・潟上市・秋田市沖、⑧新潟県村上市・胎内市沖で発電事業者の選定中であり、結果が注目されている。

(3) 洋上風力発電事業に固有の問題

　洋上風力発電事業を実施するにあたっては、これまでの陸上風力発電事業をはじめとする再生可能エネルギー発電事業の実例が参考になるが、洋上風力発電事業に固有の問題にも留意しなければならない。

　たとえば、洋上風力発電事業の開発にあたっては、工事が大規模かつ複雑になるため、各工事を専門とする複数の工事請負業者（EPCコントラクター）に工事を担当してもらう必要がある。もっとも、発電事業者が複数の工事請負業者と直接に契約を締結する場合、洋上風力発電設備に瑕疵が見つかって損害が発生したときには、瑕疵がどの工事請負業者の工事に起因するものなのか特定が困難になるという問題（インターフェース・リスク）が生じる。また、洋上風力発電設備の設置にあたっては沖合で大規模な工事を行う必要があるため、自己昇降式作業台船（SEP船）の手配が必要になるが、そもそもSEP船は十分に数がそろっているとは限らず、確保が困難であるため、一度洋上風力発電整備の設置工程に遅れが生じた場合、SEP船が手配できなくなるか、手配できるとしても多額の追加コストが生じるといった問題も生じうる。

　このほかにも、運転・保守期間中の問題や、漁業関係者との調整の問題、開発資金をプロジェクトファイナンスで調達する場合に沖合の洋上風力発電設備をどのように担保として押さえるかといった問題が残されており、洋上

風力発電事業を行うにあたっては、さまざまな専門家の協力が不可欠となっている。

Q 7 − 8 コーポレートPPA事業とは何か

---

(1) コーポレートPPAとは

　コーポレートPPAとは、特定の需要家である企業が、特定の発電事業者から電力を調達することをいう。PPAはPower Purchase Agreementの略称で、日本語では電力購入契約を意味する。

　コーポレートPPAのメリットとしては、まず市場価格の変動リスクをヘッジして電力価格を中長期的に固定できることがあげられる。すなわち、発電事業者が発電した電力を市場で売却する場合または需要家が電力を小売電気事業者から購入する場合、売却価格または購入価格は市場価格に依拠するため変動する。他方、コーポレートPPAの場合、後述するとおり形態の差はあるが、発電事業者と需要家の間で電力価格について固定価格で合意が行われるため、市場価格の変動による価格への影響を受けないことになる。また、調達する電力が再生可能エネルギー発電事業により生成されたものであれば、非化石証書のやりとりを通じて再生可能エネルギー発電事業に由来する電力を中長期的に確保できることもメリットとしてあげられる。

(2) コーポレートPPAの分類

　コーポレートPPAは、オンサイトPPAとオフサイトPPAに区分される。オフサイトPPAは、さらに、フィジカルPPAとバーチャルPPAに区分される。

(3) オンサイトPPA

　オンサイトPPAとは、コーポレートPPAのうち発電設備が需要家の需要

図表 7 - 4　オンサイトPPAの契約形態

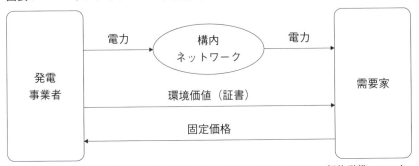

出所：公益財団法人自然エネルギー財団「日本のコーポレートPPA　契約形態、コスト、
　　　先進事例」（2021年11月）4頁

場所内に設置される形態をいう（図表 7 - 4 参照）。

　「一の需要場所」内における電力のやりとりは電気事業法の「供給」に該
当せず、小売電気事業者を介する必要がないとされているところ、オンサイ
トPPAの場合、発電設備の設置場所が需要家による需要場所内にあって当
該要件を満たすため、小売電気事業者を介する必要がない。そのため、発電
事業者は、需要家に対し、直接に電力および環境価値を売却することがで
き、需要家はこれに対する対価を支払う。このように電気事業法上の許認可
による規制の範囲外で発電事業を行えることを一因として、日本ではオンサ
イトPPAの件数が増加している。そのなかでもよくみられるのが、需要家
の建物の屋上等に発電事業者が太陽光発電設備を設置して発電事業を行い、
需要家に売電するというスキームである。需要家が自身で太陽光発電設備を
設置する場合（自家発電の場合）と比較すると、需要家は太陽光発電設備の
設置およびその後の運転・保守を自身で行う必要がないため、需要家にとっ
てメリットも大きい。

⑷　オフサイトPPA

　オフサイトPPAとは、コーポレートPPAのうち発電設備が需要家の需要
場所外に設置される形態をいう（図表 7 - 5 、図表 7 - 6 参照）。

図表7－5　フィジカルPPAの契約形態

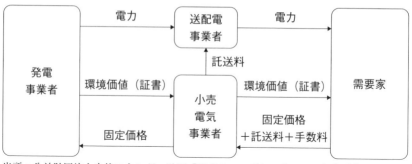

出所：公益財団法人自然エネルギー財団「日本のコーポレートPPA　契約形態、コスト、先進事例」（2021年11月）5頁

　オフサイトPPAの場合、発電事業者が需要家に電力を売却するにあたっては小売電気事業者を介在させる必要があるなど、オンサイトPPAに比べると規制が厳しい。

ア　フィジカルPPA

　前述のとおり、オフサイトPPAはフィジカルPPAとバーチャルPPAに区分されるところ、フィジカルPPAは、オフサイトPPAのうち、需要家が特定の発電事業者が発電した電力を直接調達する形態をいう。発電事業者は、電力および環境価値をいったん小売電気事業者に売却し、これを小売電気事業者が需要家に売却する。そして、需要家はこれに対する対価に加えて、送配電ネットワークを利用するための託送料および小売電気事業者の手数料を支払う。

　フィジカルPPAの場合、電力価格は発電事業者と需要家の間の合意により定められるため、両者が合意すれば固定価格を実現することが可能である。ただ、需要家にとっては託送料や手数料が上乗せされる分、オンサイトPPAに比べると負担が大きく、発電事業者にとっても固定価格を引き上げにくい部分がある。そのため、発電事業者からすれば、一定以上の規模の案件でなければ発電事業に投下した資金を回収することがむずかしくなるが、それでも、たとえば複数の場所で発電事業を行って投資に見合った案件規模

226

を確保するといった実例もみられる。

イ　バーチャルPPA

　バーチャルPPAでは、発電事業者が発電した電力を卸電力市場等に売却し、需要家が小売電気事業者から電力を購入するが、発電事業者が環境価値を小売電気事業者経由で需要家に売却する。卸電力市場等の売電価格は市場価格によるため変動価格になるところ、これを固定価格とする方法としては、①発電事業者と小売電気事業者の間であらかじめ合意しておいた固定価格と市場価格の差額を精算する方法（需要家は小売電気事業者に環境価値の対価と小売電気事業者の手数料を支払う）と②発電事業者と需要家の間であらかじめ合意しておいた固定価格と市場価格の差額を精算する方法（需要家は小売電気事業者に環境価値の対価と小売電気事業者の手数料を支払うが、固定価格と市場価格の差額の精算金額を反映する）が考えられる。前者の場合、市場価格の変動リスクは小売電気事業者が負担し、需要家は支払額を固定できるが、その分小売電気事業者に対する手数料が増額する可能性もある（図表7－6参照）。

　なお、バーチャルPPAにおいては、発電事業者が電力を卸電力市場等に変動価格で売却しつつも、小売電気事業者または需要家との間で固定価格による取引を合意し、固定価格と市場価格の差額を精算するため、この差額の

図表7－6　バーチャルPPAの契約形態

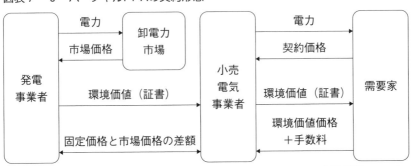

出所：公益財団法人自然エネルギー財団「日本のコーポレートPPA　契約形態、コスト、先進事例」（2021年11月）7頁

精算による取引形態が店頭デリバティブ取引に該当するのではないかという議論があった。そして、店頭デリバティブ取引に該当する場合、これを業として行うことは原則として商品先物取引に該当し、経済産業大臣の許可が必要となるため、バーチャルPPAへの参入には一定のハードルがあるとされていた。もっとも、この点については、2022年11月11日に経済産業省が「バーチャルPPAの差金決済等に係る商品先物取引法上の考え方の公表について」において、一般論としてではあるが、少なくとも①取引の対象となる環境価値が実態のあるものである（自称エコポイント等ではない）こと、および②発電事業者から需要家への環境価値の権利移転が確認できることを要件として、全体として再エネ証書等の売買と判断することが可能であれば、店頭デリバティブ取引に該当せず、商品先物取引法の適用がない旨を明らかにした。あくまでも一般論としての見解であり、個別案件ごとに検討が必要であるが、当該見解によってバーチャルPPAの件数が増えることが期待されている。

Q 7 − 9　非化石証書とは何か

(1)　非化石証書とは

　非化石証書とは、非化石電源由来の電気がもつ環境価値（非化石価値）を電気から切り離して証書としたものをいう。

　太陽光、風力、原子力等の非化石電源由来の電気については、発電時に地球温暖化の原因である温室効果ガスの排出量が少ないという特徴があり、その特徴は環境価値（非化石価値）として考えることができる。とすると、非化石電源由来の電気については、電気としての価値のほかに非化石価値があることになるが、この非化石価値を取り出して証書としたものが非化石証書である。

　このように非化石電源由来の電気には電気としての価値と非化石価値が含

まれていること、そして、それぞれを分離して取引することが可能であることには留意が必要である。すなわち、非化石電源由来の電気を購入したからといって非化石価値があるわけではなく、また、化石電源由来の電気を購入した場合であっても別途非化石証書を購入することで非化石価値があるものとして取り扱うことが可能である。

　なお、「証書」と表現されているが、非化石証書は、実際には一般社団法人日本卸電力取引所（JEPX）に開設される非化石証書管理口座において管理されている。

⑵　非化石証書の種類

　非化石証書は、再生可能エネルギー電源に由来するか否か、またFIT制度が適用されるか否かにより、①FIT非化石証書（再エネ指定あり）、②非FIT非化石証書（再エネ指定あり）および③非FIT非化石証書（再エネ指定なし）の３種類に区分される。その特徴は図表７－７のとおりである。

図表７－７　３種類の非化石証書の概要

	再エネ指定あり		再エネ指定なし
	FIT非化石証書	非FIT非化石証書	非FIT非化石証書
対象電源	FIT電源 （FIT制度の適用のある再エネ電源）	非FIT再エネ電源 （FIT制度の適用のない再エネ電源） ※大型水力、FIP、卒FIT等	非FIT非化石電源 （FIT制度の適用のない再エネ電源以外の非化石電源） ※原子力等
証書販売者	電力広域的運営推進機関（広域機関）	発電事業者	発電事業者
証書購入者	小売電気事業者 需要家 仲介事業者	小売電気事業者	小売電気事業者
取引方法	（相対取引不可） オークション（マルチプライス）	相対取引 オークション（シングルプライス）	相対取引 オークション（シングルプライス）
取引所	再エネ価値取引市場	高度化法義務達成市場	

出所：筆者作成

⑶　非化石価値取引市場

　電気から非化石証書を分離して取引することが可能になった以上、それを扱うための市場の整備が必要である。そのため、2018年には非化石価値取引市場が創設され、非化石証書の取引が可能になった。もっとも、購入主体が小売電気事業者に限定されていた。その後、2021年11月、非化石価値取引市場が再エネ価値取引市場と高度化法義務達成市場に分化した。再エネ価値取引市場では、証書購入者は小売電気事業者、需要家および仲介事業者であり、取引対象は①FIT非化石証書（再エネ指定あり）とされている。他方、高度化法義務達成市場では、証書購入者は小売電気事業者であり、取引対象は②非FIT非化石証書（再エネ指定あり）および③非FIT非化石証書（再エネ指定なし）とされている。

　また、非化石価値取引市場では、①FIT非化石証書（再エネ指定あり）のうち発電事業者側の同意を得た対象電源分のみを対象としてトラッキング（発電設備の所在地や電源の種類等の電源の属性情報を付与すること）が可能であったが、RE100（企業が自らの事業の使用電力を100％再エネでまかなうことを目指す国際的なイニシアティブ）で非化石証書を活用するためには発電所の位置情報等のトラッキングが行われている必要があったこと等から、トラッキング可能な範囲の拡大が希望されていた。そこで、再エネ価値取引市場では2021年度から発電事業者側の同意にかかわらず全量をトラッキングすることとされ、高度化法義務達成市場でも2022年2月よりトラッキングが開始された。

⑷　非化石証書とFIT制度／FIP制度

　非化石電源由来の電気に電気としての価値のほかに非化石価値が含まれていることは以前から変わらないはずだが、最近になって非化石証書や非化石価値取引市場が注目されているのは、FIT制度やFeed-in Premium（以下、本章において「FIP」という）制度にも関係している。すなわち、FIT制度下

では、同制度が再生可能エネルギー発電促進賦課金の徴収を通じて国民負担によりまかなわれているため、発電事業者に支払われる調達価格には非化石価値の買取価格も含まれているという前提のもと、売電後、発電事業者には非化石価値は残らないとの整理がなされてきた。そのため、発電事業者は電気から非化石証書を分離して売却する余地がなく、①FIT非化石証書（再エネ指定あり）との関係でも、証書販売者は発電事業者ではなくFIT制度／FIP制度の運営を担う電力広域的運営推進機関とされている。他方、FIT制度下以外（FIP制度下含む）では、調達価格による電気の購入がなく、売電後も発電事業者に非化石価値が残るとの整理がなされている。そのため、②非FIT非化石証書（再エネ指定あり）および③非FIT非化石証書（再エネ指定なし）との関係では証書販売者は発電事業者とされ、発電事業者は電気から非化石証書を分離してこれを別途売却することが可能となり、これを売却するための非化石価値取引市場が整備されたのである。

Q 7 −10 FIT／FIP制度とは何か

(1) FIT制度

　FIT制度とは、発電事業者により発電された電気が、一定価格（調達価格）で一定期間（調達期間）にわたって、電気事業者により買い取られることが保証された制度をいう。

　日本では再生可能エネルギー発電の普及を目的として、再生可能エネルギー（太陽光・風力・水力・地熱・バイオマス）を用いて発電された電気を対象にFIT制度が適用されてきた。すなわち、再生可能エネルギー発電を実現するためには発電設備の設置等に多額のコストがかかるところ、これを回収できるか否かが不確実であると再生可能エネルギー発電の導入が進まない。そこで、発電事業者による再生可能エネルギー発電により生じた電気につき、電力会社等の電気事業者には長期の固定期間にわたり固定価格での全量

買取義務が定められ、発電事業者によるコストの回収をより確実なものにし、再生可能エネルギー発電の普及が促進されたのである。

(2) FIP制度

FIP制度は、発電事業者により発電された電気が、卸市場等で売却された際に、プレミアム（基準価格と参照価格の差額）が発電事業者に交付される制度をいう。2021年4月に施行された改正再エネ特措法で上記のFIP制度が導入された。

火力発電等の従来からの発電事業においては、電力会社等の電気事業者には固定期間・固定価格での全量買取義務が定められているわけではなく、これらの条件は再生可能エネルギー発電を普及させるためのFIT制度における特例であったといえる。もっとも、FIT制度下における固定価格での売電対価の一部は電気利用者である国民が再生可能エネルギー発電促進賦課金というかたちで負担している。そこで、再生可能エネルギー発電事業を電力市場に統合することが目指されたが、いきなりFIT制度を全面的に撤廃しては、再生可能エネルギー発電事業のさらなる普及が阻害されかねない。そこで、再生可能エネルギー発電事業を電力市場に統合するにあたっては、投資のインセンティブの確保と国民負担の抑制を両立させるため、発電事業者にプレミアムを交付するかたちで段階的な統合が図られたのである。

すなわち、FIP制度のもとでは、発電事業者による売電は市場取引や一般の相対取引において行われるが、投資インセンティブを確保するため、売電価格とは別にプレミアムが交付される。このプレミアムは一定額の基準価格と市場取引等により期待される価格（変動価格）である参照価格の差額として算出される。そのため、たとえば発電事業者が相対取引で売電価格を参照価格と定めておけば、発電事業者は売電による参照価格分とプレミアム交付による基準価格と参照価格の差額分を得ることができるため、FIT制度におけるのと同様に、基準価格という固定価格での収入を確保できることになる。

FIP制度では固定価格での電気事業者による買取りが保証されておらず、自ら売電先を探したうえ、売電価格や売電期間を含めた売電条件を設定しなければならない。もっとも、その分ビジネスモデルを柔軟に設定しやすく、たとえば、市場価格が高額な時間帯に売電を行うようにシフトを設定すれば、高額な単価での売電が可能となる。そして、このように需要の高い時間帯での発電を促すことにより、他電源の調達コストを抑制し、国民負担の抑制につなげている（図表7－8、図表7－9参照）。

図表7－8　FIP制度の収入イメージ

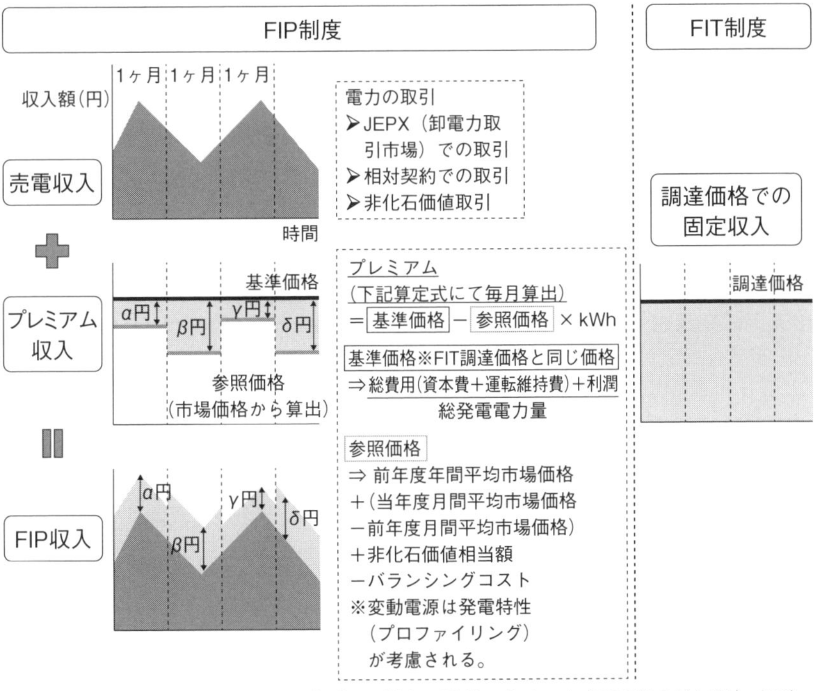

出所：経済産業省資源エネルギー庁「FIP制度の開始に向けて」（2022年2月14日）3頁

図表 7 － 9　契約形態による収入額の変化

・FIP制度の収入は「売電収入 ＋ プレミアム収入」であり、売電収入は相対契約の条件次第で事業者間で自由に設定ができる。他方でプレミアムは機械的に算出されるため契約による変化はない。
・例えば相対取引で「参照価格」買取をする場合、FIP発電事業者は契約期間中、原則固定収入を得ることができる。
　（参考）基準価格－参照価格＝プレミアム

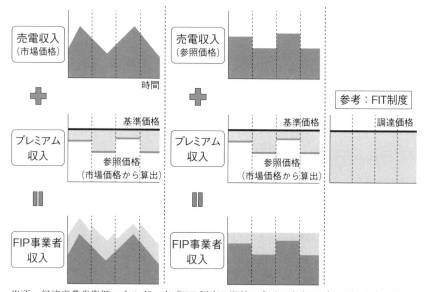

出所：経済産業省資源エネルギー庁「FIP制度の開始に向けて」（2022年 2 月14日） 25頁

⑶　FIT制度とFIP制度の適用対象

　FIT制度とFIP制度のいずれが適用されるかは、再生可能エネルギーの種類、案件の規模および開発の時期等によって異なる。ただ、基本的には各再生可能エネルギーにおいてFIT制度からFIP制度に移行する過程にあり、洋上風力発電事業を除けば、2023年度以降において、一定以上の規模の発電事業においてはFIP制度に一本化されており、2024年度以降においては、洋上風力発電事業のなかでも着床式洋上風力発電事業はFIP制度に一本化され、浮体式洋上風力発電事業との関係でのみFIP制度のみが認められる対象を設けないこととされている（図表7－10、図表7－11参照）。

図表7－10　FIT／FIP・入札の対象（太陽光・風力）のイメージ

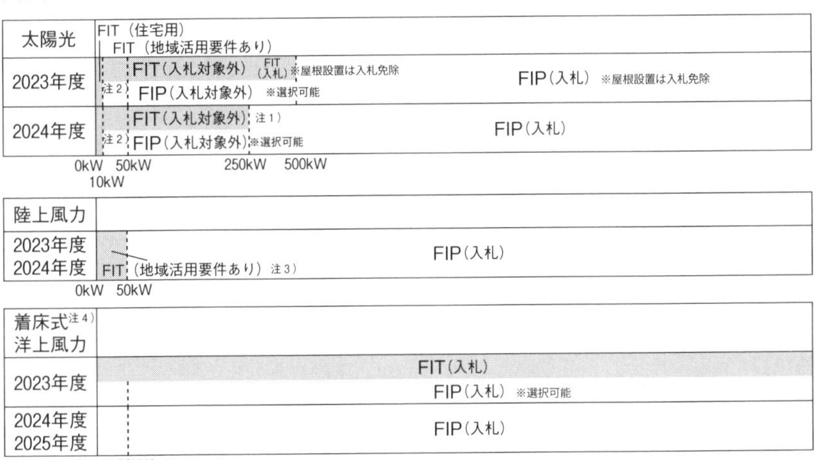

注1：太陽光の2024年度の入札対象の閾値は、2023年度の委員会で議論。上記は2023年度の閾値をそのまま仮定している。
注2：事業用太陽光は、2023年度以降、一定の条件を満たす場合には50kW未満であってもFIP制度が認められる。
注3：リプレースは入札対象外。特に1,000kW未満は、FIT/FIPが選択可能。
注4：浮体式洋上風力については、FIT/FIPが選択可能。
※　沖縄地域・離島等供給エリアはいずれの電源も地域活用要件なしでFITを選択可能とする。
出所：調達価格等算定委員会「令和5年度以降の調達価格等に関する意見」（2023年2月8日）別紙14

地熱・中小水力[注]		
2023〜2025年度	FIT（地域活用要件あり）／FIP（入札対象外）※選択可能	FIP（入札対象外）

0kW　50kW　　　　　　　　　　　　1,000kW

バイオマス（一般木質等）			
2023年度2024年度	FIT（地域活用要件あり）／FIP（入札対象外）※選択可能	FIP（入札対象外）	FIP（入札）

0kW　50kW　　　　　　　　　　2,000kW　　　　　10,000kW

バイオマス（液体燃料）	
2023年度2024年度	FIP（入札）

0kW　50kW

バイオマス（その他）		
2023年度2024年度	FIT（地域活用要件あり）／FIP（入札対象外）※選択可能	FIP（入札対象外）

0kW　50kW　　　　　　　　　　2,000kW　　　　　10,000kW

注：地熱・中小水力発電のリプレースは新設と同様の取扱い。
※　沖縄地域・離島等供給エリアはいずれの電源も地域活用要件なしでFITを選択可能とする。
出所：調達価格等算定委員会「令和 5 年度以降の調達価格等に関する意見」（2023年 2 月 8 日）別紙15

Ｑ 7 −11　グリーンビルディングとは何か

(1)　グリーンビルディングの重要性

　グリーンビルディングとは、エネルギー効率等の環境性能に配慮した建築物のことをいう。

　グリーンビルディングは近年その重要性を増しつつあるが、その背景には、投資判断にESG要素を考慮するという傾向に加え、法令上の規制においてもESG要素の考慮が要求されていることがある。たとえば、後述する建築

物省エネ法11条1項によると、住宅以外の一定の規模以上の建築物の新築または増改築については、建築物エネルギー消費性能基準に適合することが要求されている。また、同条2項が同条1項を建築基準関係規定とみなすことにより、対象となる建築物が建築基準法に基づく建築確認および完了検査の対象となり、基準に適合しなければ、着工や使用開始ができないことになる。このような建築物エネルギー消費性能基準への適合義務が課された結果、もしESG要素の考慮が十分でなく、建築物エネルギー消費性能基準を満たすことができないまたは満たすのに膨大な費用がかかるといった場合には、建築物はその新築または増改築が禁止され、資産価値が下落して、場合によっては座礁資産になってしまう。他方、ESG要素が十分に考慮されていれば、建築物エネルギー消費性能基準を満たして建築物の新築または増改築が認められることはもちろん、環境志向のテナントの誘致が見込めることや環境に配慮したブランディングとして高めの賃料を設定できることから、資産価値を高めることにもつながる。

(2)　建築物省エネ法

　日本のエネルギー消費量の約3割は建築物分野が占めるとされているため、2050年カーボンニュートラルを実現するにあたっては建築物分野での取組みが急務となっている。また、建築物分野は日本の木材需要との関係でも約4割を占めるため、温室効果ガスの吸収源対策の強化を図るうえでも建築物分野における取組みが必要である。

　上記のような背景のもと、建築物省エネ法が2015年に成立し、公布された。同法においては、建築物のエネルギー消費性能の向上を図るため、以下のような内容が定められている。

① 　エネルギー消費性能基準への適合義務

　前述のとおり、住宅以外の一定規模以上の建築物について、エネルギー消費性能基準への適合義務が定められた。また、2022年には「脱炭素社会の実現に資するための建築物のエネルギー消費性能の向上に関する法律等の一部

を改正する法律」が成立し、公布されたところ、同法によれば、エネルギー消費性能基準への適合義務がすべての新築住宅および新築非住宅に拡大されるなど、建築物の省エネ性能のさらなる強化等が講じられている。同法は、原則として公布日から起算して3年を超えない範囲内において政令で定める日から施行するとされている。

② エネルギー消費性能向上計画の認定に伴う容積率の特例

建築主は、建築物の新築、増改築または修繕等を行う際に建築物エネルギー消費性能向上計画を作成し、所管行政庁の認定を受けることができるとされた。そして、当該認定を受けることにより、建築物の容積率を緩和することができる。

③ 基準適合認定表示制度

建築物の所有者は、所管行政庁に対し、当該建築物について建築物エネルギー消費性能基準に適合している旨の認定を申請することができるとされ、所管行政庁から適合性を認められるとその旨認定され、当該建築物が認定を受けている旨を広告等に表示することができるようになる。

(3) グリーンビルディング認証

冒頭で述べたとおり、グリーンビルディングとは、エネルギー効率等の環境性能に配慮した建築物のことをいう。グリーンビルディングか否かは環境性能で決まるため、必ずしも屋上庭園等の緑化設備の有無は関係がなく、グリーンビルディングをその外観からのみで見分けることはむずかしい。そのため、第三者に対して当該建築物がグリーンビルディングであることを客観的に示すという観点から、グリーンビルディング認証を受ける例が増えてきている。グリーンビルディング認証としては、国内では、CASBEE、BELSおよびDBJグリーンビルディング等があげられるが、日本の建築物であっても米国のLEEDや英国のBREEAM等海外の認証を取得する例もある。

Q 7－12 その他のサステナブル・ファイナンスの対象となるものとしてはどのようなものがあるか

(1)　サステナブル・ファイナンスの対象

　本章の冒頭で述べたとおり、サステナブル・ファイナンスとは、持続可能な社会を実現するための資金調達手段のことをいい、その対象は特定の事項に限られるものではなく、持続可能な社会を実現するために必要な事項であれば、サステナブル・ファイナンスの対象となりうる。

　これまで述べてきたもののほかにも、たとえば水素・アンモニア、蓄電池およびバーチャルパワープラント（VPP）・ディマンドリスポンス（DR）等が注目を集めており、これらに対するファイナンスもサステナブル・ファイナンスとなりうる。水素・アンモニアについては前述した（Q 6－7）。以下では、蓄電池およびバーチャルパワープラント（VPP）・ディマンドリスポンス（DR）について概説する。

(2)　蓄　電　池

　蓄電池は、2050年カーボンニュートラルに不可欠の技術として注目されている。その理由としては、電気自動車等のモビリティの自動化やその普及においてバッテリーが最重要技術であることがあげられるが、再生可能エネルギーの主力電源化のためには電力の需給調整に活用するための蓄電池の配置が不可欠とされていることも大きい。たとえば、太陽光発電の場合、夜間に発電ができないため、日中に発電して充電しておくことで安定的な電力供給が可能になる。また、日中の発電量が過剰になった場合、従来であれば出力抑制によりこれを調整してきたが、蓄電池に充電することができれば太陽光発電を最大限活用できることになる。

　なお、蓄電池に関連する事業は電気事業法の位置づけが明らかではなく、

蓄電池からの放電を発電事業ととらえるかという問題があったが、2022年の電気事業法の改正により、大型（合計1万kW超）の蓄電池から放電する事業については、発電事業（届出制）に位置づけられることとされた。

⑶　バーチャルパワープラント（VPP）・ディマンドリスポンス（DR）

ア　バーチャルパワープラント（VPP）

バーチャルパワープラント（VPP）とは、需要家側エネルギーリソース、電力系統に直接接続されている発電設備、蓄電設備の保有者もしくは第三者が、そのエネルギーリソースを制御（需要家側エネルギーリソースからの逆潮流も含む）することで、発電所と同等の機能を提供することをいう。発電事業については、発電事業者が電力をつくりだし、これを需要家に売却するという部分に焦点を当てて考えることが多いが、実際の生活のなかでは需要家側でも太陽光発電設備を用いて発電したり、照明・空調等を使用して電気を消費したりといったことが行われている。これらのエネルギーリソースは小規模かつ分散したものであるが、IoT技術を活用して束ねることによって（アグリゲーション）、余剰分の電力を売却したり、過剰な電力使用を抑制したりして電力の需給バランス調整に活用することができる。この仕組みは、あたかも1つの発電所のように機能することから、バーチャルパワープラント（VPP）と呼ばれている。

イ　ディマンドリスポンス（DR）

ディマンドリスポンス（DR）とは、需要家側エネルギーリソースの保有者もしくは第三者が、そのエネルギーリソースを制御することで、電力需要パターンを変化させることをいう。DRは、需要制御のパターンによって、需要を減らす（抑制する）「下げDR」と、需要を増やす（創出する）「上げDR」の2つに区分される。たとえば、再生可能エネルギー発電による電気が供給過多になりそうな場合、従来であれば出力抑制を行って発電事業者による発電量を抑制していたが、需要機器の稼働や蓄電池による充電により電

気を消費することで出力抑制を回避することができる。また、電力需要のピーク時には需要機器の出力を落とすことでピーク時に必要な電力需要を満たす必要がなくなる。従来であれば、ピーク時にあわせて余剰発電設備を用意するなどしていたため過剰なコストがかかっていたが、ピーク時の電力需要を抑制することができれば、発電設備の設備投資等を抑えて発電コストを抑えることが可能になる。

第 **8** 章

ESG投資が進むなかで広がった
新たな環境訴訟等

1 **総　論**

⑴　ESG投資が進むなかで新たに生じた訴訟類型とその背景

　下記Case 8 - 1からCase 8 - 4は、いずれも日本または海外で過去に訴訟を提起されたまたは現在訴訟を提起されている事案を簡略化したうえで、日本企業が被告となり日本で訴訟を提起された形に内容を修正したものである。

Case 8 - 1

　A社は、石炭火力発電所の建設許可を得て、B県C市に大型の石炭火力発電所を建設する計画を立てている。C市に居住する住民のうち、約500名が原告となり、当該石炭火力発電所の建設・稼働は、大気汚染をもたらし、世界の地球温暖化対策へ逆行するものであるとして、当該石炭火力発電所の建設・稼働差止めを求めて、A社を被告として、B地方裁判所に訴えを提起した。

Case 8 - 2

　D国に所在するE島は、低地のため島の最も高いところでも海抜が数メートルしかない。E島の住民は、地球温暖化により自らの生活が脅かされると感じており、当該住民のうち、数名が原告となり、日本に所在するA社の温室効果ガス排出の責任を問い、損害賠償等を求めて、A社を被告として、B地方裁判所に訴えを提起した。

Case 8 - 3

　A社は、有価証券報告書に「サステナビリティに関する考え方及び取組」について記載していたところ、同社の株主は、当該記載に実際には行っていない取組みが含まれており、当該記載は虚偽であるとして、損害賠償等を求めて、A社を被告として、B地方裁判所に訴えを提起

した。

Case 8 − 4

ボトル入り飲料水の製造・販売を行っているＡ社は、「環境にやさし
い」飲料水を販売していたが、消費者は、実際には環境にやさしいわけ
ではなく、ボトルもリサイクルされているわけではないとして、その表
示が誤解を招く表示であると主張し、損害賠償等を求めて、Ａ社を被告
として、Ｂ地方裁判所に訴えを提起した。

Case 8 − 1 およびCase 8 − 2 は、企業が気候変動に関する取組みを行わ
ないことに対する訴訟である。これらの訴訟においては、原告に権利侵害が
あるといえるのかという問題に加え、企業の行為と原告の権利侵害との間に
因果関係があるといえるのかという論点もあり、個別具体的な事案によるも
の、現行の日本の法制度のもとにおいては、認容の可能性は高くないと思
われる（なお、Case 8 − 2 の場合には、実体法上の問題に加えて管轄等の問題も
ある）。

他方で、Case 8 − 3 およびCase 8 − 4 は、実態が伴わないにもかかわら
ず、環境への配慮をした取組みをしているように見せかけるグリーンウォッ
シュに関する訴訟であり、Case 8 − 3 では対投資家との関係で、Case 8 −
4 では対消費者との関係でそれぞれ問題となっている。これらの事例におい
て原告の請求の要件が満たされるかを検討するには、より詳細な情報が必要
であろう。

⑵　ESGに関する訴訟の背景と国内外の現状

このようなESGに関する訴訟（Ｑ8 − 1 ）は、ESGに関する投資が進むな
かで、世界中で増え始めている。何が「ESGに関する訴訟」なのかについて
は明確な定義があるわけではないが、本章では、広くESGに関連する（また
は起因する）訴訟を指すこととする。そのように定義した場合、ESGに関連
する訴訟には、伝統的な個別・具体的な紛争を解決するための訴訟だけでは

なく、ESG投資家と連携したNGOやESG投資家自身が国や企業のESGに対する取組みの改善を促すために行う訴訟も含まれる（後者のみを指して、「ESG訴訟」と呼ぶ場合もある[1]）。これを分類すると、それぞれ、E（環境）に関する訴訟、S（社会）に関する訴訟、G（ガバナンス）に関する訴訟ということになるが、たとえば、E（環境）とS（社会）の両者に関する訴訟、E（環境）とG（ガバナンス）の両者に関する訴訟、といったかたちで複合的な論点が生じる訴訟も存在する。このようなESGに関する訴訟が増え始めた1つのきっかけは、ESG投資が広まっていくなかで、特に欧米においてNGOが力をつけてきたことである。

　ESGに関する訴訟のうち、近年特に増えているのは、気候変動関連訴訟（気候変動関連訴訟はどの程度増えていてその背景にはどのようなものがあるかについては、Q8−2、気候変動関連訴訟にはどのような類型があるかついては、Q8−3）である。気候変動関連訴訟提起の動きは世界中で広まっているものの、現時点ではその大部分は欧米の裁判所で提起されたものである。これらの訴訟では、NGOが原告をサポートしたり、NGO自身が原告となったりすることも多い。気候変動関連訴訟がESGに関する訴訟のなかでも特に増えているきっかけの1つはパリ協定の締結である。政府に対して気候変動に関する責任を認める判決は、オランダをはじめ、アイルランドやドイツにも広がっている（Q8−4）。さらに、オランダでは、地方裁判所の判決（本稿執筆時点において控訴審の審理中）であるものの、企業に対する責任を認めた判決も出ている（Q8−5）。このように、気候変動関連訴訟について気運が高まっているなか、世界では、企業が遠く離れた国の住民から気候変動関連訴訟を提起されるという事例も存在する。

　一方、日本では、現時点で提起されている気候変動関連訴訟は多くないうえ、そのうちの大半は、発電所に対する差止め等の訴訟であり、国や企業に対して責任を認めた判決は見当たらない。たとえば、神戸石炭火力訴訟とい

1　久保田修平「弁護士からみた環境問題の深層（第3回）新たな潮流：ESG訴訟の動き」環境管理57号（2021年）44頁

う、神戸市で進めた石炭火力発電所2基の増設計画をめぐり、周辺住民らが事業者等に建設や稼働の差止めを求めた訴訟があるが、神戸地方裁判所は差止めを認めない判決を出した（原告は控訴しており、本稿執筆時点において控訴審で審理中である）（Q8−6）。

⑶　グリーンウォッシュをめぐる規制と紛争

　さらに、外国では、企業がESGに関する取組みを行わないことに対する訴訟に加え、企業のESGに関する取組みが見せかけのものであることを理由とした訴訟等も提起されている。具体的には、実態が伴わないにもかかわらず、環境への配慮をした取組みをしているように見せかけるグリーンウォッシュ（グリーンウォッシング）に関する係争が近年増えてきている（Q8−7）。グリーンウォッシュをはじめとする見せかけのESG対応は、投資家や消費者に誤解を与え、個別の法律に違反するリスクがあるだけではなく、かえって企業の信用を損なうリスクがある。グリーンウォッシュが増えてきた背景には、近年、サステナビリティや環境への配慮をうたった商品数が世界で増加している一方で、表示に関するルールがあいまいであることもあり、その根拠を示さない広告が増えているという事情があげられる。また、ESG情報の開示に関する規制が整備され開示義務が課されてきた結果、実態が伴わないにもかかわらず、環境に配慮しているかのような開示も増えてきており、海外では、投資家との関係でも、いくつか訴訟が起き始めている（サステナビリティに関する開示がグリーンウォッシュとして争点となり、係争になった事例はあるかについては、Q8−8、諸外国において、消費者に対するグリーンウォッシュに関する係争の状況はどうなっているかについては、Q8−9）。

　日本において、グリーンウォッシュに関して明示的に争われた裁判例は見当たらない。また、2023年3月31日に適用が開始された金融庁によるESG投信向けの監督指針を除き（Q8−10）グリーンウォッシュに対する具体的な規制はないため、関連当局がグリーンウォッシュであることを明示的に示して事業者を処分した事例もないものの、注目すべき事件も存在する（Q8−

11）。世界中でのグリーンウォッシュへの意識の高まりは、日本企業にとっては、気候変動緩和への意欲を高め、ステークホルダーと効果的にコミュニケーションをとるよい機会となるともいえる。もっとも、「環境によい」と表示したり開示したりする場合には、各国の法令に違反しないようにする必要があるうえ、後々紛争が生じないように必要なリスク管理を行っておくことが望ましい（Q8-12）。

⑷　日本における現状分析と企業がとるべき対応

　上記のように、現時点では、日本では、グリーンウォッシュを含む気候変動関連訴訟の数は限定されるものの、過渡期であり、少ないだけとも評価しうる。今後は、日本でもさまざまなかたちで気候変動関連訴訟が提起されるかもしれない。気候変動関連訴訟は、原告としては、損害賠償・損失補償よりも企業の慣行を変えることに関心がある場合が多いという特徴があり、気候変動関連訴訟の被告となる企業としては、ただ勝訴すればよいわけではなく、その訴訟がもつ社会的意義やメッセージ効果にも配慮しながら慎重な訴訟対応をすることを迫られる。さらに、それぞれの国にはその国特有の訴訟制度があるので、日本以外で日本企業や現地子会社が訴えられた場合には、その国の訴訟制度をふまえて適切な対応をとる必要がある（Q8-13）。

⑸　生物多様性をめぐる訴訟の機運

　さらに、欧州では、一部のNGOが生物多様性に関する戦略的な訴訟に取り組む準備を行っていることを明らかにしている。気候変動関連訴訟は、ここ数年で急増しているが、オランダなどで一定の成功を収めていることから、次は、生物多様性を含む気候以外の問題に焦点を当てた訴訟の波が欧州で訪れる可能性があり、いつになるかわからないものの、その後日本にその波が来る可能性も否定はできない（Q8-14）。

2 Q & A

Q 8 - 1 ESGに関する訴訟とは何か。その例としてはどのようなものがあるか

(1) ESGに関する訴訟とは

何が「ESGに関する訴訟」なのかについては明確な定義があるわけではないが、ここでは、広くESGに関連するまたは起因する訴訟を指すこととする。典型例としては、ESG投資家と連携したNGOやESG投資家自身が国や企業のESGに対する取組みの改善を促すために行う訴訟であるが、ESGに関連する訴訟には、伝統的な個別・具体的な紛争を解決するための訴訟も含まれうる。NGOやESG投資家が訴訟を行う目的を1つに特定できない場合もあるだろうし、複数の目的がある可能性もある。

(2) ESGに関する訴訟の例

ESGに関する訴訟の例としては、E（環境）、S（社会）、G（ガバナンス）それぞれについて以下のとおりである。

まず、地球温暖化をはじめとする気候変動への取組みが不十分であるとして政府や企業の責任を問う気候変動関連訴訟のような訴訟がE（環境）に関する訴訟であり、これについてはQ8-2以降で後述する。

次に、サプライチェーンの強制労働・児童労働の問題や性別・人種に基づく差別が論点となる訴訟がS（社会）に関する訴訟である。たとえば、2023年4月、ドイツでは、施行されたばかりのサプライチェーン・デュー・ディリジェンス法に基づき、人権保護団体が多国籍企業に対して、ドイツ国外のサプライチェーンにおける人権侵害に関する訴訟を提起した（Q4-2）。

日本国内の例としては、技能実習制度に関する訴訟があり、たとえば、パスポートの管理や強制的な貯金による長時間労働の強制を行った事例があげられる[2]。また、令和5年7月11日のいわゆる経済産業省トランスジェンダー事件の最高判所判決（Q5-10）についても、S（社会）に関する訴訟と評価できるだろう。

　最後に、取締役のガバナンスについて善管注意義務違反等が論点となるような訴訟がG（ガバナンス）に関する訴訟である。これも定義からすれば、多くの訴訟が当てはまるだろう。日本国内の例としては、逃亡したカルロス・ゴーン氏がかかわった日産自動車の事件があげられる[3]。日産自動車は、有価証券報告書のうち「コーポレートガバナンスの状況、役員の報酬等」の部分につき、虚偽記載を行ったとして、金融庁から24億円の課徴金納付命令を受け、刑事事件による罰金確定を受けて22億円を支払い、虚偽記載のあった有価証券報告書を訂正する訂正報告書を提出している。これについては、海外機関投資家から日産に対する民事賠償事件も提起されている。また、福島第一原子力発電所事故に関する訴訟もESGに関する訴訟と評価できるかもしれない[4]。

　ESGは、人権問題と結びついて論じられることも多く、従来、日本では、企業が直面する人権問題というと、特に労働法に関する事例が注目されてきた面がある。もちろん、S（社会）やG（ガバナンス）に関する訴訟の件数も増加傾向にあるといえるが、近年、諸外国において特に増えているのは、E（環境）に関する訴訟、そのなかでも気候変動関連訴訟である。

2　福島地白河支判平成24年2月14日

3　同事件をESG関連訴訟の例としてあげるものとして、https://www.businesslawyers.jp/articles/1194（最終閲覧：2023年11月5日）

4　松井智予「東京電力株主代表訴訟はESGに係る経営陣の責任を変容させるか」商事2317号（2023年）4頁も参照。

気候変動関連訴訟は、世界で、どの程度増えていて、その増加の背景はどのようなものか

(1) 気候変動関連訴訟の急増

　気候変動関連訴訟とは、地球温暖化をはじめとする気候変動への取組みが不十分であるとして政府や企業の責任を問う訴訟をいう。2023年6月に公表された英ロンドン・スクール・オブ・エコノミクス（LSE）等が主導となって作成されたレポート（以下、本章において「LSEレポート」という）[5]によると、世界で確認された気候変動関連訴訟等（仲裁等を含む）の累積件数は同時点において2,341件あるところ（図表8－1の表のとおり、米国における訴訟

図表8－1　気候変動関連訴訟等の累積件数（2023年5月時点）

米国	1,590件
オーストラリア	130件
英国	102件
EU ※欧州司法裁判所で提起されたもの	67件
ドイツ	59件
ブラジル	40件
カナダ	35件
日本	5件
その他	332件

出所：LSEレポートをもとに筆者作成

---

[5]　https://www.lse.ac.uk/granthaminstitute/publication/global-trends-in-climate-change-litigation-2023-snapshot/（最終閲覧：2023年11月5日）

提起が最も多く、オーストラリア、英国と続く。日本ではわずか5件である）、そのうちおよそ3分の2は2015年以降に提訴されたものであるとのことである[6]。また、現時点で少なくとも51カ国において気候変動関連訴訟が提起されていることからわかるように、その国・地域の範囲も徐々に世界全体に広がりつつある。最近では、欧米諸国だけではなく、新興国、たとえば、メキシコ、インドネシアでも一定程度訴訟が起きている。

(2) 気候変動関連訴訟増加の背景

地球温暖化の問題は、19世紀の後半にスウェーデンのアレニウスにより提唱されており、1985年にオーストリアで開催されたフィラハ会議をきっかけに、地球温暖化問題に対する危機感が国際的に広がったことからわかるように、最近提起され始めた問題ではない。にもかかわらず、近年、気候変動関連訴訟が増加しているきっかけの1つにパリ協定の締結があげられる。パリ協定は、2015年に、2020年以降の気候変動問題に関する新たな国際的な枠組みとして締結された。この協定は、1997年に定められた京都議定書の後継となるもので、本稿執筆時点において、日本を含む約190の国と地域が参加している。パリ協定では、温室効果ガス排出削減（緩和）の長期目標として、気温上昇を2℃より十分下方に抑える（2℃目標）とともに1.5℃に抑える努力を継続すること、そのために今世紀後半に人為的な温室効果ガス排出量を実質ゼロ（排出量と吸収量を均衡させること）とすることが盛り込まれた。協定のなかで、中期目標の提出が加盟国の義務と、そして長期戦略の提出が加盟国の努力義務と、それぞれ規定されていたところ、日本においても、これらに対応するかたちで、地球温暖化対策計画、長期低排出発展戦略がそれぞれ策定されている。実際のところ、全体の二酸化炭素（CO_2）排出量のうち企業からのCO_2の排出量が大半なので、これらの計画・戦略を実現するためには、企業の取組みが重要なものとなってくる。加えて、日本においては

6　LSEレポート2頁、12頁

少なくとも判例で認められているわけではないものの、世界的にみると、近年では、気候変動は人権にかかわる問題である、という認識も広がってきている。2022年7月には、国連総会で「清潔で健康的かつ持続可能な環境への権利」を人権と認める決議が採択されており、日本もこの決議に賛成している（Q4-3）。

このような気候変動に対する考え方が広がるなかで、地域住民、株主、投資家、NGOといった企業のステークホルダーは、近年、企業に対して、気候変動に関する行動を積極的に求めるようになってきており、気候変動関連訴訟が増える背景となっている。特に、新型コロナウィルス蔓延によるパンデミック後は、持続可能な成長に焦点を当てるという世論の高まりや情報開示による公開情報の増加という点も相まって、そのような傾向がより高まっている。

Q 8-3 気候変動関連訴訟にはどのような類型があるか

---

(1) 気候変動関連訴訟の類型

気候変動関連訴訟としては、さまざまな類型が考えられる。従来は、政府が被告になるものが主流であったが、近年では、企業が被告になるものもある。また、被告となる企業もエネルギー業界に限られず、被告となる企業の種類が多様化している。具体的には、食品・農業、運輸、プラスチック、金融などの企業が複数の訴訟のターゲットになっている。さらに、企業に対するものでも、たとえば、①施設を開発する際に、気候変動の影響を考慮しなかったとして損害賠償や施設の差止めを求める事例、②企業による気候変動への寄与を主張して損害賠償や施設の差止めを求める事例、③企業の株主等が株主総会決議の取消し等を求めることにより、高い排出量の活動を継続することを抑制しようとする事例、④気候変動への対応を誤解させるような行動や製品について法的責任を問うことを目的とした事例等がある。企業側か

らみれば、①〜③は、事業や投資においてESGに関する取組みを行わないリスク、④は虚偽・誇張・不正確な説明によるリスクととらえることができよう（虚偽・誇張・不正確な説明によるリスクは、Q8−7以降で述べるグリーンウォッシュの問題とかかわる）。

(2)　気候変動関連訴訟の目的

　気候変動関連訴訟は、地球温暖化をはじめとする気候変動への取組みが不十分であるとして政府や企業の責任を問うものであるところ、その目的が従前の環境訴訟とは異なる場合も多い。通常、訴訟の目的は、権利・法律関係の存否を公権的に確定して紛争を解決しようとすることにある。環境訴訟も、伝統的には、通常の損害賠償請求と同様、損害・損失の補償を求めて国・企業に対して請求するものが一般的であった。もちろん、近年行われている環境訴訟にも、株主や近隣住民等その他のステークホルダーが損害賠償等を求めて提訴するといった伝統的なものも存在する。また、過去に企業の慣行を変えるための訴訟を提起し、成功した例もある。具体的には、日本において、国・国鉄・日本専売公社を被告とし、国鉄車両の半数以上を禁煙車両とするよう差止（予防）請求し、また国鉄車両に乗車したことによって生じた損害について賠償を求めた、いわゆる嫌煙権訴訟があった[7]。東京地方裁判所においていずれの請求も棄却されたものの、訴訟提起後、列車の禁煙席設置や公共施設の分煙および禁煙化が進んだ面がある。このような訴訟は過去にもみられたものの、その数は現在と比べると限られていたように思われる。一方で、気候変動関連訴訟の場合は、損害賠償・損失補償よりも企業の慣行を変えることに関心がある場合が多いという特徴がある。特に近年はSNSの発達も相まって、訴訟が企業のレピュテーションに与える影響力はこれまで以上に高まっているともいえる。もちろん日本は諸外国と比べると、訴訟要件や本案におけるハードルが高いものの、気候変動関連訴訟の被告と

7　東京地判昭和62年3月27日

なる企業としては、ただ勝訴すればよいわけではなく、その訴訟がもつ社会的意義やメッセージ効果にも配慮しながら慎重な訴訟対応をすることを迫られる点に留意が必要である。

　なお、少し脱線するが、最近は刑事裁判でも動きがみられる。フランスでは、シャルル・ド・ゴール空港の拡張に抗議して空港運営会社から告訴された気候変動活動家の業務妨害について、裁判所は無罪判決を下した[8]。具体的には、当該裁判所は、気候変動活動家が気候変動の悪影響について意識を高めていたことから、彼らの行動は、気候変動に対処する「必要性」を考慮すれば、相応のものであると判断した。刑事裁判なので企業はあくまで当事者とはならず、少なくとも日本法においてはこのような抗弁を認めた判例はないと思われるので、直接影響は受けないようにも思われる。もっとも、そのような活動家からすれば、裁判に至る過程を自らのメッセージを増幅するさらなる機会としてとらえることもでき、海外で活動する日本企業の事業に関してこのような行動が引き起こされ、特に無罪となった場合には、企業にとっては間接的にレピュテーションにも影響が生じることは否定できない。そのため、諸外国の判例の状況についても引き続き注視する必要がある。

Q 8－4 諸外国において、政府に対する気候変動関連訴訟の状況はどうなっているか

　気候変動関連訴訟のなかでまず注目すべき事件は、オランダの環境保護団体および市民が欧州人権条約に基づく人権の保護のため、オランダ政府に対し、より厳しい温室効果ガス排出削減目標の達成を求めた事例である。本事件では、政府に対する責任を認めた。その他、政府に対する気候変動関連訴訟において、政府に対する責任を一定程度認めたものとしては、以下の例があげられる。

8　ADP Group（Paris Airports）v. Climate Activists（http://climatecasechart.com/non-us-case/climate-activists-v-paris-airports/）（最終閲覧：2023年11月5日）

判決年	国	概要
2019年	オランダ	環境保護団体および市民が、オランダ政府に対し、地球規模の気候変動防止に向けたさらなる取組みを求めて提訴したところ、最高裁判所は、生命権を定める欧州人権条約2条と私生活の権利を定める同条約8条を基礎として政府の注意義務違反を認定し、2020年までに温室効果ガスの排出量を1990年比で25％削減するようオランダ政府に命じた原審の判決を支持した（ウルゲンダ判決）[9]。
2020年	アイルランド	環境保護団体が、アイルランド政府に対し、同国政府の現在の温室効果ガス削減計画が2050年までに80％削減の長期目標と整合しないとして、削減計画の強化を求めて提訴したところ、最高裁判所は、計画が十分な削減を目的としていないとして新たな計画の策定を命じる判断を示した[10]。
2021年	ドイツ	若者らが、連邦気候保護法がカーボンバジェットの考え方に基づいて各分野別の各年の許容排出量を法定していることに関して、2030年目標の定めは不十分であり、2031年以降の削減目標の定めも欠いているとして、ドイツ憲法裁判所に訴えを提起したところ、同裁判所は、連邦気候変動法は次世代の自然的な生命基盤を保護する憲法上の要求を満たしていないとして、2022年末までに2031年以降の削減目標を定めるようドイツ連邦議会に命じた[11]。
2023年	米国	モンタナ州の住民らが、開発による温室効果ガスの排出量や環境への影響に関する調査を制限するモンタナ州環境政策法が州憲法で定められた州民の環境権を侵害して、モンタナ州の地方裁判所に訴えを提起したところ、同裁判所は、当該州法がモンタナ州憲法に違反すると判断した[12]。

---

[9] Urgenda Foundation v. State of the Netherlands（http://climatecasechart.com/non-us-case/urgenda-foundation-v-kingdom-of-the-netherlands/）（最終閲覧：2023年11月5日）

[10] Friends of the Irish Environment v. Ireland（http://climatecasechart.com/non-us-case/friends-of-the-irish-environment-v-ireland/）（最終閲覧：2023年11月5日）

なお、欧州でも、必ずしもすべての国で責任が認められているわけではなく、欧州の裁判所がこの問題に対して一枚岩なわけではない[13]。たとえば、ノルウェーでは、バレンツ海の海底に埋設している石油探査を政府が許可した行為について、パリ協定の目標と整合せず、ノルウェー憲法および欧州人権条約に基づく生命権と私生活の権利の侵害に当たるとして、環境NGOが共同で訴えを提起したものの、同国の最高裁判所は、原告の権利について、当該許可がどの程度現実的で差し迫った危険をもたらすのかが不明確であるとして、原告の請求を棄却している[14]。

Q 8 – 5 諸外国において、企業に対する気候変動関連訴訟の状況はどうなっているか

(1) ウルゲンダ判決

企業としてより関心があるのは、気候変動関連訴訟に関連して、政府だけではなく企業に対しても責任を認める判例があるかであろう。この点について、オランダでは、地方裁判所の未確定の判決にすぎないものの、企業に対して、CO_2排出量の削減を義務づけるという注目すべき判断がなされている。上記の表のとおり、2019年に、ウルゲンダ判決では、オランダ最高裁判所が、生命権を定める欧州人権条約2条と私的生活の権利を定める同条約8条を基礎として国家の注意義務違反を認定していたが、同地方裁判所の判決

---

11 Neubauer, et al. v. Germany（http://climatecasechart.com/non-us-case/neubauer-et-al-v-germany/）（最終閲覧：2023年11月5日）

12 Held v. State（https://climatecasechart.com/case/11091/）（最終閲覧：2023年11月5日）

13 阿部紀恵「気候変動訴訟の世界的動向」国際法学会エキスパートコメントNo.6（2022年）6頁

14 Greenpeace Nordic Ass'n v. Ministry of Petroleum and Energy（People v. Arctic Oil）（http://climatecasechart.com/non-us-case/greenpeace-nordic-assn-and-nature-youth-v-norway-ministry-of-petroleum-and-energy/）（最終閲覧：2023年11月5日）

は、国家に対してだけではなく、企業に対しても同様の義務を認めたのである。具体的には、環境団体や複数のNGOと多数のオランダ市民を含む原告らは、大手石油会社に対して訴訟を提起したうえで、ウルゲンダ判決の理屈を民間企業に拡大しようとし、パリ協定の目標や気候変動の危険性に関する科学的証拠を考慮すると、同社には温室効果ガスの排出を削減するための行動をとるべき注意義務があると主張した。結果として、2021年、ハーグ地方裁判所は、同社が、同社グループの企業方針を通じて、同社グループの活動によるCO_2排出量を2030年末までに2019年比で正味45％削減する義務を負うという判決を出した[15]。裁判所は、ビジネスと人権に関する指導原則（UNGP）およびその他のソフトローの文書、パリ協定、気候変動の危険性を示す科学的根拠、グループの全体的な方針を決定する同社の役割等を考慮した。気候変動の危険性を示す科学的根拠という部分では、北海の海面上昇に伴う影響にも触れている。この判決に関しては、2024年中には控訴審判決が出される予定であり、その内容が注目される。

(2)　その他の事例

　ポーランドにおいては、環境保護団体が、会社法に基づき、電力会社の株主として、同社の石炭火力発電所の建設に同意する旨の決議の無効を訴えたという事件も存在する。同団体は、たとえば、温室効果ガスの削減がうまくできない場合、企業の保険の費用が膨大になってしまうなどの大きな損失が生じるとして、将来的に収益見込みのない化石燃料への大規模投資は会社の利益を害し、株主に不利益を与えると主張した。同国のポズナム地方裁判所はこれを認め、最終的に、建設計画は中止となった[16]。

　さらに、世界では、企業が遠く離れた国の住民から気候変動関連訴訟を提

15　Milieudefensie et al. v. Royal Dutch Shell plc.（http://climatecasechart.com/non-us-case/milieudefensie-et-al-v-royal-dutch-shell-plc/）（最終閲覧：2023年11月5日）

16　ClientEarth v. Enea（http://climatecasechart.com/non-us-case/clientearth-v-enea/）（最終閲覧：2023年11月5日）

起されるという事例も存在する。たとえば、2015年、ペルーの山岳地帯の氷河湖の下流に住む農民は、ドイツの地方裁判所において、ドイツの大手電力会社に対して、損害賠償請求等を行った。この事件は本稿執筆時点において控訴審で審理中である。原告の農民は、同電力会社の事業活動によって地球温暖化が促進され、これにより氷河湖が決壊するおそれがあるとして、被害を防ぐ費用の賠償を求めた。地方裁判所の一審判決は大手電力会社の行為との因果関係を認めず、CO_2の大量排出事業者であっても世界の気候変動における排出割合は非常に小さいとしたものの、控訴審の審理では裁判所が原告の請求が不適当とは認められないとの中間的決定を下し、氷河湖の決壊可能性等について科学的な鑑定立証を求めた。裁判官や専門家、両当事者の弁護士による現地視察が実施され、氷河湖が決壊し、原告の居住地に影響を与える可能性があるかどうかを調査した。今後、専門家報告書が裁判所に提出される予定である[17]。

また、2022年7月、インドネシア、セリブ諸島のパリ島（Pulau Pari）の漁師数名が、スイスのセメント大手会社のCO_2排出量の責任を問い、パリ協定に関連する損害の比例補償と2030年までに2019年比で43%のCO_2排出量削減およびパリ協定への適応策への財政的な貢献を求める調停をスイスの治安判事に申請したという事例がある。結果として調停は不調に終わり、2023年2月、同セメント大手会社に対して、調停と同様の主張に基づく訴訟が正式に提起されている[18]。

2023年2月には、環境団体が、気候変動対策が不十分で会社法に違反するとして、大手石油会社の取締役11人を英高等法院に提訴した。当該環境団体はシェルの株式を保有していた[19]。このように、気候変動対策を怠ったとし

17　Luciano Lliuya v. RWE AG（http://climatecasechart.com/non-us-case/lliuya-v-rwe-ag/）（最終閲覧：2023年11月5日）

18　Asmania et al. vs Holcim（http://climatecasechart.com/non-us-case/four-islanders-of-pari-v-holcim/）（最終閲覧：2023年11月5日）

19　ClientEarth v. Shell's Board of Directors（http://climatecasechart.com/non-us-case/clientearth-v-shells-board-of-directors/）（最終閲覧：2023年11月5日）

て取締役個人の責任を取締役に対して求める株主代表訴訟は世界で初めてであった。第一審では請求は否定されているものの、今後似たような訴訟が増える可能性もある。

Q 8－6 日本における気候変動関連訴訟の状況はどうなっているか

(1) 日本における気候変動関連訴訟の現状

日本では、現時点で提起されている気候変動関連訴訟は多くない。その理由としては、日本ではいわゆる環境団体訴訟の制度が存在しないことや、民事訴訟・行政訴訟における訴訟要件や本案におけるハードルの高さもあげられている[20]。日本で初めて提起された気候変動関連訴訟等は、いわゆるシロクマ公害調停・シロクマ訴訟と呼ばれるもので[21]、特定営利活動法人等が、個人、オセアニアの国家であるツバルの住民、気候変動の影響を強く受ける野生生物の代表としてのシロクマ１頭とともに、電力会社を被告として、事業活動に伴うCO_2排出量を1990年比で29％削減することを求め、公害調停の申請を行ったものである。調停申請は却下され、却下決定の取消しを求めた訴訟についても東京高等裁判所において却下された[22]。このシロクマ公害調停・シロクマ訴訟を除けば、日本における事例は、いずれも石炭火力発電所の新増設等の中止を求めるものに限られている。

たとえば、仙台パワーステーション訴訟と呼ばれる、周辺住民らが人権の侵害を根拠として温室効果ガスの排出行為の差止めを求めて、人格権に基づく妨害排除請求をした訴訟がある。仙台高等裁判所は「硫黄酸化物、窒素酸

20　杉田峻介「CO_2の大量排出を争う気候変動訴訟と課題─神戸製鋼石炭火力発電所事件を通じて」環境と正義229号（2022年）３頁
21　島村健「日本の気候変動訴訟」法学館憲法研究所 Law Journal 第28号（2022年）102頁
22　東京高判平成27年６月11日。事件の詳細は、島村健「日本の気候変動訴訟」法学館憲法研究所 Law Journal 第28号（2022年）を参照。

化物などは大気汚染防止法より厳しい、地元自治体との公害防止協定の排出基準をも大幅に下回っている」と指摘し、「住民に健康被害が生じる具体的な危険性があるとまでは認められない」と述べ、住民の請求を棄却した[23]。また、神戸石炭火力訴訟と呼ばれる、神戸市で進めた石炭火力発電所2基の増設計画をめぐり、周辺住民ら事業者等に①健康被害、②気候変動の被害、③蒲生干潟等周辺環境への悪影響を訴えて、建設や稼働の差止めを求めた訴訟がある。神戸地方裁判所は差止めを認めない判決を出したが[24]、原告は控訴しており、本稿執筆時点において控訴審で審理中である。原告側は、CO_2と微小粒子状物質PM2.5などの排出により、地球温暖化や大気汚染の被害を受ける危険が生じると主張したが、判決は「不確定な将来の危険に対する不安というべきで、現時点で法的保護の対象となる深刻な不安とまではいえない」とした。さらに、因果関係についても、「大量排出と言わざるを得ない」としつつ「地球規模で比較すれば、年間エネルギー起源CO_2排出量の0.02％にとどまる」とし、増設した石炭火力発電所と温暖化との関係は希薄だと認定した。

(2)　日本における気候変動関連訴訟の今後

　Q8-3でも述べたとおり、企業に対する気候変動関連訴訟にはさまざまな種類のものが考えられ、今後は日本でもさまざまなかたちで気候変動関連訴訟が提起されるかもしれない。もちろん、オランダの上記の地方裁判所判決はオランダ民法の解釈に基づくものにすぎないものの、NGOのなかには、集団訴訟を積極的に行えるような十分な資金をもち、国境を越えて活動している組織も少なくないため、上記のような判決が出たことにより世界中で気候変動関連訴訟に向けた気運が高まりうる。依然として主たるターゲットは政府であるが、企業がターゲットになる可能性も十分考えられる。実際に、2023年2月には、環境団体が大手石油会社の気候変動対策が不十分で会社法

23　仙台高判令和3年4月27日
24　神戸地判令和5年3月20日

に違反するとして、同社の取締役11人を英高等法院に提訴したことは、すでに気運が高まっているからであるとも評価できる。

　上記のとおり、日本では、いわゆる環境団体訴訟制度が認められておらず、諸外国に比べると、原告適格（原告として訴訟を適法に追行し、判決を得ることができる資格）の範囲が狭い面もある[25]。不法行為の場合には、NGO自体に権利侵害があると評価できない限り、NGOが原告となっても請求は棄却されることとなる。しかし、たとえば、NGOやその代表者が企業の株式を取得したうえで、当該企業の気候変動政策に関連する株主総会決議につき取消し等を求めたりする可能性もあるので、NGOが原告になる訴訟が考えられないというわけではない。また、石炭火力発電所の建設計画に関する行政訴訟に関して、大阪高等裁判所が、今後の国内外の議論の展開次第では「CO_2排出に係る被害を受けない利益」が個人の利益となりうる余地を残した点にも留意する必要がある[26]。温室効果ガス排出施設の周辺住民からの損害賠償請求訴訟や差止め訴訟、あるいは、排出量の緩和を求める義務付け訴訟等、請求認容の可能性は低くとも、社会的な意義や政策への反映をも見据えて、企業に対して民事訴訟が提起される可能性も否定はできない。

Q 8−7　グリーンウォッシュとは何で、どのような問題があるか

(1)　グリーンウォッシュとは

　グリーンウォッシュ（グリーンウォッシング）とは、実態が伴わないにもかかわらず、環境への配慮をした取組みをしているように見せかけることをいう。グリーンウォッシュという用語は、エコなイメージを思わせる「グリーン」と、上辺だけという意味の「ホワイトウォッシュ」を組み合わせた

25　たとえば、嶋田亜由美「オーストラリアの気候変動訴訟のトレンド」環境と正義229
　　号（2022年）27頁
26　大阪高判令和4年4月26日

造語として、1990年代から欧米の環境活動家が使い始めたのであるが、1992年のリオサミットの直前に、環境保護団体のグリーンピースが「GREENWASH」という本を出版したことで広まった[27]。

(2) グリーンウォッシュに伴う問題

エコノミスト・インテリジェンス・ユニットが実施した調査によると、過去5年間で、サステナブルをうたった商品数が世界で71％増加したとされている[28]。その一方で、2020年の欧州委員会の調査によると、環境に関する広告の40％には「根拠がない」とされている[29]。このような見せかけのESG対応は、投資家や消費者に誤解を与え、個別の法律に違反するリスクがあるだけではなく、かえって企業の信用を損なうリスクがある。具体的には、①投資家との関係では、企業に関する情報につき「環境に配慮している」旨の開示をしたところ、実際はその情報に誤りがあったという場面、②消費者との関係では、「環境に配慮している」商品である旨の表示をしたところ、実際はその情報に誤りがあったという場面で問題になる。

グリーンウォッシュの問題については、Terrachoiceが2010年に発表した「グリーンウォッシュの罪」というレポートの内容も参考になる[30]。同レポート7頁では、グリーンウォッシュにはどのような問題があるかが整理されている。

---

① **隠れたトレードオフの罪**

　一部の属性のみ抽出し、その製品が環境に配慮していると主張する

27　後藤茂之『気候変動リスクへの実務対応―不確実性をインテグレートする経営改革』（中央経済社、2020年）70頁

28　https://www.worldwildlife.org/press-releases/search-for-sustainable-goods-grows-by-71-as-eco-wakening-grips-the-globe（最終閲覧：2023年11月5日）

29　https://eur-lex.europa.eu/legal-content/EN/TXT/PDF/?uri=CELEX:52022SC0085（最終閲覧：2023年11月5日）

30　https://www.twosides.info/wp-content/uploads/2018/05/Terrachoice_The_Sins_of_Greenwashing_-_Home_and_Family_Edition_2010.pdf（最終閲覧：2023年11月5日）

こと

②　**証明しないことの罪**

　十分な根拠を示さず主張を実証できにくいこと

③　**あいまいさの罪**

　定義・意味の幅があり、消費者に誤解を与えかねないこと

④　**偽りのラベル崇拝の罪**

　あたかも第三者認証があるように思わせること

⑤　**的外れの罪**

　嘘をいってはいないが、消費者に重要度が低い部分だけ主張すること

⑥　**かろうじて良い罪**

　商品カテゴリー内ではいいとされるが、誤解を招きかねないこと

⑦　**嘘をつく罪**

　嘘をつくこと

　なお、最近は、環境に限らず、SDGsやESGに関する企業への期待が高まるなかで、企業も自社の取組みとSDGsやESGとの関係をアピールしようとする「SDGsウォッシュ」「ESGウォッシュ」という言葉も使われるようになってきた。これらについても、グリーンウォッシュと同様の問題がある。

⑶　グリーンウォッシュの規制状況

　消費者に対してなされたグリーンウォッシュを規制する国際的な共通ルールが現時点では存在しない。規制は国ごとに差があり、規制の程度は、特別の規制がある法域や、ガイドラインが存在する法域、特段規制はない法域とさまざまである。そのため、グリーンウォッシュの法的問題も画一的に検討することはできない状況であるが、グリーンウォッシュに関する規制等の例は今後の展開の参考となるため以下で説明する。

　まず、フランスでは、気候レジリエンス法（Loi climat et résilence）に基づき、誤解を招く広告や包装、表示に対して、広告費の最大80％の罰金やメ

ディアでの訂正等の義務を課すことができる制度となっている。

　一方、英国では、競争市場庁が「グリーンクレームコード」を公表している。これによって、消費者向けの製品やサービスを提供する企業は、その環境に関する表示が英国の消費者法で定義される誤解を招くかどうかを確認することができる。その内容は、以下のとおりである。

---

①　自社の製品やサービス・ブランド・活動に誠実かつ明確であること
②　消費者がそのメッセージをどう受け取るかを考え、製品の情報と一致するようにする
③　重要な情報を省略しない・隠さない
④　製品の比較は、公平で意味のあるものだけを行う
⑤　製品のライフサイクル全体を考慮する
⑥　製品に関する主張には、必ず信頼できる最新の証拠（裏付け）があること

　なお、2023年１月に、韓国の環境省が、虚偽や誇張した環境配慮を掲げる企業に対し、最高300万ウォンの制裁金を科す旨の発表を行っており、2023年７月にはオーストラリアでも公正取引委員会がグリーンウォッシュに関するガイダンスを発表する等、グリーンウォッシュを規制する動きは欧州に限られない。また、欧州でも、2023年３月、EUが、グリーンウォッシュから消費者を保護するためのグリーンクレーム指令案を発表したことは注目に値する。これは、科学的根拠に基づく内容であることの立証や、外部機関による検証、消費者への詳細な内容の表示など、企業が満たすべき最低要件を示す内容となっている。

(1) 係争事例

まず、近年、サステナビリティに関する開示の規制も進み始めており、他国では開示に関連する紛争等がすでに起きている。たとえば、気候変動に関する米国のエネルギー会社による情報開示が投資家を誤解させるものであり、証券等の売買に関して虚偽表示や詐欺等の行為を禁じるマーティン法に違反するとして、ニューヨーク州が原告となり、違法な情報開示の差止めや損害賠償などを求めた事案がある。裁判所は、同社のプロキシコストに係る情報開示は誤解を招くものではないこと、および、当該情報開示は投資家にとって重大なものではなかったことを理由に原告の訴えを棄却した[31]。また、2022年5月、米証券取引委員会（SEC）は、米国の資産運用会社に対し、投資先のESGに関する情報開示が不十分だとして制裁金150万ドルを科した[32]。当該案件では、1940年投資顧問法（Investment Company Act of 1940）に基づき、運用会社が投資家に間違った情報や誤解を招く情報を提供することを禁じているところ、運用会社は、投資先企業のESG対応に関する情報開示が不十分であった、ないし虚偽の情報を提供していたとされた。

(2) 開示した気候変動情報に誤りがあった場合に生じる論点

日本においては、サステナビリティに関する開示が主たる論点となった訴訟は現時点では見当たらない。では、開示した気候変動情報に誤りがあった

---

31 People of the State of New York v. Exxon Mobil Corporation（http://climatecasechart.com/case/people-v-exxon-mobil-corporation/）（最終閲覧：2023年11月5日）

32 https://www.sec.gov/news/press-release/2022-86（最終閲覧：2023年11月5日）

場合には、どのような論点が生じるか。まず、民法709条または会社法350条に基づく会社への損害賠償請求と会社法429条に基づく役員に対する損害賠償請求が考えられるが、これに加えて、金商法では、有価証券報告書等の虚偽記載に関して、一定の要件を満たす場合に、民法の不法行為の要件を緩和している（たとえば、金商法18条、21条、21条の２、22条、24条の２）。すなわち、「重要な事項について虚偽の記載があり、又は記載すべき重要な事項若しくは誤解を生じさせないために必要な重要な事実の記載が欠けているとき」という要件さえ満たせば請求が認められることとなるので、問題になるサステナビリティに関する情報が有価証券報告書等に記載されている場合、これら要件の充足性が論点になると思われる[33]。

Ｑ 8 − 9　諸外国において、消費者に対するグリーンウォッシュに関する係争の状況はどうなっているか

「グリーン」や「持続可能性」に関する統一的な基準がなかったことも相まって、グリーンウォッシュに関する係争は増加傾向にある。気候変動関連訴訟等が増えているという点は、Ｑ 8 − 2 で述べたとおりであるが、グリーンウォッシュに関する訴訟の数がこの件数を押し上げている側面もあるとされる[34]。たとえば、イタリアでは、2019年、石油・ガス会社が「グリーンディーゼル」をうたったことについて、競争市場庁が実際には「グリーン」とはいえず、消費者を欺いたと認定した。これにより、同社は６億円を超える罰金刑を受け、宣伝活動も中止となった[35]。また、2022年、英国の広告規制機関は、金融機関が広告を掲載した「ネット・ゼロ計画」等への取組みに

33　久保田修平「弁護士からみた環境問題の深層（第３回）新たな潮流：ESG訴訟の動き」46頁
34　日本経済新聞2023年１月23日「便乗ESGに深まる監視　制裁金や株価急落、信用失墜も」参照。
35　Italian Competition Authority Ruling Eni's Diesel+ Advertising Campaign（http://climatecasechart.com/non-us-case/italian-competition-authority-ruling-enis-diesel-advertising-campaign/）（最終閲覧：2023年11月５日）

関して、同社が並行して進める「化石燃料プロジェクト融資」を2040年まで継続する計画があること等を消費者に周知することは、当該取組みにつき誤解を招くとして、広告掲載を差し止めるべきとの決定を行った[36]。また、当該広告規制機関は、2023年には、大手石油会社が掲載した「よりクリーンなエネルギーへの準備が完了した」という広告についても、掲載禁止を勧告した[37]。

　他方で、消費者団体や環境NGOは、消費者保護法等を利用して、訴訟を提起することも少なくない。現在審理中の事件も多数存在し、たとえば、オランダの航空会社が、同社のフライトがいかに「持続可能」であるかについて一般市民に誤解を与える広告キャンペーンを行ったことが欧州消費者法に違反したとして提訴されている事案[38]、ボトル入り飲料水の製造・販売業者の製品が「カーボンニュートラル」であるとして虚偽かつ誤解を招く表示であるとして同社がニューヨーク州の連邦裁判所に訴訟を提起されている事案[39]、あるいは、アパレル企業が「50%以上サステナブルな素材」でつくられているとして販売している衣料品が正確な情報ではなく虚偽かつ誤解を招く表示であるとして同社がニューヨーク州の連邦裁判所に訴訟を提起されている事案等がある。もちろん、企業側が勝訴している事案もある。たとえば、NGOがコカ・コーラの「無駄のない世界」「正しい方法でビジネスを行う」「持続可能性」へのコミットメントに関するスローガンの使用等の中止を求めてワシントンD.C.の裁判所に訴えた事案があげられる。コカ・コーラは、カリフォルニア州でもNGOから訴えられ、NGOは、ボトルのほとんどが埋め立て地に送られるのに「100%リサイクル可能」と表示するのは誤解

---

36 https://www.asa.org.uk/rulings/hsbc-uk-bank-plc-g21-1127656-hsbc-uk-bank-plc.html（最終閲覧：2023年11月5日）

37 https://www.asa.org.uk/rulings/shell-uk-ltd-g22-1170842-shell-uk-ltd.html（最終閲覧：2023年11月5日）

38 FossielVrij NL v. KLM（http://climatecasechart.com/non-us-case/fossielvrij-nl-v-klm/）（最終閲覧：2023年11月5日）

39 Dorris v. Danone Waters of America（http://climatecasechart.com/case/dorris-v-danone-waters-of-america/）（最終閲覧：2023年11月5日）

を招くと主張した。両訴訟とも棄却され、ワシントンD.C.の裁判所はコカ・コーラの声明は単なる「一般的で向上心のある企業理念」であるとし、カリフォルニア州北部地区は、合理的な消費者であれば、「100％リサイクル可能」という表示が「100％リサイクルされるという保証」の意味ではないと理解すると判断した。

　なお、日本企業が当事者となっている例としては、訴訟ではないものの、2023年3月、オーストリアの環境保護団体が、オーストラリア競争・消費者委員会に対して、日本の大手自動車会社による自動車の環境性能に関する主張と、同社のネット・ゼロの目標が誤解を招くものになっていないかにつき、調査するよう要請したものがある[40]。

Q 8−10 2023年3月31日に適用が開始された金融庁によるESG投信向けの監督指針の内容等はどのようなものか

　金融庁は、グリーンウォッシュ防止を目的に、2023年3月31日、金融商品取引業者等向けの総合的な監督指針を一部改正し、適用を開始した。新設された「Ⅵ−2−3−5 ESG考慮に関する留意事項」の項目において、「名称や投資戦略にESG（Environmental・Social・Governance）を掲げるファンドが国内外で増加しており、運用実態が見合っていないのではないかとの懸念（グリーンウォッシング問題）が世界的に指摘されている。こうした中、名称や投資戦略にESGを掲げる我が国の公募投資信託について、市場の信頼性を確保し、ESG投資の促進を通じた持続可能な社会構築を図る必要がある。このため、投資家の投資判断に資するよう、ESGに関する公募投資信託の情報開示や投資信託委託会社の態勢整備について、以下の点に留意して検証することとする」と定められた。そのうえで、対象となる「ESG投信」の定義は、「①ESGを投資対象選定の主要な要素としており、かつ②交付目論見

---

[40] https://www.greenpeace.org.au/news/greenpeace-files-accc-greenwashing-complaint-against-toyota/（最終閲覧：2023年11月5日）

書の「ファンドの目的・特色」に①の内容を記載しているもの」とされた。

　グリーンウォッシングへの対処の観点から、開示に係る留意事項を①投資家の誤認防止、②投資戦略、③ポートフォリオ構成、④参照指数、⑤定期開示、⑥外部委託の6つに分け、それぞれまとめられている。態勢整備に関しては、組織体制について定められていることに加え、公募投資信託の運用プロセスにおいて第三者が提供するESG評価を利用する場合や自社のESG評価に第三者が提供するデータを利用する場合におけるデュー・ディリジェンスについて言及されていることが注目に値する。

　なお、EU諸国においては、グリーンウォッシュへの対処の観点からこれに先立つ2021年3月10日からSustainable Finance Disclosure Regulation（SFDR）の適用が開始されていたところ、金融庁の監督指針は、公募投資信託がSFDRの8条ファンドや9条ファンドに該当するかどうかに関係なく、本監督指針のESG投信の要件を満たしているかどうかで、ESG投信の該当性を判断する必要があると明示的に言及している[41]。

> **Q 8−11** 日本におけるグリーンウォッシュに関する係争の状況はどうなっているか

　日本において、グリーンウォッシュを具体的に規制する法律はないため、関連当局がグリーンウォッシュであることを明示的に示して事業者を処分した事例はないと思われる。もっとも、2022年12月に消費者庁が立て続けに発出した景品表示法に基づく措置命令が注目に値する。具体的には、消費者庁は、事実に反して「生分解性」等の表示を行ったことが、景品表示法の優良誤認表示に該当するとして、ゴミ袋およびレジ袋の販売事業者2社、カトラリー等の販売事業者2社、釣り用品の販売事業者1社、および、エアガン用BB弾の販売事業者5社に対し、それぞれ措置命令を行った[42]。

41　金融庁「コメントの概要及びコメントに対する金融庁の考え方」（2023年3月31日）35番

景品表示法は、事業者が一般消費者に対し、自己の供給する商品・サービスが、①実際のものよりも著しく優良である、または②事実に相違して競争関係にある事業者に係るものよりも著しく優良である、と示す表示であって、不当に顧客を誘引し、一般消費者による自主的かつ合理的な選択を阻害するおそれがあると認められるものを禁止している（同法5条、優良誤認表示の禁止）。ここでいう「表示」とは、顧客を誘引するための手段として、事業者が自己の供給する商品・サービスの品質、規格、その他の内容や価格等の取引条件について、消費者に知らせる広告や商品パッケージなどの表示全般をいう（同法2条4項）。

　上記の措置命令の対象となった表示に関していえば、「生分解性」を有するかのような表示をしているにもかかわらず、実際には、事業者は当該表示の裏付けとなる合理的な根拠を示すことができなかったと認定した。それゆえ、当該表示は、一般消費者に対し、実際のものよりも著しく優良であると示すものであると評価され、景品表示法に違反するとされた。このように、消費者庁は、環境配慮がなされた商品であるかという点が、商品の価値の一側面になりうると評価し、「生分解性」を有するかのような表示は、「実際のものよりも著しく優良である」表示と認定したと考えられる。

　もちろん、これは一般的な不当表示に関する事例であり、消費者庁もグリーンウォッシュに関する措置という点を明言したわけではない。しかし、10社に対する措置命令がいずれも事実に反して「生分解性」等の表示をした事案であったことの背景には、企業による見せかけの環境配慮への問題意識があったようにも思われる。過去には2008年に、公正取引委員会（当時の不当表示規制の管轄）が、製紙メーカー8社に対し、再生コピー用紙の表示において、古紙の配合率を実際より高めに表示していたことが、景品表示法が規制する「優良誤認表示」に該当するとして、排除命令を発出したことが

42　たとえば、ゴミ袋およびレジ袋の販売事業者2社に対する景品表示法に基づく措置命令については、https://www.caa.go.jp/notice/assets/representation_cms209_221223_01.pdf（最終閲覧：2023年11月5日）を、参照されたい。

あった。しかし、それ以降このように環境に配慮したことをうたった表示が不当表示とされた例はほとんどみられなかった。

　このような点もふまえると、10社に対する措置命令は、グリーンウォッシュに関する措置命令とも評価できる。また、日本において、消費者との関係で、グリーンウォッシュに関して、明示的に争われた裁判例は見当たらないものの、2023年10月5日、環境団体が大手発電会社に対して、同社の「CO₂が出ない火」という広告がグリーンウォッシュであるとして、中止勧告を出すよう日本広告審査機構（JARO）に申立てを行っている[43]。JAROがなんらかの見解を出した場合であってもその見解には強制力はないものの、環境団体が「グリーンウォッシュ」という用語を用いて申立てを行い、プレスリリースを出したことは注目に値するだろう。

　上記の消費者庁の措置命令やJAROへの申立てのように、近年、グリーンウォッシュに対する注目の度合いが日本において高まっていることを考えれば、今後は、日本でも海外のようなグリーンウォッシュに関する訴訟が増えていく可能性は否定できない。

Q 8 −12　グリーンウォッシュを防ぐために日本企業に求められる対応としてはどのようなものがあるか

　本来、世界中でのグリーンウォッシュへの意識の高まりは、日本企業にとっては、気候変動緩和への意欲を高め、ステークホルダーと効果的にコミュニケーションをとるよい機会となるともいえる。表面的な理解で環境にやさしいことをアピールしようとすると、結局、法令に反するということになりかねない。海外におけるグリーンウォッシュに関する法整備はここ数年で始まったばかりであり、引き続き新たな法改正がなされると思われる。また、これに応じて最適な実務対応も変わってくるだろう。したがって、具体

43　https://kikonet.org/content/31970 参照。

的な事案の検討にあたっては、常に最新情報を確認することが必要である。

　「環境に配慮している」と開示したり表示したりする場合には、各国の法令に違反しないようにする必要があるうえ、後々紛争が生じないように必要なリスク管理を行っておくことが望ましい。関連する社内規定を設けることも検討に値するであろう[44]。

　リスク管理について考える際には、法令に違反していないか、各国の判例に照らして、個別に判断するのは当然であるが、Terrachoiceが2010年に発表した「グリーンウォッシュの罪」というレポートの内容も参考になる（Q8-7）。そもそも、嘘をつくことは論外であるが、実態にあった表示をしていたつもりでも、対外的に証明できない結果、グリーンウォッシュであると評価される可能性は否定できない。したがって、具体的にどのように環境に配慮した商品なのかを表示したうえで、その表示が真実であることを証明できるよう、その表示の根拠がどのようなもので、またそれはどのように立証されるかを整理することが望ましい。また、外部機関による検証が可能であるかについても検討に値する。加えて、それらの主張が、事業者の他の主張との一貫性に欠ければその主張が真実でないと評価されるおそれもあるので注意を要する。合理的な顧客や投資家に対して、その主張がなされた根拠を理解するのに十分な情報が提供されているかも可能であれば確認しておいたほうがよい。さらにいえば、環境保護団体は、法令違反がなくとも、不法行為等を根拠として、損害賠償を求める場合もあり、同種企業の動向もみながら必要に応じて、ステークホルダーとの間でエンゲージメントを行うことが重要になる可能性がある。

　また、日本企業が海外企業を買収する際に、対象となる海外企業がグリーンウォッシュの係争に巻き込まれていたり、後に巻き込まれるリスクを抱えていたりする場合もありうる。したがって、法務デュー・ディリジェンスにおいては、すでにリスクが顕在化している場合には、株式譲渡契約等で必要

---

[44]　戸田謙太郎・久保田修平「ESG訴訟の動向からみる海外取引の法務リスク対応」経理情報1677号（2023年）59頁

な手当を行うこととなる。法務デュー・ディリジェンスの時点ではリスクが明らかではない場合であっても、株式譲渡契約等に法令遵守や紛争に関する表明保証条項を設けるべきであるし（なお、ESG関連の表明保証については、Ｑ３-10も参照されたい）、必要に応じて、買収後の段階において、グリーンウォッシュに関連する問題がないかを確認することが望ましい。

Q 8 - 13 ESGに関する訴訟の対応に際して、企業が注意すべきポイントは何か

(1) 訴訟と株主提案の違い

NGOによる動きは、訴訟だけではなく、詳細な情報開示や化石燃料投資の縮小を求める気候変動関連の株主提案のように、株主提案によることもある。たとえば、日本において、2023年４月には、国内外の環境団体が共同で、メガバンク３行や大手電力会社に対して気候変動対策の強化を求める株主提案をし、2050年に炭素排出量を実質ゼロにする目標の実現に向けて、より信頼性の高い移行計画や投融資方針の策定などを求めた。

訴訟と株主提案で何が変わるかという点については、まず、レピュテーションリスクという観点で株主提案と訴訟とは異なると評価できる。たとえば、Ｑ８-５で述べたポーランドの事例に関していえば、訴訟提起がなされた後に企業の株価が下がったということがあった。また、訴訟の場合には、投資家などが使うESG評価に影響する可能性もある。現に、訴訟も不祥事案件として分析し、内容や深刻度によっては評価に反映する評価機関も存在する[45]。したがって、株主提案についてももちろん注意して対応すべきであるが、訴訟についてはいっそう注意して対応を行うべきである。

---

[45]　日本経済新聞2023年３月15日「ESG訴訟が活発化、気候関連５年で２倍　開示充実も背景」参照。

(2) それぞれの国の訴訟制度をふまえた対応

さらに、それぞれの国にはその国特有の訴訟制度があるので、日本以外で日本企業や現地子会社が訴えられた場合には、その国の訴訟制度をふまえて適切な対応をとる必要がある。たとえば、日本においては、訴訟の相手方から網羅的に証拠を入手して自己に有利な証拠を探すことができないが、米国法には、ディスカバリーという正式審理の前に相手方等から証拠等の情報を網羅的に取得できる制度があるので、原告側としては、米国法の訴訟で入手した証拠を、日本の訴訟で使うということも考えられる。米国のディスカバリーを外国の訴訟で利用することについては、28 U.S.C. §1782（外国および国際法廷ならびにかかる法廷における訴訟当事者への支援）において明示的に認められており、日本の民事訴訟法との関係でも、違法収集証拠ではない限りは証拠力の問題となる（米国のディスカバリーで適法に得られた証拠を利用することを禁止する判例は、少なくとも公表されているもののなかからは見当たらない）。したがって、日本企業が日本以外で訴えられた場合には、日本の法律事務所だけではなく現地の法律事務所にも相談するなどして、対応することが望ましい。

(3) 開示規制との関係等

気候変動対応に関する企業の取組内容の開示のうち義務づけられていないものについては、賠償責任リスクが高まっている点をふまえると、どこまで開示するかが悩ましい問題となる。すなわち、一方では、法律や投資家が企業に対して気候変動にもっと取り組むように、あるいは少なくとも取り組んでいることについてより詳細に開示するように要求するようになってくる。しかし、他方では、開示が求められれば求められるほど、株主を含む潜在的なステークホルダーが企業に対して今後の訴訟等で利用できる材料が増える可能性がある。正しい方法で報告すること、そして、万が一訴訟が起こった場合に、リスクを管理するために適切な措置をとったことを証明できるよう

に、社内の方針、手順、記録管理を強化することにも注意する必要がある。また、ESGに関する訴訟等が生じた際に、必要となる調査や再発防止の費用が支払われる保険も売り出されているので、場合によっては、そのような保険に加入することを検討することも考えられる。

⑷　子会社管理の際の注意点

　日本企業のグローバル化が進んでいるなかで、海外に生産拠点や温室効果ガス排出施設をもつ企業も多い。海外子会社管理の際は、その事業活動が気候変動に悪影響を与えていないか、関連する訴訟のリスクはないかなどの観点をも加味する必要が生じつつあり、特に、M&Aなどにより海外の会社を買収する際には、気候変動との関係でも問題がないかという観点でデュー・ディリジェンスを行うことが望ましい。買収企業や対象会社の業種にもよるが、最近では特に海外企業を対象会社とするデュー・ディリジェンスを行う際には、CO_2削減目標の資料の開示を具体的に要求したり、気候変動に関連した質問を行ったりすることもある。

> **Q 8－14**　生物多様性訴訟とはどのようなもので、今後どのような展開が考えられるか

　欧州では、気候変動と並んで、生物多様性が企業にとって重要なESGテーマとなりつつある。生物多様性に関するソフトローの法的枠組みが整備され始めたことにより、企業が生物多様性に関して訴訟に直面するリスクが高まってきている。

　まず、生物多様性の分野で活躍するNGOは、生物多様性に関する戦略的な訴訟に取り組む準備を行っていることを明らかにしている[46]。現段階では少なくとも企業に対する訴訟は少ないものの、LSEレポートでも、生物多様

---

[46]　https://www.theguardian.com/environment/2022/mar/16/climate-litigation-lisbon-wetlands-aoe（最終閲覧：2023年11月5日）

性に関する訴訟が増加する可能性について指摘されている[47]。気候変動関連訴訟は、ここ数年で急増しているが、環境団体からみると、一定程度、成功していると評価できることから、次は、生物多様性を含む気候以外の問題に焦点を当てた訴訟の波が欧州で訪れる可能性があり、いつになるかわからないものの、その後日本にその波が来る可能性も否定はできない。

　気候変動関連訴訟と生物多様性に関する訴訟が異なる点は、生物多様性については、相対的には（グローバルではなく）ローカルな性質をもつという点であろう[48]。CO_2は地球規模の気候変動に寄与する一方、生物多様性の場合は必ずしもそうではない。たとえば、特定の地域での生物多様性の損失は、一時的にはその地域での森林伐採によって引き起こされる。請求者がまさに問題が起きている地域で訴訟を提起した場合には、企業の行為と権利侵害との因果関係が認められやすい場合もあるかもしれないが、その一方で、請求者が遠く離れた国・地域の企業に対して訴訟を提起することは、特別の法律等がない限り、よりむずかしくなる可能性はあるだろう。

　現時点で提起されている生物多様性訴訟としては、たとえば、ブラジルとコロンビアの先住民族が、アマゾンの土地収奪と森林伐採に関連した牛肉の販売をめぐり、フランスの小売業者を相手にフランスにおける裁判所に提訴したという事案がある[49]。原告の主張は、当該小売業者が森林破壊に積極的に寄与していることが知られている当事者から肉を購入することは企業注意義務法に定める義務に違反しているというものである。今後この訴訟の結果がどのようになっていくか、注目に値する。

47　LSEレポート44頁以下

48　この点を指摘するものとして、たとえば、https://www.dlapiper.com/en/insights/publications/2022/12/cop15-biodiversity-and-litigation-risks（最終閲覧：2023年11月5日）

49　Envol Vert et al. v. Casino（http://climatecasechart.com/non-us-case/envol-vert-et-al-v-casino/）（最終閲覧：2023年11月5日）

ゼロからわかる
ESG・サステナビリティ法務Q&A

2024年2月14日　第1刷発行

編　　者　　弁護士法人大江橋法律事務所
　　　　　　ESG・サステナビリティ プラクティスグループ
発行者　加　藤　一　浩

〒160-8519　東京都新宿区南元町19
発　行　所　一般社団法人 金融財政事情研究会
出 版 部　TEL 03(3355)2251　FAX 03(3357)7416
販売受付　TEL 03(3358)2891　FAX 03(3358)0037
URL https://www.kinzai.jp/

DTP・校正:株式会社友人社／印刷:三松堂株式会社

ISBN978-4-322-14390-4